Karin Hartewig

Das ist Deutschland!

Zur Autorin:

Karin Hartewig, Dr. phil., (Jg. 1959) studierte in München Geschichte, Neuere Deutsche Literatur und Deutsch als Fremdsprache.

Sie ist freiberuflich als Historikerin und Sachbuchautorin tätig und lebt in der Nähe einer kleinen deutschen Universitätsstadt.

Karin Hartewig

Das ist Deutschland!

Eine Landeskunde für alle

Herstellung und Verlag: BoD – Books on Demand, Norderstedt

ISBN: 978-3-7412-9175-3

www.bod.de

Inhalt:

1.   Vorbemerkung

Sie sind neu in Deutschland? Vermutlich stellen Sie fest, dass vieles ungewohnt und fremd, komisch oder sogar schockierend ist: das Klima, die Landschaft, das Essen, die Leute, die Mentalität, bestimmte Gewohnheiten und Regeln des Zusammenlebens. Sie möchten Deutschland und die Deutschen kennenlernen und auch etwas über das Bundesland erfahren, in dem Sie jetzt leben.

Sie leben schon länger hier? Ohne endlos im Internet nach Informationshäppchen zu surfen, wollen Sie endlich mehr wissen über das Land, in dem ihre Familie bereits in der zweiten oder dritten Generation lebt, in dem Sie geboren sind und in dem Sie sich zu Hause fühlen. Vielleicht möchten Sie auch Ihr Grundwissen über das politische und gesellschaftliche System in Deutschland auffrischen.

Oder gehören Sie zu den „Eingeborenen" und „alten Hasen" im Land? Sie sind neugierig und offen für die unterschiedlichsten Blickwinkel auf Deutschland, wie es heute ist. Und sie schätzen geschichtlich fundierte, größere Zusammenhänge, aber auch kulturgeschichtliche Details.

Dann sind sie hier richtig!

„Das ist Deutschland!" ist ein Kompass durch Neuland, durch weniger bekanntes Gelände, aber auch durch anscheinend vertrautes Terrain für Zuwanderer, Neubürger und alle anderen Einwohner. Darin erfahren Sie in einfachen Sätzen, alles, was Sie über Deutschland wissen sollten; vieles, was sie schon immer über das Land erfahren wollten und manches, von dem Sie überhaupt nicht ahnten, dass es Sie interessieren könnte.

Was ist typisch deutsch, wie ticken die Deutschen? Und was macht Deutschland aus – regional, kulinarisch, kulturell, politisch, wirtschaftlich, künstlerisch, literarisch und historisch?

„Das ist Deutschland!" bietet in zehn Kapiteln unterschiedliche Zugänge zu einer Vielfalt von Themen, die es in dieser Kombination so bisher noch nicht gibt: Land und Leute; religiöse Feiertage und rauschende Feste; die alten und die neuen Bundesländer in kurzen Porträts; die demokratische Grundordnung, die Grundrechte und Menschenrechte; eine kleine Geschichte des Asyls und der Migration; Muslime in Deutschland; das politische System; Deutschland und Europa; der deutsche Sozialstaat; der Alltag; Wirtschaft und Arbeitswelt; Kunst und Design, Mode, Musik, Literatur und Film und die Museumslandschaft; eine kleine Geschichte der Demokratie, der Weg zur deutschen Einheit und einige andere Aspekte der deutschen Geschichte.

2.   Das Land

Geografische Lage

Deutschland ist ein großes Land. Es liegt im Herzen Europas. Das Staatsgebiet misst eine Fläche von 357.000 km² und ist damit größer als Italien, Polen oder Großbritannien, aber kleiner als Schweden und Spanien und viel kleiner als Frankreich. Im Norden grenzt Deutschland an Dänemark. Außerdem bilden die Nord- und Ostsee eine natürliche Staatsgrenze. Die Nachbarn im Osten sind Polen und die Tschechische Republik, im Süden Österreich und die Schweiz. Und im Westen grenzt Deutschland an die Niederlande, Belgien, Luxemburg und Frankreich.

Die größten Flüsse Deutschlands sind zugleich europäische Flüsse sind, weil sie auch durch andere Länder fließen: der Rhein, die Elbe, die Oder und die Donau. Man nennt sie auch Ströme. Ein Strom ist ein besonders langer Fluss, der ins Meer fließt. Große deutsche Flüsse sind außerdem der Main, die Weser, die Saale, der Neckar, die Ems, die Havel, die Spree.

Deutschland hat besonders im Nordosten und im Süden viele natürliche Seen und künstlich angelegte Stauseen. Die größten natürlichen Seen sind der Bodensee, in dessen Mitte auch ein Teil der Grenze zur Schweiz und zu Österreich verläuft und der Müritz See.

Mit 2962 Metern ist die Zugspitze der höchste Berg Deutschlands.

Klima

Deutschland weist ein gemäßigtes Klima auf, das vom Atlantik bestimmt wird. Das Wetter wechselt oft. Regen ist zu allen Jahreszeiten möglich. Im südlicheren Teil des Landes sind die Sommer wärmer. Im Osten und Südosten herrscht schon eher kontinentales Klima mit kälteren Wintern. Im Westen fällt im Winter seltener Schnee und dafür mehr Regen. Am kältesten wird es in den Alpen und in den Mittelgebirgen. Am wärmsten ist es im Rheintal und am Bodensee. Eine Besonderheit für das Alpenvorland und Süddeutschland ist der Föhn – ein Fallwind, der die Temperaturen sprunghaft ansteigen lässt und für einige Stunden oder Tage einen strahlend blauen Himmel macht. Große Temperaturschwankungen sind aber selten.

Wie sich die globale Erwärmung auf das Klima in Deutschland auswirken wird, ist noch nicht abzusehen. Die Alpengletscher schmelzen. Und es scheint, dass die Sommer heißer und die Winter milder werden und dass die Zahl der starken Unwetter und Überschwemmungen zunehmen.

Landschaften und Naturschutz

Deutschlands Landschaften sind sehr vielfältig. Auf die Inseln und die Nord- und Ostseeküste folgt im Norden eine weite Tiefebene, die von Kiefernwäldern und von Seen durchzogen ist. In der Mitte Deutschlands finden sich hügelige Landschaften und die Mittelgebirge, die dicht bewaldet sind. Der Schwarzwald und das Rheintal mit seinen schroffen Felsen und alten Burgen im Westen, das Elbtal und die Sächsische Schweiz im Osten sowie das Allgäu und das Alpenvorland im Süden sind charakteristische Natur- und Kulturlandschaften.

Deutschland ist sehr grün. Ein Drittel des gesamten Landes ist Waldfläche. Besonders waldreich sind der Südwesten und der Süden. Fichten, Kiefern, Buchen, Eichen und seltenere Baumarten prägen das Gesicht des deutschen Waldes. Die Liebe der Deutschen zum Wald ist sehr groß. Unzählige Volksmärchen und Naturgedichte handeln vom Wald, der dunkel und unheimlich, aber auch friedlich und still erscheint. Seit Jahrhunderten wird der Wald zur ursprünglichen Landschaft der Deutschen erhöht und idealisiert. Groß war die Sorge um den deutschen Wald in den 1980er Jahren, als man wegen der zunehmenden Umweltverschmutzung ein großes „Waldsterben" befürchtete.

Zum Schutz der Natur und besonderer Landschaften und um die Vielfalt heimischer Pflanzen- und Tierarten zu erhalten, gibt es in Deutschland 16 Nationalparke und darüber hinaus viele Naturschutzgebiete und Naturparke. Zu den größten Nationalparken zählen das Wattenmeer in Schleswig-Holstein und Niedersachsen, der Harz, der Müritz-Nationalpark und der Bayerische Wald, zu den Naturparken der Schwarzwald und der Thüringer Wald. Die National- und Naturparke dienen nicht nur dem Naturschutz, sondern auch der Erholung. Sie sind deshalb beliebte Ausflugs- und Ferienziele.

Überhaupt ist die Umwelt ein großes Thema in Deutschland. Das Engagement für den Umweltschutz begann in den 1980er Jahren mit der Forderung „Atomkraft nein danke". Damals war vor allem die Partei „Die Grünen" gegen eine militärische und zivile Nutzung der Atomenergie, später auch die SPD. Nach dem schweren Reaktorunglück im japanischen Fukushima (2011) wollen alle politischen Parteien die neunzehn deutschen Atomkraftwerke abschalten und später auch die Kohlekraftwerke stilllegen. Mit dem Ausstieg aus der Kernenergie werden die erneuerbaren Energien ausgebaut. Die „Energiewende" verändert die Landschaft. Auf vielen Dächern von Häusern und Scheunen sind inzwischen Solaranlagen installiert. Weit sichtbar sind im ganzen Land, besonders an der Küste und mitten im Meer die Windkrafträder und Off-Shore-Windparks zur Energiegewinnung. Ob die neuen „Stromautobahnen" das Land als Strommasten und Freileitungen durchziehen oder als Erdkabel unterirdisch und damit unsichtbar verlegt werden, darüber wird noch diskutiert.

Bevölkerung

Deutschland zählt inzwischen fast 82 Millionen Einwohner (2015), gut 66 Millionen in West- und etwa 16 Millionen in Ostdeutschland. Drei von vier Einwohnern leben in Städten mit mehr als 100.000 Einwohnern. Aber die Menschen verteilen sich ziemlich ungleich über das Land. Einige Regionen und Länder sind nur sehr dünn besiedelt, während anderswo deutlich mehr Menschen leben: In Mecklenburg-Vorpommern leben nur 71 Einwohner pro km², in Nordrhein-Westfalen dagegen 524 Einwohner pro km² und in Berlin sogar 3.838 Einwohner pro km².

Die große Mehrheit der Einwohner sind deutsche Staatsbürger. Aber nicht alle haben schon immer hier gelebt. Viele von ihnen sind keine „Alteingesessenen", sondern Zugewanderte. Politiker nennen sie Menschen mit „Migrationshintergrund". Im Jahr 2015, vor der großen Zuwanderung von etwa einer Million Flüchtlingen, war das ungefähr jeder fünfte (16,4 Millionen). Das bedeutet, dass diese Menschen oder ihre Eltern oder Großeltern früher nicht auf dem Gebiet der Bundesrepublik (1949) gelebt haben, sondern neu hierher gezogen sind: als Flüchtlinge, Vertriebene und Aussiedler aus den ehemaligen deutschen Gebieten im Osten, als Flüchtlinge aus der DDR oder als ethnische Deutsche aus Osteuropa und der Sowjetunion. Diese Gruppe der deutschen Flüchtlinge, Vertriebenen und Aussiedler bilden die größte Gruppe. Zu den Bürgern mit „Migrationshintergrund" zählen darüber hinaus zugezogene oder hier geborene Ausländer, die irgendwann den deutschen Pass erhielten, und alle Deutschen mit zumindest einem zugewanderten ausländischen Elternteil oder mit einem Elternteil, der als Ausländer in Deutschland geboren wurde. Im Jahr 2014 lebten 7,2 Millionen Ausländer in Deutschland. Das sind knapp zehn Prozent der Gesamtbevölkerung. Jeder Dritte von ihnen ist bereits mehr als 25 Jahre in Deutschland. Und fast 30 Prozent aller Ausländer sind hier geboren. Mit 1,52 Millionen bilden die Türken die größte Gruppe unter den Ausländern. Es folgen die Polen (674.000) und die Italiener (575.000). Hinzu kommen ethnische Minderheiten: Im nördlichen Schleswig Holstein leben rund 30.000 Dänen, in Brandenburg und Sachsen etwa 60.000 Sorben. Die Sinti und Roma (ca. 30.000), die in der nationalsozialistischen Diktatur verfolgt wurden, sind seit 1998 als Minderheit mit besonderen Rechten anerkannt.

Die größten Städte in Deutschland

In Deutschland gibt es 69 Städte mit mehr als 100.000 Einwohnern (2015). Vor einigen Jahren waren es noch 82. Darunter sind vier Millionenstädte: Berlin, Hamburg, München und Köln. Ob Städte kleiner werden oder wachsen, hängt von vielen Bedingungen ab, z.B. von den Chancen, einen Job zu finden, ein Studium oder eine Ausbildung zu beginnen und von den Möglichkeiten, eine Wohnung zu finden und dort gut leben zu können. Städte mit mehr als 100.000 Einwohnern werden Großstädte genannt. Welches sind die zwölf größten Städte ?

1. Berlin hat 3,47 Mio. Einwohner
2. Hamburg hat knapp 1,8 Mio.
3. München hat gut 1,4 Mio.
4. Köln hat etwas mehr als eine Mio.
5. Frankfurt hat 718.000 Einwohner
6. Stuttgart hat 612.000
7. Düsseldorf hat 605.000
8. Dortmund hat gut 580.000
9. Essen folgt knapp dahinter mit 574.000
10. Bremen hat gut 552.000
11. Leipzig hat knapp 544.000
12. Dresden hat knapp 536.000

Quelle: Datenreport 2016. Ein Sozialbericht für die Bundesrepublik Deutschland. Hg. von der Bundeszentrale für politische Bildung, S. 15.

Religionen

Für viele Menschen gehört die Religion mehr oder weniger zu ihrem Leben. Die Angst vor dem Tod, die Suche nach einem höheren Sinn und nach Orientierung, die spirituelle Erfahrung, das Gebet, die Stille, die Musik, die Schönheit des Gotteshauses, die Geschichten aus der Vergangenheit, die Feste, die Gemeinschaft der Gläubigen, die Hilfe für andere und natürlich der Glaube an Gott als eine höhere Macht sind Motive, sich zu einer Religion zu bekennen. Aber auch ein Leben nach strengen Regeln, das sich vollständig von der Welt abwendet, ist ein Beweggrund religiös zu werden. Der erbitterte Kampf für den eigenen Glauben als den einzig „richtigen" Glauben und die Missachtung, Unterdrückung oder Tötung von „Ungläubigen" führt Menschen ebenfalls zur Religion. Im Namen der Religion wurden und werden Kreuzzüge und Glaubenskriege geführt und Verbrechen begangen. Manche sagen: Jede Religion neigt zum Fanatismus und zur Grausamkeit. Deshalb lehnen viele Menschen jede Religion ab.

Nur eine Minderheit aller Gläubigen hält sich heute streng an die Gesetze und Vorschriften ihrer Religion. Für die Mehrheit haben die allermeisten religiösen Regeln ihre tiefere Bedeutung für die Lebensführung verloren. Sie feiern die großen religiösen Feste als Familienfeste oder „der Kinder wegen". Und sie betrachten die Religion eher als Teil ihrer Kultur.

Von den fünf Weltreligionen, also den fünf weltweit größten Religionen Christentum, Islam, Hinduismus, Buddhismus und Judentum sind in Deutschland das katholische und das protestantische Christentum und als religiöse Minderheiten der Islam und das Judentum vertreten. Aber mehr als ein Drittel aller Deutschen gehört heutzutage gar keiner Religion an oder bekennt sich zum Atheismus. Trotzdem ist Deutschland noch immer ein christlich geprägtes Land. Etwa 31 Prozent der Bevölkerung sind katholisch und 30 Prozent sind protestantisch. Das war vor über achtzig Jahren noch deutlicher. Anfang der 1930er Jahre gehörten über 95 Prozent der Deutschen einer der beiden christlichen Kirchen an, zwei Drittel waren evangelisch, ein Drittel katholisch. Knapp 500.000 Menschen bekannten sich zur jüdischen Religion. Nur vier Prozent waren Atheisten. Mehr waren es damals nicht.

Dass die christlichen Konfessionen bis heute regional unterschiedlich verteilt sind, hat mit der deutschen Geschichte seit dem 16. Jahrhundert zu tun. Die Katholiken sind noch immer stärker im Westen und Süden Deutschlands vertreten, die Protestanten eher im Norden. Die meisten Saarländer sind katholisch (63 Prozent) und deutlich weniger von ihnen sind Protestanten (19 Prozent). In Bayern ist es ähnlich: 55 Prozent der Bevölkerung sind katholisch und 21 Prozent evangelisch. Im Saarland und in Bayern ist die Zahl der Konfessionslosen eher klein (14 Prozent bzw. 20 Prozent). Im Norden dagegen, in Schleswig-Holstein, werden besonders viele Protestanten (53 Prozent) und besonders wenige Katholiken (6 Prozent) gezählt. Hier ist die Zahl der Konfessionslosen höher (38 Prozent).

Die deutlichsten Unterschiede bestehen aber nicht zwischen Nord und Süd, sondern zwischen den alten und den neuen Bundesländern, also zwischen West und Ost. Für eine religiöse Person halten sich nur 38 Prozent der Ostdeutschen, aber 65 Prozent der Westdeutschen. . Der Osten ist in seiner großen Mehrheit konfessionslos. In Sachsen-Anhalt sind es 81 Prozent, in Brandenburg 80 Prozent, in Mecklenburg-Vorpommern 79 Prozent, in Sachsen 75 Prozent, und in Thüringen 68 Prozent der Bevölkerung. Dagegen sind die beide christlichen Konfessionen deutlich in der Minderheit. Besonders klein ist der Anteil der Katholiken. Er liegt nur in Thüringen über fünf Prozent, sonst darunter. Wie ist das zu erklären? Viele Menschen in den neuen Ländern haben in 41 Jahren Sozialismus eine ablehnende Haltung zur Religion entwickelt. Schon Karl Marx hatte Religion „Opium des Volkes" genannt. Vor allem Protestanten sind in der Zeit der Deutschen Demokratischen Republik (1949-1990) aus der Kirche ausgetreten. Generationen von Ostdeutschen fühlen sich deshalb eher als Atheisten und Humanisten. In Brandenburg sind die Humanisten als „Weltanschauungsgemeinschaft" anerkannt.
Die größte religiöse Minderheit in Deutschland bilden die Muslime. Ungefähr 4 bis 4,5 Millionen Muslime verschiedenster Nationalitäten und unterschiedlicher Glaubensrichtungen leben in ganz Deutschland (2009). Das sind etwa fünf Prozent der Bevölkerung. Es gibt aber auch Schätzungen von bis zu sieben Prozent. Die drei größten Gruppen sind die Sunniten (2,64 Millionen) aus der Türkei und anderen Ländern, die osttürkischen Aleviten (500.000) und die Schiiten (225.500) aus dem Iran. Eine winzige Minderheit von etwa

7.300 Personen sind Salafisten. Die meisten Muslime leben in Bremen (10 Prozent der Einwohner), Hamburg, Berlin (jeweils 8 Prozent) und in Nordrhein-Westfalen. In ganz Ostdeutschland leben nur 20.000 bis 30.000 Muslime. In der Statistik der Bundesländer (2011) wurden sie gar nicht gezählt, weil es so wenige sind. Die jüdischen Gemeinden hatten in ganz Deutschland 102.797 (2011) Mitglieder. Ihre Zahl beträgt 100.437 (2014). Außerdem gibt es kleinere Gemeinden orthodoxer Christen und Buddhisten.

Speisen und Getränke

Die traditionelle deutsche Küche ist sehr vielfältig. Jeder Landstrich hat seine besonderen Spezialitäten, seine Festspeisen und die Küche der einfachen Leute vergangener Zeiten. Sie prägen die kulinarischen Traditionen und damit auch das Essen bis heute. Andererseits haben sich die Ernährungsgewohnheiten in den letzten Jahrzehnten verändert. Früher wurde sehr viel Fleisch gegessen, wenn man es sich leisten konnte: Am liebsten Schweinefleisch, Geflügel, Rind- und Kalbfleisch und im Herbst Wildbret, weniger Lamm und Fisch. Die Küche der einfachen Leute kannte aber stets wenig Fleisch. Dort gab es vor allem Kartoffeln, Kohl, Rüben, Kastanien, Waldpilze, Suppen, Eintöpfe und in Süddeutschland Knödel und Mehlspeisen.

Inzwischen ist manches einfache Nahrungsmittel zur Delikatesse aufgestiegen, z.B. die Esskastanien oder die Waldpilze. Die Vorliebe für eine bestimmte Ernährungsweise ist aber auch eine Frage der Generationen. Viele junge Deutsche schränken den Konsum von Fleisch aus ökologischen Gründen ein oder ernähren sich konsequent vegetarisch. Einige leben sogar vegan.

Manche Vorlieben aber sind geblieben: die Würste und die Torten, Kuchen und Süßspeisen. Für beides ist die deutsche Küche berühmt. Ein deutsches Grundnahrungsmittel aus Fleisch ist die Wurst. Es gibt hunderte von Sorten von „Aufschnitt" und zahllose regionale Spezialitäten: Mett- oder Leberwürste, pommersche Teewurst, sächsische Bregenwurst, Thüringer Rostbratwurst im Brötchen mit Mostrich, Nürnberger Bratwürstchen mit Kraut, Münchener Weißwurst mit süßem Senf und Brezen und Frankfurter

Würstchen mit scharfem Senf. Gerade an den Würsten erkennt man die regionale Vielfalt. Deshalb verwundert es wenig, dass Hamburg und Berlin sich darüber streiten, in welcher Stadt die Currywurst erfunden wurde.

Ursprünglich von der Küste kommt das Fischbrötchen. Als Imbiss ist der süßsauer eingelegte Bismarck-Hering inzwischen überregional besonders beliebt und verbreitet. Seinen Namen erhielt der haltbare Fisch vor mehr als hundert Jahren angeblich von dem berühmten deutschen Reichskanzler, Otto von Bismarck (1815-1898). Vielleicht stammte die Idee aber auch von einem cleveren Fischverkäufer. So genau weiß man das nicht mehr.

D i e deutsche Tortenspezialität hingegen ist seit Generationen die Schwarzwälder Kirschtorte, eine Sahnetorte aus mehreren Schichten dunkler Biskuitböden, Sahne, Sauerkirschen, reichlich Kirschwasser und geraspelter Schokolade als Verzierung. Und ihre Herkunft ist, wie der Name sagt, über jeden Zweifel erhaben. Sie kommt aus dem Schwarzwald. Auch die bayerische und die österreichische Feinbäckerei haben ihren Beitrag zum traditionellen deutschen Kuchenbuffet geleistet: mit dem Zwetschgendatschi (einem Blechkuchen aus Hefeteig mit Zwetschgen belegt), dem Apfelstrudel, dem Quarkstrudel und der Sachertorte. Desserts, die man mindestens einmal probiert haben sollte, sind die Rote Grütze mit Vanille-Sauce und die Bayerisch Crème. Aachener Printen, Nürnberger Lebkuchen und Dresdener Stollen zählen zu den Köstlichkeiten der Weihnachtszeit. Das ganze Jahr hindurch ist der Klassiker unter den Eiskrems beliebt: Fürst-Pückler-Eis. Das Sahneeis besteht aus drei Schichten – Erdbeere, Vanille, Schokolade. Es wurde 1839 kreiert für den preußischen Landschaftsarchitekten und Weltreisenden Hermann von Pückler-Muskau. Bis heute sind Erdbeere, Vanille und Schokolade die Lieblingssorten der Deutschen, obwohl mittlerweile viele andere Geschmacksrichtungen angeboten werden.

Über Deutschlands Grenzen hinaus wird das deutsche Brot geschätzt. Es gibt 300 verschiedene Brotsorten und jeder Bäcker, der etwas auf sich hält, stellt eine eigene Spezialität her. Die Deutschen essen gerne Brot. Besonders beliebt ist das Vollkornbrot. Manche Deutsche, die im Ausland leben, lassen sich Brot sogar von zu Hause schicken.

Ähnlich wie mit den Würsten und dem Brot verhält es sich mit den Getränken der Deutschen: Bier und Wein. Nirgendwo in Europa wird so viel Bier getrunken wie in Deutschland. Nur die Tschechen können da mithalten. Heutzutage trinkt man in Deutschland aber viel weniger Bier als in den 1980er Jahren. Dafür wird mehr Wein konsumiert. Auch beim Bier herrscht Vielfalt. Die meisten Traditionsbrauereien kommen aus Oberbayern, Franken, Sachsen, Westfalen und Friesland. Neben den großen Namen gibt es inzwischen zahlreiche kleine Betriebe, die Spezialbiere anbieten. Die Weinanbaugebiete liegen an Rhein und Mosel, in der Pfalz, am Main, und an Unstrut und Saale.

Am meisten trinken die Deutschen aber Mineralwasser. Anders als Limonaden und Softdrinks, die viel Zucker enthalten, wird Mineralwasser mit Gesundheit und Reinheit in Verbindung gebracht. In Deutschland gibt es viele mineralhaltige Quellen. Bestimmte Mineralwässer aus Deutschland, Frankreich und Italien gelten als „chic".

Bei den heißen Getränken sind die Deutschen eher eine Nation der Kaffeetrinker als der Teetrinker. In fast allen Cafés, Kneipen oder Restaurants bekommt man einen guten oder sehr guten Kaffee, Espresso, Cappuccino, Café au Laît. Wer dagegen einen Tee bestellt, muss sich oft mit einem Glas heißen Wassers und einem Teebeutel begnügen. Die Kultur des Teetrinkens ist in Deutschland noch nicht allgemein angekommen, auch wenn es erfreuliche Ausnahmen gibt.

Multikulti – oder mit dem Essen fing es an

„Die Liebe geht durch den Magen" sagt ein deutsches Sprichwort, das einen Zusammenhang zwischen dem Essen und der Liebe vermutet. Aber wer sagt, dass es stets die traditionelle deutsche Küche sein muss? In den letzten siebzig Jahren wurde Deutschland bei Speisen und Getränken immer internationaler und europäischer. Viele Einflüsse sind bis heute spürbar. Es begann mit den Siegern des Zweiten Weltkriegs: die Amerikaner brachten Coca Cola und

Pepsi, Popcorn und Schokoriegel, Cornflakes und Hot Dogs, die Russen Soljanka und Pelmeni in ihre Besatzungszone. Auf die „Fresswelle" der frühen 1950er Jahre, die in Westdeutschland ein Fest des Überflusses war, folgte die „Gourmet-Welle" (Gourmet: Feinschmecker). Nun schlug die Stunde der französischen Küche: Austern und Hummer, Gänseleberpastete und Boeuf à la Mode, Champagner und feine Weine und erlesenen Käse. Das war der erste Luxus, aber nur für Wenige, die ihn sich schon leisten konnten. Viel größeren Einfluss auf die Küche hatten die „Gastarbeiter". Die ausländischen Arbeitskräfte , die seit 1955 aus Italien, Jugoslawien, Griechenland und der Türkei nach Deutschland kamen, brachten die Speisen ihrer Heimat mit. Sie eröffneten die ersten Eiscafés und Restaurants. Noch heute erinnern sich viele ältere Deutsche an ihr erstes italienisches Eis, ihre erste Pizza oder an ihren ersten Versuch, Spaghetti zu essen. Pizza, Cevapcici, Gyros und Döner Kebab zählten bald zu den beliebtesten Schnellgerichten. Noch immer gelten sie als willkommene Abwechslung zu Hot Dogs, Brat- und Currywurst. Seitdem McDonalds 1975 das erste amerikanische Schnellrestaurant in Deutschland eröffnete, bietet sich mit Burgern und Pommes Frites eine weitere Alternative. Die Zuwanderung von Chinesen in den 1970er und 1980er Jahren machte auch die Küche der größten ostasiatischen Minderheit in Deutschland populär. Selbst in kleineren Orten ist es heutzutage möglich, italienisch, türkisch, griechisch oder chinesisch zu essen. Auch amerikanische Fast Food-Restaurants sind zahlreich. Darüber hinaus sind in mittleren und großen Städten die französische, spanische, japanische und thailändische Gastronomie sowie eine Vielzahl anderer Länderküchen vertreten.

Lebensstile und Einflüsse

Kein Land prägte nach dem Zweiten Weltkrieg die Vorstellungen der Deutschen vom guten Leben so stark wie die USA. Im Vergleich zu den drei anderen Siegermächten – England, Frankreich und die Sowjetunion – war und ist ihr kultureller Einfluss enorm.
Die Sieger brachten Aviator-Sonnenbrillen, Nylonstrümpfe für die „Fräuleins" und Kaugummi für die Kinder, später Jeans und Lederja-

cke, Petticoats und Ballerinas mit. Junge Leute waren aber nicht nur nach der Mode verrückt, sondern vor allem nach der neuen Musik, die aus den USA kam, egal ob es „cooler" Jazz war oder Rock'n Roll und Rock Musik. Mode und Musik formten eine eigenständige Jugendkultur, die junge Leute auch deshalb liebten, weil Eltern, Lehrer, Pfarrer und andere Erziehungsexperten sich von ihr so provoziert fühlten. Aber auch die Erwachsenen schauten auf die USA. Sie hielten sich lieber an den „amerikanischen Traum" des Konsums, der einen hohen Lebensstandard für alle und beste Unterhaltung versprach. Amerikanische Komödien, düstere Kriminalfilme und vor allem Western aus Hollywood waren in deutschen Kinos sehr beliebt. Gegen das Erfolgsmodell des „american way of life" hatte die zweite Großmacht, die Sowjetunion, in ihrem Einflussbereich wenig zu bieten. Das machte alles, was aus den USA kam, für Menschen, die hinter dem „Eisernen Vorhang" leben mussten, umso attraktiver.

In Westdeutschland waren auch andere Einflüsse prägend. Vor allem Studenten wurden bis in die 1960er Jahre vom französischen Lebensstil geprägt – Schwarze Rollkragenpullover, Chansons, Weißwein aus kleinen Ballongläsern und Gauloises oder Gitanes (filterlose Zigaretten) gehörten dazu. Die französische Haute Couture (Mode) setzt neben der Kochkunst bis heute Maßstäbe. England belebte die Musikszene und zugleich die Jugendkultur in den 1960er Jahren, zuerst mit den „Beatles" und später mit dem Punk Rock, und brachte mit der knabenhaften „Twiggy" die Mini-Mode nach Deutschland. Aus Italien kamen nicht nur Eis, Pizza und Pasta. Der deutsche Massentourismus nach Italien ließ auch die Sehnsucht der Deutschen nach der „Italianità", dem italienischen Lebensgefühl entstehen. Dazu sorgte das italienische Design der 1960er Jahre für ein neues Formbewusstsein im Alltag. Das deutsche Wohnzimmer aber wurde von Skandinavien aus nachhaltig verändert. Ein schwedisches Möbelhaus zeigt den Deutschen seit 1974, wie man „modern" wohnt.

3. Feiertage, Feste und die „fünfte Jahreszeit"

Feiertage für alle

Es gibt neun gesetzliche Feiertage, die überall in Deutschland gelten. Dazu haben einzelne Bundesländer weitere Feiertage festgelegt. Zusammen mit den Sonntagen sind sie sogar in die Verfassung als „Tage der Arbeitsruhe und der seelischen Erhebung" aufgenommen. An diesen Tagen soll nicht gearbeitet werden. Wenn es doch nötig ist, müssen den Beschäftigten besondere Zuschläge gezahlt werden. Die Geschäfte haben geschlossen. Die Kinder haben schulfrei. Und die LKW haben Fahrverbot. An den Tagen vor hohen Feiertagen wird die Arbeit schon mittags eingestellt, zum Beispiel am 24. und am 31. Dezember.

Einige Feiertage haben ein festes Datum: Neujahr ist immer am 1. und Heilig Dreikönig am 6. Januar., der Maifeiertag, der auch Tag der Arbeit heißt, findet immer am 1. Mai statt, der Nationalfeiertag „Tag der Deutschen Einheit" ist der 3. Oktober und Weihnachten ist immer am 24. bis 26. Dezember. Es gibt aber auch „bewegliche" Feiertage. Sie richten sich nach dem Kirchenjahr und einem besonderen Kalender und vor allem nach dem Osterdatum.

Nur zwei gesetzliche Feiertage sind staatliche Feiertage: der 1. Mai und der 3. Oktober. Ursprünglich feierte man mit dem Tanz in den Mai den Frühlingsanfang. Noch immer werden dazu in vielen Dörfern in Süddeutschland Maibäume aufgestellt, die mit bunten Bändern und Symbolen der Handwerker geschmückt sind. Schon im 19. Jahrhundert demonstrierten die Arbeiter und ihre Gewerkschaften am 1. Mai für mehr Rechte und machten ihn zu ihrem Tag der Arbeit. Zum gesetzlichen Feiertag erklärt wurde der 1. Mai aber ausgerechnet in der nationalsozialistischen Diktatur im Jahr 1933. Bis heute ist er es geblieben.

Der „Tag der Deutschen Einheit" wird seit 1990 gefeiert. Nach dem Fall der Mauer am 9. November 1989 trat die Deutsche Demokratische Republik (DDR) der Bundesrepublik Deutschland (BRD) bei. 41 Jahre deutsch-deutsche Teilung hatten ein Ende. Davor hatte es seit 1954 in der Bundesrepublik einen besonderen Gedenktag gegeben, den 17. Juni. Der Tag erinnerte an den Volksaufstand, der am 17.

Juni 1953 in der DDR stattgefunden hatte. Damals hatten die Ostdeutschen für Demokratie und Freiheit gekämpft. Doch der Aufstand wurde blutig niedergeschlagen. Einen nationalen Feiertag zur Gründung der Bundesrepublik Deutschland am 23. Mai 1949 gab es nicht. Man fand, ein geteiltes Land ist kein Grund zum Feiern. Anders in der DDR. Dort erklärte die herrschende „Sozialistische Einheitspartei Deutschland" (SED) den Gründungstag der DDR am 7. Oktober 1949 zum nationalen Feiertag. Damit wollte man zeigen, dass die DDR ein ganz normaler Staat war und dass s i e in Wahrheit Deutschland verkörperte. Vierzig Jahre später war der zweite deutsche Staat wirtschaftlich und politisch am Ende.

Bei allen anderen gesetzlichen Feiertagen handelt es sich um religiöse Feste, die ihren Ursprung im Christentum haben. Das sind: der Erste und Zweite Weihnachtsfeiertag, Neujahr, Karfreitag und Ostermontag, Pfingstmontag und Christi Himmelfahrt. In Bayern gibt es mit mindestens drei zusätzlichen katholischen Festtagen die meisten arbeitsfreien Feiertage.
Die orthodoxen, jüdischen und die muslimischen Feiertage sind in Deutschland keine gesetzlichen Feiertage. Aber die Beschäftigten und die Schüler werden zu den Hauptfeiertagen von der Arbeit und vom Unterricht beurlaubt, um ihre Religion ausüben zu können. Wichtige jüdischen Feiertage sind: der Versöhnungstag (Jom Kippur), das Jüdische Neujahrsfest (Rosch Haschana), das Laubhüttenfest (Sukkot), das Thora-Freudenfest (Simchat Thora), das Passahfest (Pessach) und das Wochenfest (Schawuot). Wichtige muslimischen Feiertage sind: der Geburtstag des Propheten Mohammed, das traditionelle Fastenbrechen (auch Zuckerfest), das den Fastenmonat Ramadan beendet, das Opferfest, das Neujahrsfest und das Aschura-Fest .

Die christliche Feiertage und ihre Bedeutung

<u>Weihnachten</u>

Bereits vier Sonntage vor dem 25. Dezember beginn mit dem ersten Advent die Vorweihnachtszeit. Früher einmal waren die vier Wochen vor Weihnachten eine Fastenzeit, in der sich die Christen auf die „Ankunft des Herrn" (lateinisch: Adventus Domini) vorbereiteten. Das Fasten ist inzwischen in Vergessenheit geraten, die Adventszeit nicht. Viele Familien stellen einen Adventskranz mit vier Kerzen auf. Jeden Sonntag wird eine Kerze mehr entzündet. Jedes Kind lernt schon im Kindergarten den Weihnachtsreim:

Advent, Advent,
ein Lichtlein brennt.
Erst eins, dann zwei,
dann drei, dann vier,
dann steht das Christkind vor der Tür.

Von Bergleuten aus dem Erzgebirge stammt der Brauch, Lichterbögen aus Holz in die Fenster zu stellen. Den Kindern schenkt man einen besonderen Kalender, den Adventskalender mit nummerierten Türchen von 1 bis 24 für jeden Tag bis zum Heiligen Abend. Dahinter finden sie ein buntes Bildchen oder Schokolade.
Die Innenstädte werden mit Tannenbäumen weihnachtlich geschmückt und beleuchtet. Weihnachtsmärkte bieten Weihnachtsschmuck, Kunsthandwerk und Geschenkartikel an, aber auch Glühwein, Weihnachtsgebäck, gebrannte Mandeln, Zuckerwatte und einen herzhaften Imbiss an.
Am 24. Dezember ist „Heiliger Abend". Dann beginnt das wichtigste Familienfest in Deutschland. In der Kirche feiern Christen die Geburt Jesus Christus. Dort wird die Weihnachtsgeschichte aus der Bibel vorgelesen. Und es werden Weihnachtslieder gesungen. Viele Familien stellen einen geschmückten Weihnachtsbaum auf. Darunter liegen Geschenke für die Kinder und die Erwachsenen liegen. Den Kindern erzählt man, die Geschenke habe der Weihnachtsmann oder das Christkind gebracht. Die serbisch-orthodoxe und die russisch-orthodoxe Kirche feiern das Weihnachtsfest später, nämlich am 6. und 7. Januar. Das liegt daran, dass sie das Fest nach dem alten julianischen Kalender berechnen. Anders als zum Beispiel in den USA wird Weihnachten in Deutschland still und festlich gefeiert, nicht als ausgelassene Party.

Das Jahresende am 31. Dezember und das Anbrechen des Neuen
Jahres feiert man dagegen gerne laut und fröhlich. Man schenkt
sich Glücksbringer: ein kleines Hufeisen oder ein Schweinchen aus
Marzipan oder einen Blumentopf mit vierblättrigem Klee, kleinen
Fliegenpilzen aus Kunststoff und der Figur eines Schornsteinfegers.
Pünktlich um Mitternacht wünscht man sich ein gutes Neues Jahr,
stößt mit Sekt oder Champagner an und entzündet ein Feuerwerk.
Der Neujahrstag ist ein Feiertag. An diesem Tag finden traditionell
festliche Neujahrskonzerte statt.

6. Januar

Am 6. Januar feiert die christliche Kirche die Erscheinung des Herrn
(Epiphanie). Zugleich werden die drei „Weisen aus dem Morgen-
land" verehrt, die der Stern von Bethlehem zum neugeborenen
Jesus geführt haben soll. Als Geschenke brachten sie Gold, Weih-
rauch und Myrre. Ihre Anbetung des Kindes ist das Zeichen seiner
Göttlichkeit. Die Sterndeuter und Magier aus dem Orient werden
auch als die Heiligen Drei Könige Caspar, Melchior und Balthasar
bezeichnet. „Heilig Drei König" ist nur in Baden-Württemberg, Bayern und Sachsen-Anhalt ein gesetzlicher Feiertag. Nach einem alten
katholischen Brauch ziehen die „Sternsinger" durch die Straßen und
segnen die Häuser und Wohnungen der Katholiken. Über der Ein-
gangstür wird mit Kreide die Jahreszahl und das Zeichen „CMB", in
diesem Jahr lautet die Botschaft also „20* C + M + B *16". Manche
Leute halten die drei Buschstaben für die Initialen der Namen. Sie
bedeuten aber: „Christus Mansionem Benedicat". Das ist Lateinisch
und heißt: Christus segne dieses Haus.

Ostern

Das wichtigste christliche Fest im Jahr ist Ostern. Es dauert mehrere
Tage. In der Kirche erinnert man an das Letzte Abendmahl am
Gründonnerstagabend, an das Leiden und den Tod Jesus Christus
am Kreuz am Karfreitag und an den Tag der Grabesruhe am Samstag. Am Ostersonntag feiert man die Auferstehung und am Ostermontag den Beginn der österlichen Freudenzeit, die 49 Tage dau-

ert. Dabei ist für gläubige Christen der Karfreitag, an dem Jesus Christus gekreuzigt wird und stirbt, der schwärzeste Tag und der Samstag der hoffnungsloseste Tag. Der „dritte Tag" aber wird als Tag der Rettung, als Überwindung des Todes und als hellster Festtag des Jahres gefeiert.

Viele ältere Bräuche, die das Licht, den Frühling und die Fruchtbarkeit feiern, haben sich erhalten und werden ebenfalls an Ostern begangen. Osterei und Osterhase gelten als Symbole der Fruchtbarkeit. Bemalte Ostereier schmücken Palmkätzchen Zweige in den Häusern und die Sträucher im Garten, die meist schon Knospen tragen und den Frühling ankündigen. Kinder suchen Ostereier und Süßigkeiten, die angeblich der Osterhase für sie versteckt hat. Auf dem Land werden an Ostersamstag und –sonntag große Feuer entzündet, um die man sich versammelt, um den Winter zu vertreiben.

Christi Himmelfahrt

Der vierzigste Tag nach Ostern zählt ebenfalls zu den hohen christlichen Feiertagen. Es ist der Tag Christi Himmelfahrt. Nach der Auferweckung Jesus an Ostern folgte der Aufstieg ins himmlische Jenseits, die Erhöhung und endgültige Verwandlung des Gottessohnes und Menschen ins Göttliche.

Pfingsten

Am fünfzigsten Tage nach Ostern feiern Christen das Pfingstfest. Es gilt als Gründung der Kirche, da nach dem Neuen Testament am 50sten Tag (griechisch: Pentekoste Heméra) der Heilige Geist über die Apostel kam. Vielleicht weil es sich um ein spirituelles Fest handelt und weil seine Bedeutung heute vielen Menschen unverständlich bleibt , werden die Pfingstfeiertage zunehmend einfach nur als verlängertes Wochenende geschätzt.

Fronleichnam

Das hohe katholische Fest, das 60 Tage nach Ostern meistens auf einem Platz unter freiem Himmel begangen wird, feiert die leibliche Gegenwart Jesus Christi und das Glaubensgeheimnis der Eucharistie. In prächtigen Fronleichnamsprozessionen wird eine Monstranz (ein kostbares Gefäß mit einem Fenster) durch die geschmückten Straßen getragen. Darin wird zur Anbetung und Verehrung feierlich eine Hostie gezeigt, die zum Leib Christi geworden ist. In den Bundesländern oder in Regionen mit überwiegend katholischer Bevölkerung wie im Eichsfeld in Thüringen ist Fronleichnam ein gesetzlicher Feiertag. In den anderen Ländern gibt es Sonderregelungen. Katholische Arbeitnehmer dürfen einen Tag frei nehmen, Schüler können vom Unterricht befreit werden.

<u>Mariä Himmelfahrt</u>
Alljährlich am 15. August feiern die katholische Kirche und die Orthodoxen Christen die Aufnahme der Gottesmutter in den Himmel. Es finden feierliche Messen und große Prozessionen statt. Kräuter werden gesegnet. Für die evangelische Kirche ist es ein einfacher Gedenktag an den Tod Marias. In Bundesländern, in denen viele Katholiken leben, ist der Tag ein gesetzlicher Feiertag, so im Saarland und in vielen Gemeinden Bayerns.

<u>Reformationstag</u>
Seit mehreren Jahrhunderten begehen die evangelischen Christen am 31. Oktober den Feiertag zum Gedenken an die Reformation der Kirche durch Martin Luther. Mit seinen 95 Thesen, die er am 31. Oktober 1517 an die Tür der Schlosskirche von Wittenberg anschlug, kritisierte Luther die herrschende Auffassung, dass eine Erlösung von den Sünden durch Geldzahlungen an die katholische Kirche („Ablasshandel") möglich sei. Für ihn lag die Rettung des Sünders allein im Glauben. An diesen Unterschieden zerbrach die Einheit der westlichen Kirche. Die Spaltung in eine römisch-katholische und eine evangelisch-lutherische Kirche sowie die Glaubenskriege waren im 16. Jahrhundert die Folge. Der Reformationstag ist nur in den protestantischen Bundesländern Brandenburg, Mecklenburg-Vorpommern, Sachsen, Sachsen-Anhalt und Thüringen ein gesetzlicher Feiertag. In Baden-Württemberg ist der Tag schulfrei, in Niedersachsen sind Schüler auf Antrag vom Unterricht befreit, um den Gottesdienst zu besuchen.

<u>Allerheiligen und Allerseelen</u>

Einen Tag später, am 1. November gedenken die Katholiken ihrer Heiligen. In Nordrhein-Westfalen, Baden-Württemberg, Bayern, im Rheinland und Saarland ist der 1. November ein „stiller" gesetzlicher Feiertag. Öffentliche Tanzveranstaltungen und laute Musik sind verboten. Einen Tag später an Allerseelen wird der Verstorbenen gedacht. Man besucht den Friedhof und schmückt die Gräber der Toten mit herbstlichen Pflanzengestecken und Kerzen.

<u>Buß- und Bettag</u>

Nur in Sachsen ist der Buß- und Bettag ein gesetzlicher Feiertag. Er wird am Mittwoch elf Tage vor dem ersten Adventssonntag begangen. In den anderen Bundesländern wurde er 1995 gestrichen, um die Pflegeversicherung zu finanzieren. Der Buß- und Bettag ist ein Feiertag der evangelischen Kirche. Er fordert die Gläubigen zur Gewissensprüfung, zur inneren Umkehr und zum Gebet auf.

Feste feiern

Neben den gesetzlichen Feiertagen christlichen Ursprungs gibt es in Deutschland viele Feste, die alten Bräuchen und Traditionen folgen und einige Festtage, die nicht so alt sind.

<u>Volksfeste</u>

Vor allem im Herbst werden in den Dörfern und kleineren Städten traditionell die Erntefeste gefeiert, die mit den Erzeugnissen aus der Region zu tun haben: Am bekanntesten sind die Weinfeste in Rheinlandpfalz und Baden-Württemberg. Jedes Dorf wählt für ein Jahr seine „Weinkönigin". Dazu kommen zwischen Frühling und Herbst die örtlichen Kirchweihfeste. Früher richteten sie sich nach dem Namenstag des Schutzheiligen der Kirche. Heute ist dieser Zusammenhang verloren gegangen, und „Kirchweih" bezeichnet ein kleines Volksfest oder einen Jahrmarkt. Und schließlich gibt es die großen Volksfeste, die auch von vielen Touristen besucht werden. Die bekanntesten sind der Cannstatter Wasen in Stuttgart (seit 1818) und das Münchener Oktoberfest (seit 1810). Das Oktoberfest, auch genannt die „Wiesn", beginnt am zweiten Samstag im

September mit dem festlichen Umzug der Brauereien, der Wiesn-Wirte und Kellnerinnen durch die Innenstadt zu den Bierzelten. Der Anstich des ersten Fass Bier durch den Oberbürgermeister von München – „Ozapft is!" - ist die eigentliche Eröffnung. Dann fängt der große Spaß an. Und er endet erst drei Wochen später. Auf dem Oktoberfest wird vor allem Bier getrunken. Es wird in riesigen Krügen ausgeschenkt. Eine „Mass" ist ein Liter. Viele Besucher des Oktoberfestes tragen eine besondere Kleidung, die an die alten Festtagstrachten der Bauern erinnert: die Mädchen und Frauen ziehen ein Dirndl an, die Jungen und Männer tragen Lederhose, kariertes Hemd und „Haferlschuhe".

<u>Halloween</u>
Seit einigen Jahren feiern Kinder am 31. Oktober „Halloween", den Vorabend vor Allerheiligen (englisch: All Hallows Eve). Halloween kommt aus den USA und bezeichnet verschiedene Bräuche, die ihre Wurzeln im katholischen Irland, aber vermutlich auch in keltischen Traditionen haben: Ursprünglich wurde Ende Oktober das Ende des Sommers und der Einzug des Viehs in die Ställe gefeiert. Man glaubte, auch die Seelen der Toten kehrten nach Hause zurück. Um böse Geister zu vertreiben, entzündete man ein Feuer und verkleidete sich. Wahrsager sagten an diesem Tag die Zukunft voraus. Der Brauch, an Halloween ausgehöhlte, beleuchtete Kürbisse aufzustellen, stammt aus Irland. In den USA gehen verkleidete Kinder von Haus zu Haus und fordern mit dem Ausruf „Süßes, sonst gibt's Saures" Süßigkeiten. Andernfalls werden den Bewohnern Streiche angedroht. Kostüme als Feen, Kürbisse, Hexen, Geister, Fledermäuse, Skelette, Zombies oder Vampire sind sehr beliebt. Halloween als Spektakel für Kinder verdrängt in Deutschland allmählich das „Martinssingen" am 11. November, bei dem Kinder von Haus zu Haus gehen und für ihren Gesang Süßigkeiten oder kleine Geschenke bekommen.

<u>Valentinstag, Internationaler Frauentag, Muttertag und Vatertag</u>
Der Valentinstag am 14. Februar wird als Tag der Verliebten begangen. Er hat viele Wurzeln. Schon im antiken Rom wurden den Frau-

en am 14. Februar Blumen geschenkt, zu Ehren der Göttin Juno, der Schützerin von Ehe und Familie. Später war es der Feiertag für einen christlichen Märtyrer. Valentin, ein römischer Priester soll im 3. Jahrhundert Paare nach dem verbotenen christlichen Ritus getraut haben. Dafür wurde ihm der Kopf abgeschlagen. So wurde Valentin zum Schutzpatron der Verliebten und Verlobten. Der Volksglaube hielt den 14. Februar für einen der „Lostage", an dem alles, was passiert, eine besondere Bedeutung für die Zukunft hat. Nach einem englischen Brauch aus dem Mittelalter schrieben sich Liebespaare Gedichte und die Männer schenken rote Rosen, die Frauen Süßigkeiten. Auf der ganzen Welt wird der Valentinstag in vielen Ländern gefeiert, vor allem von jungen Leuten. Inzwischen ist der Tag auch in Deutschland sehr beliebt.

Der 8. März ist der „Internationale Frauentag". Frauen in den sozialistischen Parteien, die für die Gleichberechtigung der Frauen und für das Frauenwahlrecht kämpften, demonstrierten am 8. März für ihre Rechte. Erstmals wurde der Internationale Frauentag in mehreren europäischen Ländern im März 1911 begangen. Nachdem die Frauen im November 1918 in Deutschland das Wahlrecht erlangt hatten, kämpften sie in den 1920er Jahren für die gesetzliche Erlaubnis zum Schwangerschaftsabbruch. In der Zeit der nationalsozialistischen Diktatur (1933-1945) wurde der „Internationale Frauentag" verboten. In der DDR (1949-1990) wurde er wieder gefeiert und entwickelte sich zu einer Art „sozialistischem Muttertag".

Ebenfalls vor dem Ersten Weltkrieg entstand in den USA die Idee zum Muttertag. Im Mai 1914 wurde er als nationaler Feiertag eingeführt. In Deutschland machte der Verband der Blumenhändler den Ehrentag für Mütter populär. Seit 1922 wurde er eingeführt. Er fällt alljährlich auf den zweiten Sonntag im Mai. In der nationalsozialistischen Diktatur wurde der Muttertag in den Dienst der rassistischen Ideologie gestellt und zum staatlichen Feiertag erklärt. Mütter mit mehr als vier Kindern erhielten einen Orden. In der DDR wurde der Muttertag offiziell ignoriert. Heute ist der Muttertag kein gesetzlicher Feiertag, aber ein Festtag.

Aus dem gesetzlichen christlichen Feiertag Christi Himmelfahrt entwickelte sich ein Festtag der Männer, der sogenannte Vatertag. Der bildet das Gegenstück zum Muttertag. Am Vatertag treffen sich vor allem junge Männer, die nicht immer Väter sind, zu gemeinsamen Ausflügen, bei denen viel Alkohol getrunken wird. Oft ziehen die Gruppen mit einem Bollerwagen (Handwagen) los, der mit Bier und Schnaps beladen ist. Familienausflüge sind an diesem Tag eher selten.

<u>Die „fünfte Jahreszeit"</u>
Es gibt vier Jahreszeiten – Frühling, Sommer, Herbst und Winter. Aber vor allem in den katholischen Gegenden im Westen, Süden und Südwesten Deutschlands gibt es eine fünfte: Sie heißt Karneval, Fasching oder Fastnacht. In der Hochburg des Karnevals, im Rheinland, findet der Auftakt des „närrischen Treibens'" alljährlich am 11.11. um 11:11 Uhr statt. Ursprünglich war der Martinstag am 11. November nämlich der letzte Tag, bevor für die Katholiken die vorweihnachtliche Fastenzeit begann. Richtig los geht es mit dem Karneval daher erst nach dem 6. Januar. Dann werden viele Kostümfeste gefeiert. Die Menschen verkleiden sich und setzen Masken auf. Es gibt auch Kostümfeste für Kinder. Die Karnevalssitzungen der Traditionsvereine aus Köln, Düsseldorf, Mainz, oder Veitshöchheim in Franken werden regelmäßig im Fernsehen übertragen. Karnevalshochburgen in Ostdeutschland sind Wasungen in Thüringen und die südliche Lausitz in Sachsen.
Seit Jahrhunderten steht an den „tollen Tagen" die Welt Kopf. Früher machten sich die „Jecken" und „Narren" über das Militär, die Kirche und die Mächtigen lustig. Diener und Mägde schlüpften in die Rolle ihrer Herrschaft und umgekehrt. Auch heute wollen die Menschen für eine kurze Zeit ihren Alltag vergessen und Spaß haben.
Die Festumzüge mit geschmückten Wagen und der Straßenkarneval bilden an den sechs Tagen zwischen „ Weiberfastnacht" („unsinniger Donnerstag"), „Rosenmontag" und „Fastnacht" („Faschingsdienstag") den Höhepunkt der „fünften Jahreszeit". Obwohl es sich

nicht um gesetzliche Feiertage handelt, wird vor allem im Rheinland an diesen Tagen wenig gearbeitet, aber viel gefeiert.

Woher der Karneval seinen Namen hat, weiß man nicht genau: Entweder vom Lateinischen „carrus navalis", was „Narrenschiff" heißt, oder vom Lateinischen „carne levare" oder „Carne Vale!", was so viel heißt wie „Fleisch wegnehmen" oder „Fleisch ade!" - ein Hinweis auf das unausweichliche Ende der fröhlichen Feste und den Beginn der ernsten Fastenzeit. Auch der „Fasching" bezieht sich auf das Ende: Denn der „Fastenschank" war der letzte Ausschank alkoholischer Getränke vor der Fastenzeit.

Älter als der Karneval und der Fasching ist die schwäbisch-alemannische Fastnacht, die in Südwestdeutschland und in der Schweiz am 6. Januar beginnt. Sie stammt aus dem 14. Jahrhundert. Ihre alten Masken und Kostüme bezeichnen Narren, Teufel, Tiergestalten, „Wilde Leute" und Hexen. In manchen Gegenden wird die eigentliche Fastnacht eine Woche später als der Karneval und Fasching später gefeiert.

<u>Aschermittwoch und Fastenzeit</u>
Am Aschermittwoch ist alles vorbei: Die ausgelassenen Feste haben ein Ende. Die Ordnung der Welt, die im Karneval symbolisch auf den Kopf gestellt wurde, ist wiederhergestellt. Zum Zeichen der Reue und Buße streuen sich Christen in der Kirche Asche auf den Kopf oder markieren ihre Stirn mit einem Kreuzzeichen aus Asche. Der Aschermittwoch ist gleichzeitig der Beginn des Osterfestkreises. Nun beginnt eine Fastenzeit von 40 Tagen, die bis zum Ostersamstag dauert. In vergangenen Zeiten, als den Mönchen feste Nahrung in der Fastenzeit verboten war, braute man in den katholischen Klöstern Bayerns ein besonderes Bier, das viel Malz und noch mehr Alkohol enthielt, das süße Starkbier. Es ist noch heute sehr beliebt.
Nur wenige Menschen fasten heute aus religiösen Gründen. Inzwischen wird die Fastenzeit aber von vielen genutzt, um persönliche Ernährungsgewohnheiten und den gewohnten Lebensstil in der Wohlstandsgesellschaft unter die Lupe zu nehmen. Freiwillig wird der Konsum von Alkohol, Süßigkeiten, Fleisch und Zigaretten in

dieser Zeit eingeschränkt oder ganz eingestellt. Der Verzicht schließt manchmal auch das Fernsehen, das Handy und den Computer oder das Auto ein. Aus gesundheitlichen, asketischen und spirituellen Gründen greifen manche Menschen zum „Heilfasten". Sie ernähren sich eine Zeitlang nur durch Flüssigkeiten und nehmen keine feste Nahrung zu sich.

4.   Die alten und die neuen Bundesländer

Die Bundesrepublik Deutschland ist ein föderaler Bundesstaat. Seit der deutschen Wiedervereinigung am 3. Oktober 1990 besteht sie aus 16 Bundesländern: Zu den „alten" sind fünf „neue" Länder (Brandenburg, Mecklenburg-Vorpommern, Sachsen-Anhalt, Sachsen, Thüringen) und Berlin hinzugekommen. Jedes Bundesland hat seine eigene Flagge und sein eigenes Wappen, eine eigene Verfassung, eine eigene Regierung und ein eigenes Parlament, den Landtag. Berlin, Hamburg und Bremen sind „Stadtstaaten": es sind Städte und zugleich Bundesländer. Berlin ist ein Bundesland und zugleich die Hauptstadt der Bundesrepublik Deutschland. Die Parlamente von Hamburg und Bremen heißen Hamburgische und Bremische Bürgerschaft, das Parlament von Berlin heißt Abgeordnetenhaus. Die Regierungen der drei „Stadtstaaten" heißen Senat. Drei Bundesländer nennen sich Freistaat: Bayern (seit 1945), Sachsen (seit 1992) und Thüringen (seit 1993). Freistaat bezeichnete früher einen freien Staat, der von keinem Monarchen regiert wird, also eine Republik.

Der Bund und die Länder existieren gleichberechtigt und eigenständig nebeneinander. Aber zwischen nationaler Politik und Länderpolitik gibt es eine „Arbeitsteilung": Probleme, die das ganze Land betreffen, werden auf Bundesebene gelöst. So gehören nationale und internationale Fragen der Innenpolitik und Außenpolitik, die Landesverteidigung, die Sicherheit, die Terrorismusabwehr, die Atomenergie oder die Finanzen zu den Aufgaben des Bundes, wenn sie ganz Deutschland betreffen. Auch alle Regelungen zur Staatsangehörigkeit, zum Meldewesen, zu Währungs- und Geldfragen, zum Zoll- und Grenzschutz, zum Seuchenschutz, aber auch die Erhebung vieler Steuern fallen in die Zuständigkeit des Bundes.

Zu den Aufgaben der Länder gehören der Strafvollzug, das Presserecht, das Demonstrationsrecht, die Bildungspolitik der Schulen und Hochschulen, die Kultur, die Gesundheitspolitik, die Polizei, die Naturschutzgebieten und verschiedene Steuern. Weil es große Unterschiede zwischen „reichen" und „ärmeren" Ländern gibt, erhalten schwächere Länder Geld von den finanziell Stärkeren (Länderfinanz-ausgleich). Vom Bund und von den Ländern gemeinsam geregelt werden die Verbesserungen der regionalen Wirtschaft und der Landwirtschaft.

Viele politische Entscheidungen werden inzwischen in der Europäischen Union getroffen, besonders wenn es sich um Währungs- und Finanzfragen, oder um Fragen der Wirtschaft und Landwirtschaft handelt. Aus diesem Grund sind auch die einzelnen Bundesländer in der Europäischen Union aktiv. Alle haben inzwischen eine Vertretung in Brüssel. Und in den Landtagen gibt es zu vielen politischen Fragen Europaausschüsse.

Bayern

Der Freistaat Bayern ist mit über 70.000 km² das größte Bundesland. Es hat 12 Millionen Einwohner. Die Landeshauptstadt ist München mit 1,38 Millionen Einwohnern. Weitere Städte sind: Nürnberg, Augsburg, Würzburg, Regensburg, Bamberg, Bayreuth und Passau. Bayern grenzt im Osten an Tschechien, im Süden und Südosten an Österreich und im äußersten Südwesten über den Bodensee an die Schweiz. Die Donau trennt Bayern in einen nördlichen und südlichen Teil. Im Voralpenland entstanden in der Eiszeit viele Flüsse und Seen.

<u>Kultur und Geschichte</u>

Bayern wurde 1806 Königreich. Die großen Bauvorhaben König Ludwig I und seines Architekten Leo von Klenze verwandelten München in eine klassizistische Residenzstadt und in ein Zentrum der Künste und der Wissenschaften. Nach dem Vorbild von Versailles wurde Schloss Nymphenburg errichtet. Die Innenstadt München gestaltete man nach italienischen Vorbildern. Besonders mit Bayern identifiziert und teilweise noch heute verehrt wird König Ludwig II (1845-1886). Er ist d e r König schlechthin – ein Sinnbild für unermesslichen Luxus, phantastische Schlösser, theatralische Selbstdarstellung und kostspielige Kunstförderung. Sein ungeklärter Tod im Starnberger See – Unfall, Mord oder Selbstmord? – trug zum Mythos vom Märchenkönig noch bei. „Der Kini" (der König), wie ihn die Bayern nennen, ließ die Schlösser Neuschwanstein, Herrenchiemsee und Linderhof bauen. Und er ließ für den von ihm verehrten Komponisten Richard Wagner die Villa Wahnfried in Bayreuth errichten.

Über die Residenzstadt des Königreichs schrieb Thomas Mann 1902: „Der Himmel ist von blauer Seide, die Kunst blüht. München leuchtete". Als Kunstmetropole, aber auch wegen seiner Nähe zu den oberbayerischen Seen und den Alpen ist München ein bevorzugtes Reiseziel. Das Deutsche Museum, eines der größten technischen und naturwissenschaftlichen Museen der Welt, ist ein Publikumsmagnet. Weil es angeblich mehr italienische Restaurants gibt als in Siena und Florenz zusammen, nennt man München mit einem Augenzwinkern gern die „nördlichste Stadt Italiens". Für Fußballfans ist München aus anderen Gründen die erste Adresse: Hier wurde im Jahr 1900 der FC Bayern München gegründet.

Bayern hat viele alte Städte mit einer reichen Kulturgeschichte. Regensburg war in der Antike ein römischer Stützpunkt. Augsburg ist ebenfalls eine alte Römerstadt aus der Zeit des Kaisers Augustus. Im Mittelalter war Augsburg ein Zentrum des europäischen Tuchhandels. Eine der bedeutendsten Familien waren die Fugger. Sie wurden zu Bankiers zahlreicher Herrscher. Nürnberg wurde als mittelalterliche Handelsstadt und Kaiserburg gegründet. In der Stadt lebten bedeutende Künstler der deutschen Renaissance: der Maler Albrecht Dürer und der Bildhauer Veit Stoß. Das oberfränkische Bamberg ist berühmt für seine erhalten gebliebene mittelalterliches Stadtzentrum und für den gotischen Dom aus dem 13. Jahrhundert. Zum Wahrzeichen der Stadt wurde der Bamberger

Reiter. Würzburg ist seit dem 8. Jahrhundert eine Bischofssitz und bekannt für den Weinbau. Die Residenz ist ein Höhepunkt der Barockarchitektur in Bayern.

Wirtschaft

Obwohl noch immer die Hälfte der Fläche land- und forstwirtschaftlich genutzt wird, verwandelte sich Bayern in den letzten siebzig Jahren in ein modernes Land der Industrie und Hochtechnologie, der Rüstungsindustrie, der Luft- und Raumfahrt sowie in ein Zentrum der Dienstleistungen und der IT-Branche. Traditionell stark sind die Automobil- und Elektroindustrie, der Maschinenbau, aber auch die Spielzeugindustrie. Industrielle Zentren sind der Großraum München, Ingolstadt, Regensburg Nürnberg und Fürth und Augsburg. München ist zudem eine Stadt der Verlage, der Medien und mit den Bavaria Filmstudios auch der Filmindustrie. Die Bayerischen Universitäten und Forschungseinrichtungen genießen einen hervorragenden Ruf. Gleichzeitig werden Handwerkstraditionen und Volkskunst groß geschrieben. Traditionsbetriebe der Porzellanherstellung und mundgeblasenen Gläser finden sich im Bayerischen Wald und im Fichtelgebirge. Hunderte von Brauereien sind in Bayern ansässig. Bis heute gehört das Bier zum Alltag. Bei schönem Wetter gehen Jung und Alt, Einheimische und Touristen in den Biergarten. Das ist ein großes Gartenlokal, in dem man die Getränke bestellt, das Essen aber entweder als Picknick mitbringt oder in Selbstbedienung „am Standl" kauft. Die bayerische Mischung aus Innovation und Bodenständigkeit hat man als „Laptop und Lederhose" charakterisiert. Nach Mecklenburg-Vorpommern ist Bayern das zweite beliebte Urlaubsziel innerhalb Deutschlands.

Niedersachsen

Das zweitgrößte Bundesland nach Bayern ist gut 47.000 km² groß und zählt 7,8 Millionen Einwohner. Es hat 300 km Küste und reicht von der Nordsee zu den Mittelgebirgen, dem Harz und dem Weser Bergland. Die Weser, der Mittellandkanal und die Elbe sind nicht nur für Niedersachsen wichtige Routen der Binnenschifffahrt. Landeshauptstadt ist Hannover (525.000 Einwohner). Weitere Städte sind: Braunschweig, Wolfsburg, Hildesheim, Göttingen, Celle, Lüneburg und Cuxhaven.

<u>Kultur und Geschichte</u>

Viele Städte in Niedersachsen sind sehr alt. Braunschweig wurde im 9. Jahrhundert gegründet. Unter dem Einfluss von Heinrich dem Löwen, dem Herzog von Sachsen und Bayern, entwickelte sich Braunschweig zu einer Residenzstadt. Ihr Wahrzeichen ist seit dem Mittelalter der „Braunschweiger Löwe", eine Bronzefigur auf dem Burgplatz. In Hildesheim, einer Stadt, die im Mittalter Bischofssitz wurde und während der Reformationszeit durch eine Mauer in einen katholischen und einen protestantischen Teil geteilte war, sind viele Kirchen aus der Zeit der Romanik (12. Jahrhundert) und der Gotik (14. Jahrhundert) erhalten. Einer der schönsten Dome in Deutschland ist der Hildesheimer Mariendom. Weltberühmt ist die „Bernwardtür" aus Bronze. Sie zeigt Szenen aus dem Leben Jesus Christus. Die mittelalterliche Stadt Goslar nördlich des Harzes gewann als Aufenthaltsort der Kaiser Bedeutung.
Zugleich gelangte sie durch den Erzbergbau im nahe gelegenen Rammelsberg zu Reichtum. Bis ins 13. Jahrhundert war die Stadt Kaiserpfalz. Danach blühte sie als Handelsstadt und Mitglied der Hanse auf. Die Hanse war ein Zweckbund norddeutscher Kaufmannsstädte zur besseren Durchsetzung ihrer Handelsinteressen. Heute sind Goslar und der Erzbergbau eine touristische Attraktion.
Die Herzog August-Bibliothek in Wolfenbüttel ist eine international bekannte Forschungsstätte über die Literatur und Kultur des 17. und 18. Jahrhunderts. Sie galt als größte Bibliothek nördlich der Alpen und wurde sogar als „achtes Weltwunder" bezeichnet. Unter den besonders kostbaren Schriften sind reich verzierte Handschriften und liturgische Bücher mit den Texten der vier Evangelien des Neuen Testaments (die Evangeliarien). In Wolfenbüttel wirkten bedeutende Gelehrte der bürgerlichen Aufklärung: Gottfried Wilhelm Leibniz und Gotthold Ephraim Lessing.
Seit dem 18. Jahrhundert bestand eine enge Verbindung des Hauses Hannover zu England. Die Könige von England waren nämlich zugleich Kurfürsten von Braunschweig-Lüneburg und Könige von

Hannover. Man spricht von einer „Personalunion" zwischen England und Hannover, die erst 1837 mit Königin Victoria zu Ende ging.

<u>Wirtschaft</u>

Niedersachsen ist von der Landwirtschaft geprägt. Hier werden Weizen, Gemüse und Obst angebaut. Hier sind große Betriebe der Vieh- und Geflügelzucht ansässig. Hinzu kommt die Lebensmittelindustrie und an der Küste die Fischverarbeitung. Wie schon das Wappen zeigt, ist Niedersachsen für den Pferdesport und seine Turnierpferde, die Hannoveraner, berühmt.

Die Großstädte sind auch Industriestandorte. Industrielle Zentren befinden sich im Raum Hannover – Braunschweig – Wolfsburg und Peine/Salzgitter. Unternehmen der Automobilindustrie und des Nutzfahrzeugbaus, Stahlindustrie und Anlagenbau (Windkraft- und Biogasanlangen) sind hier von Bedeutung. Niedersachsen ist ein großer Lieferant für Torf, Sand und Kies. VW, der größte Automobilhersteller in Europa, hat seinen Sitz in Wolfsburg, einer Stadt, die erst 1938 gegründet wurde. In Emden befindet sich die Meyer-Werft, die sich auf den Bau von Kreuzfahrtschiffen spezialisiert hat. Der neue Tiefseehafen JadeWeserPort (2012) erlaubt die Abfertigung besonders großer Containerschiffe. Bei der Erzeugung von Energie in Windparks in der Nordsee nimmt Niedersachsen eine Spitzenposition ein. Hannover ist seit der Industrialisierung Mitte des 19. Jahrhunderts ein Verkehrsknotenpunkt. Aus diesem Grund ist die Stadt ein wichtiger Veranstalter von Industriemessen. Bedeutende Standorte der Wissenschaft und Forschung sind Göttingen, Hannover und Braunschweig. Vor allem die Nordseeküste und die Ostfriesischen Inseln sind beliebte Reiseziele.

Baden-Württemberg

An dritter Stelle steht flächenmäßig mit fast 36.000 km² Baden-Württemberg. Es hat knapp 10,6 Millionen Einwohner und ist ziemlich dicht besiedelt. Das Bundesland entstand 1952 aus Württemberg-Baden, Baden und Württemberg-Hohenzollern. Stuttgart ist Landeshauptstadt (315.000 Einwohner). Weitere Großstädte sind Karlsruhe, Mannheim, Ulm, Heilbronn, Heidelberg, Konstanz und

Freiburg. Baden-Württemberg grenzt im Süden an die Schweiz, im Westen an Frankreich.

Kultur und Geschichte

Im Mittelalter war das Gebiet des heutigen Bundeslandes die Heimat vieler Adelsdynastien und großer Klöster. Das Kloster Maulbronn, das 1138 gegründet wurde, ist heute die am besten erhaltene Klosteranlage nördlich der Alpen aus dieser Zeit. Das Gebiet lag im Schnittpunkt wichtiger Fernhandelswege. Die Zersplitterung der Territorien in viele kleine Herrschaftsgebiete ("Kleinstaaterei"), die im 13. Jahrhundert allgemein einsetzte, war in dieser Gegend besonders ausgeprägt. Die Reformationsbewegung, die Kriege um die „richtige" Religion und die Kämpfe um die politische Herrschaft waren in Baden besonders stark. Der Südwesten war ein Zentrum des Bauernkrieges, der ersten Revolution der einfachen Leute gegen die Willkür der Feudalherren. Er wurde 1525 blutig niedergeschlagen und kostete 100.000 Menschen das Leben. Als Folge des dreißigjährigen Krieges (1618-1648) war der gesamte Bestand an Vieh vernichtet, die Äcker verwüstet und mehr als die Hälfte der Bevölkerung war tot. Nach den Zerstörungen im pfälzischen Erbfolgekrieg gründeten im 17. Jahrhundert viele Fürsten neue Residenzstädte. Am Zeichentisch entstanden geometrisch angelegte Städte mit großen Schlössern wie Karlsruhe, Ludwigsburg oder Mannheim. Vorbild war das französische Schloss Versailles.

Wirtschaft

Baden-Württemberg zählt zu den wirtschaftsstärksten Regionen Europas. Es hat mit Daimler Benz, Porsche und Bosch eine starke Automobil- und Elektroindustrie. Und es ist innovativ in der industriellen Hochtechnologie und in der Medizintechnik. Das Land ist im bundesdeutschen Vergleich Exportweltmeister. Die meisten Menschen sind in der Automobilindustrie und im Maschinenbau beschäftigt. Im Schwarzwald sind Unternehmen der Feinmechanik und Unterhaltungselektronik ansässig. Von dort kommen auch die bekannten Kuckucksuhren. Auf der schwäbischen Alb behauptet sich noch immer die Textil- und Spielwarenindustrie. Am Oberrhein befindet sich eine der größten Erdölraffinerien Deutschlands. Auch an der Software-Entwicklung ist Baden-Württemberg führend beteiligt. Karlsruhe und Heidelberg sind Zentren der Forschung und zusammen mit Stuttgart, Tübingen, Freiburg, Konstanz und Mannheim auch bekannte Universitätsstädte. Auch der Tourismus ist ein bedeutender Wirtschaftsfaktor, vor allem im Schwarzwald, am Bodensee und im Allgäu. Beliebt sind die badische und schwäbische Küche sowie die badischen und württembergischen Weine.

In einer Werbung für Baden-Württemberg heißt es „Wir können alles außer Hochdeutsch" – eine Anspielung auf den Erfindergeist und den wirtschaftlichen Erfolg des Landes und auf den ausgeprägten Dialekt, der hier gesprochen wird: Schwäbisch.

Nordrhein-Westfalen

Das Land wurde 1946/47 aus der der Provinz Westfalen, dem Nordteil der Rheinprovinz und dem Land Lippe gebildet. Mit 17,5 Millionen Einwohnern ist „NRW" das bevölkerungsreichste Bundesland. Von der Fläche her liegt es mit gut 34.000 km² an vierter Stelle. Landeshauptstadt ist Düsseldorf (592.000 Einwohner). Besonders dicht besiedelt ist das Ruhrgebiet. Wenn man es durchfährt, könnte man meinen, dass die Großstädte Essen, Dortmund, Duisburg, Bochum, Oberhausen, Gelsenkirchen ineinander übergehen. Deshalb spricht man auch von der „Metropole Ruhr". In diesem Ballungsraum leben 10 Millionen Menschen. Zu den besonders alten Großstädten zählen Köln mit mehr als einer Million Einwohnern, Aachen, Bonn, Münster und Essen. Weitere Städte sind Dortmund, Bochum, Wuppertal, Mülheim, Duisburg, Gelsenkirchen, Oberhausen, Recklinghausen, Witten. Im Westen grenzt NRW an die Niederlande, im Südwesten an Belgien.

<u>Kultur und Geschichte</u>

Der römische Imperator Caesar nannte alle Bewohner rechts des Rheins „Germanen". Die Bemühungen des Römischen Reichs sich in dieses Gebiet auszudehnen, scheiterten allerdings. In der Schlacht im Teutoburger Wald (im Jahr 9) erlitten die Römer unter ihrem Feldherren Varus eine Niederlage gegen Armin, den Cheruskerfürsten. Danach beschränkte man sich auf Handelsbeziehungen. Erst Karl dem Großen gelang gut 750 Jahre später die Zusammenfassung aller Landesteile des heutigen NRW in einem mittelalterlichen Staatswesen, dem Frankenreich. Wichtige Residenzen waren Paderborn und Aachen. Im späten Mittelalter gelangten die Städte am Rhein und am westfälischen „Hellweg" durch den Handel zu Wohlstand. Die Handelsstraße „Hellweg" führte von Dortmund über Soest und Paderborn bis nach Corvey. Anfang des 19. Jahrhunderts geriet das Gebiet unter den Einfluss Napoleons. Ab 1815 gehörten Rheinland und Westfalen zum Königreich Preußen. Nach der militärischen Niederlage im Ersten Weltkrieg (1914-1918) besetzte Frankreich Teile des Rheinlands und das gesamte Ruhrgebiet. Nach dem Zweiten Weltkrieg (1939-1945) wurde das Ruhrgebiet Teil der britischen Besatzungszone.

Köln, die größte Stadt in NRW, gibt es seit der römischen Antike. Im Mittelalter war Köln die größte Stadt des Reiches und Sitz des Erzbischofs). Der war einer der mächtigsten Personen im Reich. Viele Kirchen im Stil der Romanik sind noch heute erhalten. 1248 wurde mit dem Bau des Kölner Doms im gotischen Stil begonnen, der erst 600 Jahre später fertig gestellt wurde. Er ist das Wahrzeichen der Stadt.

In Köln gibt es zahlreiche bekannte Museen, darunter das Römisch-Germanische Nationalmuseum mit vielen Zeugnissen der römischen Kultur. Köln zählt auch zu den führenden Städten des Kunsthandels. Und Köln ist die Hochburg des rheinischen Karnevals. Bonn, die ehemalige Hauptstadt der Bundesrepublik Deutschland (1949-1990) liegt in unmittelbarer Nähe. Sie war lange Zeit die Residenz der Erzbischöfe von Köln. In Bonn ist der Komponist Ludwig van Beethoven geboren. Nach der Wiedervereinigung (1990) wurde Bonn eine Stadt der Vereinten Nationen. Verschiedene Organisationen, darunter die UNO-Flüchtlingshilfe, sind in das Hochhaus der früheren Bundestagsabgeordneten, den „Langen Eugen" (eine ironische Anspielung auf den Bundestagspräsidenten Eugen Gerstenmaier) eingezogen. Die westlichste Stadt von NRW, Aachen, ist für den mittelalterlichen Kaiserdom weltberühmt. Er wurde in der Form eines Achtecks errichtet. In der Krönungsstadt Karls des Großen wird heute jährlich der Karlspreis verleihen. Er geht an eine Persönlichkeit, die sich um die Einigung Europas verdient gemacht hat. Die Stadt Essen ging aus einem mittelalterlichen Stift (Kloster für Frauen) hervor. In der Zeit der Industrialisierung im19. Jahrhundert wurde Essen zum Zentrum des Steinkohlenbergbaus und der Stahlindustrie. Stellvertretend für das ganze Ruhrgebiet wurde Essen 2010 Kulturhauptstadt Europas.

<u>Wirtschaft</u>

Bergbau und die Stahlindustrie prägten die Preußische Westprovinz. Sie nahm schon im 19. Jahrhundert viele Zuwanderer auf, die als Arbeitskräfte angeworben wurden. Alfred Krupp errichte in Essen die Eisenbahnschienen, Radreifen und Waffen. Im Ersten Weltkrieg (1914-1918) und im Zweiten Weltkrieg (1939-1945) wurden hier Kanonen produziert. Inzwischen hat Essen sich zu einer Handelsstadt entwickelt. Neben Krupp waren Thyssen, Haniel, Mannesmann die großen Unternehmer der Industrialisierung. Das Ruhrgebiet, das „Land aus Kohle und Stahl" im Herzen Nordrhein-Westfalens ist noch heute eines der größten Industriegebiete Europas. Inzwischen ist es auch ein Zentrum des Maschinenbaus, der chemischen und pharmazeutischen Industrie, der Energieversorgung, der Telekommunikation, der Logistik und des Transportwesens, des Einzelhandels und anderer Dienstleistungsunternehmen. In Rheinland und Westfalen sind bedeutende Unternehmen der Automobilindustrie, der Chemie und der Lebensmittelindustrie angesiedelt, aber auch viele Banken und Versicherungen der Finanzwirtschaft. Ostwestfalen ist noch immer ein Zentrum der Möbelindustrie, während die Textilindustrie dort inzwischen keine große Rolle mehr spielt. Die Hauptstadt Düsseldorf ist eine Stadt der Mode und ein modernes Handelszentrum mit der größten japanischen „Business Community" in Deutschland (6.500 Personen).Sie ist nach London und Paris zugleich die drittgrößte Gemeinde außerhalb Japans darstellt. Auch Düsseldorf ist eine Hochburg des rheinischen Karnevals. Köln, Bonn, Münster Aachen und Düsseldorf sind alte Universitätsstädte. Mit der der Ruhr-Universität in

Bochum (1965) begann die Gründung von Universitäten im Ruhrgebiet. Seit den 1980er Jahren wandelt sich die Industriegesellschaft zur Wissensgesellschaft. Die Region verändert sich: In der früheren Zeche Zollverein befindet sich heute ein internationales Design- und Kulturzentrum und ein Museum.

Das Bindestrichland Nordrhein-Westfalen war eine Neuschöpfung aus ganz unterschiedlichen Regionen. Ein Gefühl der Gemeinsamkeit stellte sich vor allem im Ruhrgebiet ein. Doch Nordrhein-Westfalen hat ein zweites Gesicht und das ist grün. In der Eifel, im bergischen Land, im Sauerland und im Teutoburger Wald gibt es ausgedehnte Wälder.

Brandenburg

Brandenburg entstand nach der Wiedervereinigung wieder. Mit einer Fläche von knapp 29.500 km² ist es das größte der neuen Länder. Es hat aber nur 2,45 Millionen Einwohner und ist sehr dünn besiedelt (83 Einwohner pro km²). Das Land hat große Wälder, viele Flüsse und 3.000 Seen. Eine charakteristische Landschaft ist der Spreewald mit seinen unzähligen Gewässern, die mit Booten befahren werden. Mitten in Brandenburg liegt Berlin. Die Landeshauptstadt aber ist Potsdam, die alte Residenzstadt der Kurfürsten und der preußischen Könige und größte Stadt (145.000 Einwohner). Weitere Städte sind Cottbus, Brandenburg und Frankfurt an der Oder. Im Osten grenzt Brandenburg an Polen. Eine Zusammenfassung der beiden Länder Brandenburg und Berlin zu einem Bundesland wurde 1996 von den Brandenburgern abgelehnt. Man zog die politische Eigenständigkeit vor.

Kultur und Geschichte

Mit Brandenburg und Potsdam verbindet man „Preußen" und Friedrich II. (1712-1786), der schon zu seiner Zeit Friedrich der Große, aber auch „der Alte Fritz" genannt wurde. Friedrich II. baute das Militär aus und führte die Schulpflicht ein. Zugleich förderte er die Künste und die Architektur. Der König verkörperte den „aufgeklärten Absolutismus", denn er sah sich selbst als ersten Diener des Staates. Er stärkte das Bürgertum, das die Steuern zahlte, und lud

Hugenotten aus Frankreich und Protestanten aus Holland und Salzburg nach Preußen ein, weil sie in ihrer Heimat verfolgt wurden. Die Glaubensbrüder sollten das rückständige Land wirtschaftlich voranzubringen. Die Folter wurde abgeschafft, die Zensur gelockert. Die Presse- und Meinungsfreiheit, aber auch die religiöse Toleranz machten Fortschritte. Der König war nicht nur ein Herrscher, sondern auch ein Kriegsheld, Philosoph und Künstler.

Seine Sommerresidenz Sanssouci und der Schlosspark gelten als „kleines Versailles". Auch das Holländische Viertel in Potsdam ist eine touristische Attraktion.

In den Zwanziger Jahren entstanden in Potsdam-Babelsberg die größten Filmstudios Deutschlands. Im Villenviertel lebten viele berühmte Regisseure und Filmstars. 1945 trafen sich die Sieger des Zweiten Weltkriegs, die USA (Harry S. Truman), die Sowjetunion (Josef Stalin) und Großbritannien (Winston Churchill), zu einer berühmten Konferenz in Potsdam. Im Potsdamer Abkommen regelten sie die Teilung Deutschlands in vier Besatzungszonen, die „Umsiedlung" der Deutschen im Osten, neue Grenzen und die Verurteilung der deutschen Kriegsverbrecher. Der Ort der Konferenz, Schloss Cäcilienhof, ist heute ein Museum. Ein besonderer Ort in der Zeit der deutschen Teilung und des Kalten Krieges war die Glienicker Brücke. Sie verband Potsdam (damals DDR) mit Westberlin und war deshalb besonders gut bewacht. Zwischen 1962 und 1986 wurde die Brücke zum Austausch von Spionen genutzt.

Der bekannteste Schriftsteller Brandenburgs ist Theodor Fontane (1819-1898). Albert Einstein, der Physiker und Begründer der Relativitätstheorie, wohnte 1929-1932 in Caputh, südlich von Potsdam. Auch heute leben viele bekannte Persönlichkeiten in Potsdam, zum Beispiel der Modedesigner Wolfgang Joop und der Quizmaster Günter Jauch.

<u>Wirtschaft</u>

Nach der Wiedervereinigung (1990) und dem Ende der sozialistischen Planwirtschaft kam die wirtschaftliche Entwicklung in Brandenburg nicht leicht in Gang. Noch immer herrscht eine hohe Arbeitslosigkeit. An den klassischen Standorten der Stahlindustrie und

Erdölverarbeitung in Eisenhüttenstadt, in Hennigsdorf, Brandenburg und in Schwedt haben sich wieder Unternehmen dieser Branchen angesiedelt. Auch der Maschinenbau und die chemische Industrie sind in Brandenburg vertreten. Im Umland Berlins gibt es neue Technologieunternehmen der Luft- und Raumfahrt, in Frankfurt/Oder mehrere Hersteller von Solarzellen. Die Universitäten von Potsdam, Cottbus und Frankfurt an der Oder (Europa Universität Viadrina) sind Standorte der Wissenschaft und Forschung. Im Raum Potsdam etablierte sich ein europäischer Standort der Biotechnologie. Besonders zahlreich sind landwirtschaftliche Großbetriebe. Die Binnenschifffahrt ist sowohl für die Wirtschaft wie auch für den Tourismus von Bedeutung.

Mecklenburg-Vorpommern

Das Bundesland wurde nach der deutschen Wiedervereinigung (1990) neu gegründet. Von den fünf neuen Ländern hat Mecklenburg-Vorpommern mit rund 23.000 km² die größte Ausdehnung. Es hat aber nur 1,6 Millionen Einwohner: Pro km² leben hier nur 69 Menschen, die wenigsten in ganz Deutschland. Aber drei der vierzehn Nationalparks liegen in Mecklenburg-Vorpommern. Wie das Bundesland Brandenburg hat auch Mecklenburg-Vorpommern eine gemeinsame Grenze mit Polen, die zugleich die Landesgrenze der Bundesrepublik Deutschland ist: die Oder-Neiße-Grenze. Sie wurde 1945 auf der Potsdamer Konferenz von den Siegern des Zweiten Weltkrieges festgelegt und 1990 endgültig als deutsche Ostgrenze anerkannt.

Die Landeshauptstadt ist Schwerin (95.000 Einwohner). Die größte Stadt ist die Hafenstadt Rostock mit 204.000 Einwohnern. Weitere wichtige Städte sind Greifswald, Wismar, Neubrandenburg und Stralsund.

<u>Kultur und Geschichte</u>

Die beiden Universitäten in Rostock und Greifswald wurden schon im 15. Jahrhundert gegründet. Im Dreißigjährigen Krieg (1618-1648) wurde das Territorium stark verwüstet. Danach standen Vorpommern und die Insel Rügen eine Zeit lang unter der Herrschaft

Schwedens. Über 2.000 Schlösser, Burgen und Gutshäuser gibt es im Mecklenburg-Vorpommern, viele von ihnen sind Museen. Das Schweriner Schloss, der Sitz des Landesparlaments, ist zum Wahrzeichen des Landes geworden.

Besonders typisch für die historischen Altstädte von Stralsund und Wismar sind die rötlichen Häuser in „Backsteingotik". „Backstein" ist ein anderes Wort für den Ziegelstein, der aus Ton gebrannt wird. In den Kaufmannsstädten Mecklenburg-Vorpommerns wurde das Kaufhaus erfunden. Drei große Warenhausketten wurden hier gegründet: Karstadt (1871 in Wismar), Wertheim und Kaufhof (1875 und 1879 beide in Stralsund).

Wirtschaft

Mecklenburg-Vorpommern lebt von der Landwirtschaft und von der Herstellung von Lebensmitteln. Aber auch der Maschinenbau, die Energiewirtschaft (Windkraft) und die Industrie rund um die Schifffahrt sind hier von Bedeutung. Reedereien, Kreuzfahrtunternehmen und mittelgroße Schiffsbauer haben hier ihren Sitz. Von den großen Werften in Wismar, Rostock-Warnemünde und Stralsund sind nach dem Ende der DDR (1990) jedoch nur wenige übriggeblieben.

Eine starke wirtschaftliche Säule bildet der Tourismus. Die vielen Seen im Landesinneren (650!), die Ostseeküste und die Inseln Rügen, Usedom und Hiddensee sind die beliebtesten Reiseziele in Deutschland. Schon Ende des 19. Jahrhunderts galt Usedom als die „Badewanne" Berlins. In Ahlbeck und Heringsdorf verbrachten der Kaiser, die Aristokratie und die Reichen aus der Hauptstadt die Ferien. Aus dieser Zeit stammen die weißen Villen im Stil der „Bäderarchitektur".

Hessen

Das Bundesland Hessen ist gut 21.000 km² groß und ziemlich dicht besiedelt. Es hat sechs Millionen Einwohner und liegt mitten in Deutschland. Seine Landeshauptstadt ist Wiesbaden (276.000 Einwohner). Zugleich ist die Stadt ein Heilbad. Die größte Stadt in Hessen und die fünftgrößte Stadt Deutschlands ist Frankfurt am

Main(717.000 Einwohner). Die Skyline mit den vielen Hochhäusern brachte ihr in den 1960er Jahren das nicht sehr freundlich gemeinte Wort „Mainhattan" ein, eine Anspielung auf den amerikanischen Kapitalismus und sein Zentrum Manhattan. Sie galt als amerikanischste Stadt Deutschlands, weil hier sehr viele amerikanische Soldaten stationiert waren und es eine große amerikanische „Business Community" gab. Inzwischen ist „Mainhattan" kein Schimpfwort mehr. Es steht positiv für Erfolg und Wohlstand.

Weitere wichtige Städte sind Fulda, Kassel, Darmstadt, Marburg und Gießen, in denen es auch eine Universität gibt. Hessen hat berühmte Kurorte wie Bad Nauheim und Bad Homburg.

<u>Kultur und Geschichte</u>

Über Hessen hinaus ist Frankfurt ein kulturelles Zentrum. Frankfurt ist die Stadt der Verlage und der Bücher. Hier findet jedes Jahr im Oktober die Internationale Buchmesse statt. In Frankfurt wurde der Dichter Johann Wolfgang von Goethe geboren. 1848 versammelte sich in der Pauskirche das erste frei gewählte deutsche Parlament. Seit dem 14. Jahrhundert wurden in Frankfurt die Könige gekrönt. Im 16. Jahrhundert wurde die Frankfurt Krönungsstadt der deutschen Kaiser.

Schon immer hatte Frankfurt eine große jüdische Gemeinde. Heute ist sie neben Berlin, München und Düsseldorf die viertgrößte Deutschlands. Viele alte Stiftungen, Museen, Krankenhäuser und auch die Universität verdanken dem Engagement und Bürgersinn der Frankfurter Juden viel.

Die alte Residenzstadt Kassel ist für seine Schlösser Wilhelmshöhe, Wilhelmsthal, die Orangerie und die großen Schlossparks berühmt, aber auch für die „documenta", eine große internationale Kunstausstellung, die alle fünf Jahre stattfindet. Kassel ist der Geburtsort der Brüder Grimm. Die Volksmärchen, welche die Forscher vor 200 Jahren gesammelt haben, kennt jedes Kind – nicht nur in Deutschland. In Darmstadt veranlasste 1899 Großherzog Ernst Ludwig von Hessen die Gründung einer Künstlerkolonie. Auf der Mathildenhöhe entstand eine Viertel mit Villen und Werkstätten im Jugendstil, das heute weltberühmt ist. Die katholische Bischofstadt Fulda war mit seinem Kloster bereits im Mittelalter ein wichtiges geistiges Zentrum.

<u>Wirtschaft</u>

Die Zentren der hessischen Industrie liegen in der Umgebung von Kassel und im Rhein-Main-Gebiet. Vor allem die Solartechnologie, die Autoindustrie und die Chemie sind zu nennen. Frankfurt ist ein wichtiger europäischer Finanz- und Börsenplatz. Hier befinden sich die deutsche Börse und die Europäische Zentralbank. Viele deutsche Banken haben in Frankfurt ihre Zentrale. Frankfurt Airport ist der größte Flughafen Deutschlands. Neben den Industriezonen hat Hessen aber immer noch große Waldflächen. Die Landwirtschaft ist ebenfalls ein Wirtschaftsfaktor.

Sachsen-Anhalt

Nach der Wiedervereinigung (1990) entstand das Bundesland wieder. Es gehört mit einer Fläche von 20.450 km² zu den mittelgroßen Ländern. Es hat 2,26 Millionen Einwohner und ist eher dünn besiedelt (110 E / km²). Landeshauptstadt ist Magdeburg (230.000 Einwohner). Die zweite Großstadt ist Halle (233.000). Weitere bekannte Städte sind Dessau, Wittenberg, Naumburg, Quedlinburg und Wernigerode.

<u>Kultur und Geschichte</u>

Im frühen Mittelalter war Magdeburg, das schon 1.200 Jahre alt ist, Erzbistum und östlichstes Zentrum des Christentums. Von hier aus wurde der christliche Glaube auf der anderen Seite der Elbe im Osten verbreitet. (Missionierung). Die Missionierung der Slawen war nicht nur eine Sache der Religion, sondern auch der politischen Herrschaft. Sie wurde mit Feuer und Schwert durchgesetzt. Während des dreißigjährigen Krieges (1618-1648) erlebte die Stadt, die sich zum Protestantismus bekannt hatte, im Jahr 1631 ein besonders grausames Massaker und die totale Zerstörung durch die katholischen Truppen des Kaisers. „Magdeburgisieren" war damals ein anderes Wort für „vernichten" und „in Schutt und Asche legen". Auch Halle ist eine alte Stadt. Sie wurde vor 1.000 Jahren gegründet und hat seit 1694 eine Universität. In Halle wurde der berühmteste

Sohn der Stadt, der Komponist Georg Friedrich Händel, geboren
(1685). Neben Halle wurde Wittenberg zu einem Zentrum der Reformation. Dort schlug der Mönch Martin Luther im Jahr 1517 seine
95 Thesen an das Portal der Schlosskirche. Darin kritisierte er die
katholische Kirche scharf. Damit begann die Reformation, welche
die Glaubensspaltung in Katholiken und Protestanten bewirkte. Das
historische Zentrum von Quedlinburg mit seinen alten Fachwerk-
häusern aus mehreren Jahrhunderten wie auch der Domschatz
gehört zum UNESCO-Welterbe. Der Dom von Naumburg und seine
Stifterfiguren, sind ebenfalls sehr berühmt.

Wernigerode im Harz ist ein beliebtes Ziel für Touristen, ebenso wie
der Brocken, der höchste Berg im Harz (1142 m). Der Nationalpark
Harz wird gern von Wanderern besucht. In früheren Zeiten wurden
viele Sagen über die wilde, romantische Landschaft erzählt. Man
sagte, Hexen kämen auf fliegenden Besen geflogen, um an einem
besonderen Platz mit dem Teufel die Walpurgisnacht (vom 30. April
zum 1. Mai) zu feiern. Heute treffen sich auf verschiedenen „Hexen-
tanzplätzen" im Harz alljährlich Frauen zu einem Fest. Die Walpurgisnacht hat der deutsche Nationaldichter Johann Wolfgang von
Goethe in seinem Drama „Faust" (Teil II) als schauerliches Fest zum
Thema gemacht. Mit Dessau dagegen verbindet man keinen Volks-
glauben, sondern Architektur und modernes Design aus den späten
1920er Jahren. Die Stadt ist weltberühmt für das „bauhaus", das
zwischen 1928 und 1930 hier wirkte.

<u>Wirtschaft</u>

Zur Zeit der DDR (1949-1989) waren die Bezirke Sachsen-Anhalts
ein wichtiges industrielles Zentrum. Die Umweltverschmutzung war
hier besonders groß. Im Chemiedreieck Halle - Leuna – Schkopau –
Bitterfeld/Wolfen drehte sich alles um Chemie, Kali, Braunkohle.
Unter anderem wurde Buna hergestellt, ein synthetischer Kaut-
schuk. Die Werbung „Plaste und Elaste aus Schkopau" kannte auch
jeder Westdeutsche, der die DDR auf der Autobahn nach Westberlin durchfuhr.

Nach der Wende wurden die verseuchten Böden erneuert. Teile der
Region wurden der Natur zurückgegeben. Heute hat sich die phar-

mazeutische Industrie hier angesiedelt. Und es entstand ein Zentrum der Solarindustrie. Auch viele kleine und mittlere Betriebe sind an diesem Standort.

Rheinland-Pfalz

Das Bundesland, das 1946 ohne Rücksicht auf geschichtlich gewachsene Zugehörigkeiten als „Land aus der Retorte" entstand, ist fast 20.000 km² groß, hat 4 Millionen Einwohner und liegt im Südwesten der Bundesrepublik Deutschland. Es ist eines der waldreichsten Länder. Die Hauptstadt ist Mainz (197.000 Einwohner). Größere Städte sind Koblenz, Trier, Kaiserslautern und Ludwigshafen. Von historischer Bedeutung sind auch Speyer und Worms. Im Süden grenzt Rheinland-Pfalz an Frankreich, im Westen an Luxembourg und Belgien.

<u>Kultur und Geschichte</u>

Eine der bemerkenswertesten Frauen des Mittelalters ist Hildegard von Bingen (1098-1179). Eigentlich war sie eine Nonne in einem Kloster der Benediktiner bei Bingen, aber sie wurde zur Beraterin von Fürsten, Predigerin und Universalgelehrten ihrer Zeit: sie war Schriftstellerin, Naturforscherin, Expertin für Heilkunde Komponistin liturgischer Lieder und Kirchenlehrerin. Sie war auch eine große Mystikerin, die ihre spirituellen Erfahrungen mitteilen konnte.

Rheinland-Pfalz ist ein Land der Burgen, Schlösser und Festungen aus vielen Jahrhunderten. Sie zählen heute zu den besonderen touristischen Attraktionen Deutschlands. Die Burgen an den steilen Ufern des Rheintals und die Felsen galten vielen europäischen Dichtern als romantische Landschaft. Besonders bekannt ist Heinrich Heines „Lied von der Loreley" (1824). Es handelt von der Melancholie und von einer Sagenfigur, der Nixe Loreley, die auf einem Felsen über dem Rhein sitzend, ihr goldenes Haar kämmt und die Schiffer ablenkt, so dass sie in der gefährlichen Strömung verunglücken.

Trier, die älteste Stadt Deutschlands, war bereits in der Antike Provinzhauptstadt des Römischen Reiches. Aus dieser Zeit sind viele antike Bauwerke erhalten, das bekannteste ist die „Porta Nigra" (das Schwarze Tor). Später wurde Trier Bischofssitz. Der mittelalterliche Dom gehört zum UNESCO Welterbe.

Die Kaiserdome von Speyer, Worms und Mainz zählen ebenfalls zu den Höhepunkten des abendländischen Kirchenbaus in Europa. In Trier wurde Karl Marx (1818-1883), der Ökonom, politische Journalist, Kritiker der bürgerlichen Gesellschaft und der Religion und der Begründer des Marxismus geboren. Mainz ist seit Jahrhunderten eine Stadt der Medien. Am Anfang stand ein Drucker. Hier hatte Johannes Gutenberg 1450 die Herstellung von Büchern revolutioniert: er erfand bewegliche Lettern zum Setzen von Texten, die Druckerpresse und eine besondere Tinte für den Buchdruck. Das bekannteste Buch seiner Zeit war die Gutenberg-Bibel. Gut 500 Jahre später entstand in Mainz eine der größten Sendeanstalten Europas, das „Zweite Deutsche Fernsehen" (ZDF). Das ZDF bildet zusammen mit der „Allgemeinen Rundfunkanstalt Deutschlands" (ARD) den sogenannten öffentlich-rechtlichen Rundfunk in Deutschland. Der wird durch Gebühren der Bürger finanziert und soll nicht nur unterhalten, sondern auch objektiv informieren und Bildung vermitteln. Privatsender, die sich ausschließlich durch Werbung finanzieren, gibt es seit den 1980er Jahren in Deutschland. Der erste, „SAT 1" wurde 1985 in Ludwigshafen gegründet.

Ein Zentrum des Motorsports ist die Vulkaneifel. Auf dem Nürburgring finden seit 1951 Formel 1-Rennen statt. Der erfolgreichste Rennfahrer ist Michael Schumacher. In Kaiserslautern erinnern öffentliche Plätze und Straßennamen an den Fußballclub der Stadt: den 1. FC Kaiserslautern. Denn als Deutschland 1954 in Bern Weltmeister wurde, stammten fünf Spieler aus Kaiserslautern, auch der Libero Fritz Walter. Den Sieg über Ungarn feierte man damals als „Wunder von Bern". Es war mehr als Sport. Neun Jahre nach dem Ende des Zweiten Weltkrieges gab der Fußball den Deutschen ihr Selbstvertrauen und das Gefühl, „wir sind wieder wer" zurück.

Wirtschaft

Wegen des besonders milden Klimas hat der Weinanbau am Rhein, an Mosel und Nahe und in der Region „Südliche Weinstraße" eine lange Tradition. Er ist bis heute ein starker Wirtschaftsfaktor. Riesling (Weißwein) und Dornfelder (Rotwein) sind die bekanntesten Pfälzer Weine. Dagegen fiel die Schuhindustrie in Pirmasens und die Schmuckindustrie in Idar-Oberstein) schon in den 1970er Jahren der Globalisierung zum Opfer. In Idar-Oberstein ist nur die Diamant- und Edelsteinbörse geblieben. Sie ist ein wichtiger Handelsplatz. Hier wird auch die Herkunft von Rohdiamanten geprüft, um zu verhindern, dass „Blutdiamanten" aus militärischen Konflikten in Europa gehandelt werden. Die chemische und pharmazeutische Industrie, der LKW-Bau, der Maschinenbau, aber auch die Lebensmittel- und Getränkeindustrie brachten für Rheinland-Pfalz den industriellen Aufschwung. Industriezentren sind Ludwigshafen und Frankenthal. Bis zum Ende des Kalten Krieges (1990) galt Rheinland-Pfalz als wichtiger Militärstandort der NATO und vor allem der amerikanischen Streitkräfte in Westeuropa. Ramstein ist noch heute ein zentraler Stützpunkt der amerikanischen Luftwaffenwaffe. In Landstuhl befindet sich das größte amerikanische Krankenhaus außerhalb der USA. Die „Military Community" im Raum Kaiserslautern ist die größte amerikanische Siedlung außerhalb der Staaten. Die Amerikaner sind ein wichtiger Arbeitgeber in der Region.

Sachsen

Bereits ab 1918 gab es den Freistaat Sachsen. Er entstand nach der Wiedervereinigung (1990) wieder. Sachsen ist 18.400 km² groß und nimmt damit unter den 16 Bundesländern eine mittlere Stelle ein. Es hat etwa mehr als 4 Millionen Einwohner und ist von allen neuen Ländern am dichtesten besiedelt (220 Einwohner pro km²). Im Osten grenzt Sachsen an Polen, im Süden an die Tschechische Republik. Landeshauptstadt ist Dresden mit 512.000 Einwohnern. Etwas größer ist die alte Messestadt Leipzig (515.000 Einwohner). Weitere Städte sind Chemnitz, das in der DDR-Zeit Karl-Marx-Stadt hieß, und Zwickau. Städte von besonderer Bedeutung sind darüber hinaus Meißen, Radebeul, Torgau und Bautzen. Der Freistaat hat vier traditionsreiche Universitäten: die TU Dresden, die Universität Leipzig, die TU Chemnitz und die Bergakademie Freiberg.

Das Fürstentum Sachsen war seit dem 17. Jahrhundert zu großer politischer Macht und zu Reichtum gekommen. Der Kurfürst von Sachsen war zeitweise auch König von Polen. Dresden, die Residenzstadt des sächsischen Kurfürsten August des Starken wurde zu einer Stadt der Künste. Die Schönheit der Architektur, die Lage an der Elbe und das besondere Licht brachten ihr den Namen „Elbflorenz" ein. Das Residenzschloss, der Dresdener Zwinger, die Semperoper, das Schloss Pillnitz und die Frauenkirche sind als Bauten des Barock bis heute touristische Attraktionen, ebenso die Kunstsammlungen. Während des Zweiten Weltkrieges (1939-1945) wurde die Altstadt Dresdens im Februar 1944 komplett zerstört. Es wird geschätzt, dass 25.000 Menschen im Feuersturm der alliierten Bombenangriffe umkamen. Der Wiederaufbau dauerte Jahrzehnte. Im Stil einer Moschee wurde Anfang des 20. Jahrhunderts die Tabakfabrik Yenidze errichtet. Sie wird oft für eine Moschee gehalten, ist aber heute ein Bürohaus. Die Elbbrücke „Das Blaue Wunder" (1893), die erste deutsche Gartenstadt in Dresden-Hellerau (1909), das Hygiene-Museum (1912), die Neue Synagoge (1998) und das Militärhistorische Museum der Bundeswehr (2011) stehen ebenfalls für Dresden. Zu den berühmten Söhnen Dresdens zählt der Kinderbuchautor Erich Kästner (1899-1974).

Leipzig hat ein reiches Musikleben. Von den zahlreichen Orchestern ist das Gewandhausorchester international am bekanntesten. Von hier stammt auch der Thomanerchor. Sein berühmtester Kantor (Chorleiter) war Johann Sebastian Bach. „Die Prinzen", ehemalige Thomaner starteten nach 1990 eine erfolgreiche Karriere als Popsänger. Aus Leipzig stammen der Philosoph und Wissenschaftler Gottfried Wilhelm Leibniz (1646–1716), der Komponist Richard Wagner (1813–1883), der Sozialisten Karl Liebknecht (1871–1919) und der NASA-Manager Jesco von Puttkamer (1933–2012).

Aus Radebeul kommt Karl May (1842-1912), der Autor der berühmten Jugendromane über den amerikanischen Wilden Westen und die Indianer. Jeder Junge kennt die Abenteuer von Winnetou und Old Shatterhand. In Torgau, einer kleinen Stadt an der Elbe, vereinigten sich am 25. April 1945 amerikanische und sowjetische Truppen. Der Handschlag der beiden Hauptverbündeten der Anti-Hitler-Koalition wurde zum Symbol für den Sieg über die Diktatur in Deutschland.

<u>Wirtschaft</u>

Von den fünf neuen Ländern ist Sachsen wirtschaftlich am stärksten. Der Freistaat macht seit der Wiedervereinigung (1990) harte Veränderungen durch. Rückständige „Volkseigene Betriebe" (VEB) aus DDR-Zeiten wurden geschlossen. Der Braunkohletagebau und die Kohlekraftwerke wurden stillgelegt. Die neue Industrie konzentriert sich auf drei Ballungsräume: Dresden, Leipzig und Chemnitz/Zwickau. Dabei gehören Leipzig, Chemnitz und Zwickau zusammen mit Halle und Dessau-Rosslau (Sachsen-Anhalt) sowie Jena und Gera (Thüringen) zur länderübergreifenden „Metropolregion Mitteldeutschland". In Dresden sind vor allem Unternehmen aus dem Bereich Mikroelektronik, Informations- und Biotechnologie sowie Elektrotechnik tätig, welche die Nähe zur Universität und zur Forschung nutzen. Aktuell baut die Fraunhofer Gesellschaft Dresden zum deutschlandweit größten Standort der angewandten Forschung aus. Aber auch der Fahrzeugbau und Autozulieferer sind in der Stadt beheimatet. Dazu kommen Unternehmen der chemischen und pharmazeutischen Industrie.

Leipzig hat eine lange Tradition als Handelszentrum und Messestadt. Sie reicht bis ins 12. Jahrhundert zurück. Nach der Wende haben sich hier große westdeutsche Unternehmen wie Siemens, Porsche und BMW angesiedelt. Aber es gibt auch noch Traditionsunternehmen wie die Piano Forte Fabrik Julius Blüthner oder die Wertpapierdruckerei Leipzig.

Manche handwerklichen Traditionen erlebten nach 1990 eine Wiedergeburt. In Glashütte wurde die Präzisionsfeinmechanik zur Herstellung hochwertiger Uhren und Messgeräte wiederbelebt. Andere Erzeugnisse haben eine jahrhundertelange, ungebrochene Tradition wie das handgefertigte Porzellan, das in der Staatlichen Porzellan-Manufaktur Meißen (seit 1708) hergestellt wird. Touristisch reizvoll sind die sächsische Schweiz, das Elbsandsteingebirge, das Vogtland, das Zittauer Gebirge und das Erzgebirge. Fast 55 Prozent der Fläche Sachsens wird landwirtschaftlich genutzt, dazu kommen 27 Prozent Waldfläche.

Thüringen

Thüringen wurde nach der Wiedervereinigung (1990) wieder gegründet. Bereits 1920 hatte es das Land Thüringen als Zusammenschluss von sieben kleinen Freistaaten gegeben. Seit 1993 nennt sich Thüringen deshalb wieder Freistaat. Mit einer Fläche von etwa 16.000 km² und 2,2 Millionen Einwohnern zählt Thüringen zu den kleineren Bundesländern. Es liegt im Herzen Deutschlands. Landeshauptstadt ist Erfurt mit 203.000 Einwohnern. Größere Städte sind Jena und Gera (je rund 100.000 Einwohner). Von besonderer Bedeutung sind die ehemaligen Residenzstädte Weimar, Eisenach, Gotha und Meiningen sowie Ilmenau.

<u>Kultur und Geschichte</u>

Im Mittelalter wurde eine der bemerkenswertesten Frauen des Mittelalters in Thüringen als Heilige verehrt: die Landgräfin Elisabeth von Thüringen (1201-1231). Sie galt als Sinnbild der Nächstenliebe und Fürsorge für die Armen, aber auch als religiöse Fanatikerin, welche die Armut der Kirche forderte.

Wegen ihrer zentralen Lage wurden die Städte Thüringens im Mittelalter zu wichtigen Handelsstädten. Als Umschlagplatz für den Färberwaid (das deutsche Indigo), eine Pflanze zum Blaufärben von Textilien, wurde Erfurt mächtig und reich. Der Dom und zahlreich Kirchen im Stil der Romanik und Gotik bekunden die Bedeutung der Stadt als Bischofssitz. Erhalten haben sich auch die „Krämerbrücke" (1117), eine Brücke, die mit Ladengeschäften bebaut ist und die jüdische Synagoge, die älteste in Mitteleuropa. Im 16. Jahrhundert wurde Thüringen ein Zentrum der Reformation, weil die neue Lehre Martin Luthers von den Fürsten gefördert wurde. Im Versteck auf der mittelalterlichen Wartburg in Eisenach konnte Luther die Bibel aus dem Lateinischen ins Deutsche übersetzen. Nun war es auch dem einfachen Volk möglich, die Heilige Schrift zu lesen. Die Reformationsbewegung verschärfte die Konflikte zwischen den Bauern und dem Adel. Thüringen wurde zum Schauplatz des Bauernkriegs. Im 18. Jahrhundert machten Anna Amalia und ihr Sohn Karl August von Sachsen- Weimar ihr kleines Herzogtum zum Musterland der Künste und der Wissenschaften. Sie riefen Johann Wolfgang von Goethe, Friedrich Schiller und Gottfried Herder an den Hof. Die Universität Jena wurde in dieser Zeit ein Mittelpunkt der deutschen Philosophie. Das Staatstheater in Weimar war der Ort, an dem nach der Revolution 1918 die Nationalversammlung tagte und die neue Verfassung verabschiedet wurde. So wurde die Stadt zur Namensgeberin der ersten deutschen Demokratie: der Weimarer Republik. In Weimar wurde 1919 auch das Bauhaus gegründet, eine staatliche Kunstschule, die neue Maßstäbe in der Architektur, im Design und in der Gebrauchsgrafik setzte. Doch in der Zeit der nationalsozialistischen Diktatur (1933-1945) zeigte sich gerade in Weimar, dass Kultur und terroristische Gewaltherrschaft sich nicht ausschließen. 1937 wurde auf dem Ettersberg bei Weimar das Konzentrationslager Buchenwald errichtet, eines der größten Lager auf deutschem Boden. Dort wurden politische Gegner und Juden unter grausamen Bedingungen interniert, insgesamt 266.000 Männer bis Kriegsende. Von ihnen starben 56.000, darunter 11.800 Juden. Vom Sommer 1945 bis zum Jahr 1950 wurde das Lager von der sowjetischen Besatzungsmacht als „Speziallager Nr. 2" weitergeführt. Nun wurden politische Gegner des Sozialismus hier eingesperrt, etwa 28.000. In dieser Zeit starben über 7.000 Häftlinge an Hunger und Krankheiten. 1958 richtete die DDR auf dem Areal des ehemaligen Lagers die zentrale Mahn- und Gedenkstätte Buchenwald ein. Seit 1990 befindet sich hier die Gedenkstätte Buchenwald.

<u>Wirtschaft</u>

Den Übergang von der sozialistischen Planwirtschaft zur Marktwirtschaft hat Thüringen nach der Wiedervereinigung (1990) gemeistert. Die feinmechanische und optische Industrie, die Automobilindustrie, die Metallverarbeitung und die Glasproduktion konnten sich neu aufstellen. Auch der Kalibergbau an der Werra ist erhalten geblieben. Hinzu kamen die Lebensmittelindustrie und Gewürzver-

arbeitung, die Spielzeug-, Holz- und Keramikindustrie. Zum Erfolg
der thüringischen Wirtschaft trugen auch die Universitäten Jena
und Erfurt und die Technische Universität (TU) Ilmenau als Zentren
der Forschung und Wissenschaft bei. Viele Unternehmen gründeten sich als Start Ups aus den Hochschulen heraus. Thüringen hat
viele Kulturstätten von nationaler und internationaler Bedeutung.
Deshalb sind der Tourismus, die Gastronomie und die Hotellerie ein
wichtiger Wirtschaftsfaktor. Der Thüringer Wald ist bei Wanderfans
und Wintersportlern ein beliebtes Ziel. Der Nationalpark Hainich
mit seinen ausgedehnten Buchenwäldern ist ein Naturschutzgebiet.
Er gehört zum UNESCO-Weltnaturerbe.

Schleswig-Holstein
Das nördlichste Bundesland hat eine Fläche von knapp 16.000 km²
und 2,8 Millionen Einwohner. Zu Schleswig-Holstein gehören mehrere Inseln: Helgoland, die Halligen und die nordfriesischen Inseln.
Von ihnen ist Sylt besonders bekannt. Das Land grenzt im Norden
an Dänemark. Im Westen an die Nordsee und im Osten an die Ostsee. Es gibt 46 öffentliche Häfen. Die Hauptstadt Kiel hat 293.000
Einwohner. Die zweite Großstadt ist die alte Kaufmannsstadt
Lübeck (214.400 Einwohner). An der dänischen Grenze liegt Flensburg.

<u>Kultur und Geschichte</u>
Im Mittelalter gehörte der Norden Schleswig-Holsteins zum dänischen Königreich. Auch später blieben die politischen Beziehungen
eng. Nach dem Ersten Weltkrieg wurde Schleswig geteilt. Der Norden kam zu Dänemark, der Süden zu Deutschland. Noch heute lebt
eine dänische Minderheit in Schleswig-Holstein, die zwei Abgeordnete in den Kieler Landtag entsendet. Von der Verfassung als Minderheiten geschützt sind ferner die friesische Minderheit auf den
Inseln und die Sinti und Roma, die in den Großstädten und im
Hamburger Umland lebt.
Kiel ist die Stadt des internationalen Segelsports. Seit Ende des 19.
Jahrhunderts findet hier jedes Jahr die Kieler Woche, eine bekannte

Segelregatta, statt. Die Lübeck Regatta und die Travemünder Woche sind weitere Wettkämpfe im Segeln.

Das „Schleswig-Holstein Musik Festival" (seit 1986) ist das größte europäische Festival für klassische Musik: Im ganzen Land gibt es in den Sommermonaten Konzerte. Seit 1990 findet in der kleinen Gemeinde Wacken das „Wacken Open Air" statt. Zu diesem Festival des Heavy Metal und Hard Rock kommen bis zu 85.000 Besucher aus dem In- und Ausland. Der berühmteste Sohn Lübecks ist der Schriftsteller und Nobelpreisträger für Literatur (1929) Thomas Mann. Sein Roman „Die Buddenbrooks" erzählt den Niedergang einer großbürgerlichen Lübecker Kaufmannsfamilie.

Wirtschaft

Der Tourismus an der Nord- und Ostsee ist neben der Landwirtschaft eine wichtige Einnahmequelle. Die Industrie entwickelte sich spät. Noch immer der größte Arbeitgeber ist die Bundeswehr. Im Hamburger Umland haben sich Unternehmen des Maschinenbaus angesiedelt. Vor allem an der Nordseeküste haben sich Unternehmen für Windenergie etabliert. Die Hafenstädte an der Ostseeküste setzen stärker auf den Handel und den Schiffbau: Kiel ist Sitz mehrerer Schiffsbauunternehmen und der Howaldtswerke – Deutsche Werft, die Handelsschiffe und U-Boote baut. Bedeutend für die Wirtschaft des Landes ist der Nord-Ostsee-Kanal von Brunsbüttel nach Kiel, der die beiden Meere verbindet. Lübeck, die zweite Großstadt des Landes, ist eine alte Kaufmannsstadt. Als eine der bedeutendsten Städte Nordeuropas führte sie im 14. Jahrhundert einen Städtebund an, der sich „Die Hanse" nannte. Zu ihm gehörten über 70 Handelsstädte. Um ihre Interessen besser durchzusetzen, versprachen sie sich gegenseitigen Schutz und Hilfe. Zur Hanse gehörten auch Bremen und Hamburg. Deshalb führen diese Städte noch heute die „Hanse" im Namen. Man sagt: Hansestadt Lübeck. Der Seehandel, der über die Häfen in Kiel und Lübeck nach Skandinavien und Osteuropa abgewickelt wird, hat große Bedeutung. Auch der Grenzhandel zu Dänemark spielt in der Schleswig-Holsteinischen Wirtschaft eine Rolle. An drei Universitäten Kiel, Lübeck und Flensburg, an außeruniversitären Forschungsinstituten und Fachhochschulen wird in den Bereichen Meeresforschung, Biomedizin und Medizintechnik geforscht.

Saarland

Das Saarland ist das jüngste „alte" Bundesland. Ein Widerspruch in sich? Nein. Das Saarland wurde erst 1957 durch eine Volksabstimmung Teil der Bundesrepublik Deutschland. Im Süden hat es eine gemeinsame Grenze mit dem französischen Lothringen, im Westen mit Luxemburg. Mit 2.600 km² und gut 1 Million Einwohnern ist das Saarland, das im äußersten Südwesten Deutschlands liegt, das kleinste Flächenland. Kleiner sind nur noch die drei Stadtstaaten Berlin, Hamburg und Bremen. Es ist aber ziemlich dicht besiedelt (387 Einwohner pro km²). Hauptstadt ist Saarbrücken mit 176.000 Einwohnern. Weitere kleinere Städte sind Saarlouis, Homburg, Merzig und Neunkirchen. Das Wahrzeichen des Landes ist die „Saarschleife", eine spektakuläre Flussbiegung der Saar.

<u>Kultur und Geschichte</u>

Das Saarland stand als Grenzgebiet im 17. und 18. Jahrhundert zeitweise unter französischer Herrschaft. Im 20. Jahrhundert hatte es eine besondere Geschichte. Als „Saargebiet" war das Land 1920 eine Schöpfung des Internationalen Völkerbundes. Es sollte nach dem Ersten Weltkrieg (1914-1918) nicht mehr zu Deutschland gehören, sondern wurde für 15 Jahre unter internationale Verwaltung gestellt. Wirtschaftlich war der Einfluss Frankreichs sehr stark. In der Volksabstimmung von 1935 stimmten die Saarländer mit einer riesigen Mehrheit von 90 Prozent für den Anschluss an das Deutsche Reich, das damals eine Diktatur war. Nach dem Zweiten 1945 war das Saarland Teil der französischen Besatzungszone. Bis 1947 ein Miniaturstaat mit eigener Staatsbürgerschaft („Sarrois"), eigener Verfassung und französischer Währung gegründet wurde. Eine deutsche Regierung wurde von Frankreich eingesetzt. Pläne der deutschen und der französischen Regierung wollten aus dem Saarland das erste europäische Territorium machen. Ein Kommissar der neuen Verteidigungsgemeinschaft „Westeuropäischen Union" sollte das Land kontrollieren. Doch die Bevölkerung sprach sich in der Volksabstimmung von 1955 mit großer Mehrheit dagegen aus. Das Ergebnis wurde als Wunsch der Saarländer gewertet, sich Deutschland anzuschließen. 1957 wurde das Saarland Teil der Bundesrepublik Deutschland. Und 1959 wurde die D-Mark eingeführt. Später nannte man dieses Ereignis die „kleine Wiedervereinigung". Einer der berühmtesten Söhne der Stadt ist der Filmregisseur Max Ophüls, der in Saarbrücken geboren wurde. Nach ihm ist der „Max-Ophüls-Preis" benannt, der in Saarbrücken jedes Jahr für den besten Nachwuchsfilm verliehen wird.

<u>Wirtschaft</u>

Einst hatten Steinkohle und Stahl die wirtschaftliche Entwicklung des Saalrandes bestimmt und zum Reichtum des Landes beigetragen. Zum Wahrzeichen und zum UNESCO-Welterbe wurde die Völklinger Hütte, die erste Hüttenanlage aus der Zeit der Industrialisierung im 19. Jahrhundert. Heute ist die Völklinger Hütte ein Museums-, Ausstellungs- und Veranstaltungsort.

Doch die Stahlindustrie ist für das Saarland noch immer wichtig. Sie schafft viele Arbeitsplätze. Mit der schrittweisen Stilllegung des Bergbaus bis 2018 macht das Land einen Strukturwandel durch. An die Stelle der Kohle traten die Automobilindustrie (Ford), ihre Zulieferer und die Reifenindustrie. Mit Villeroy & Boch ist traditionell die Keramikindustrie im Saarland zu Hause. Das Saarland ist auch für seine Kochkunst und Gastronomie bekannt. Hier ist der französische Einfluss deutlich spürbar. Seit 2014 macht der Winzling unter den Bundesländern Werbung für sich mit dem Slogan: „Großes entsteht immer im Kleinen."

Berlin

Mit dem Beitritt der Deutschen Demokratischen Republik zur Bundesrepublik Deutschland am 3. Oktober 1990 wurde auch das geteilte Berlin wieder zu e i n e r Stadt. Außerdem wurde Berlin ein Stadtstaat, der sich aber „Land" nennt. Gleichzeitig ist die Berlin die neue Hauptstadt Deutschlands. Das war sie schon einmal: zwischen 1871 und 1945. Obwohl Berlin seit 1990 Hauptstadt ist, haben noch immer sechs von vierzehn Ministerien ihren Hauptsitz in der alten Hauptstadt Bonn und in Berlin nur einen Nebensitz. Das sind die Ministerien für Verteidigung, Umwelt, Landwirtschaft, Gesundheit, Forschung und Bildung und wirtschaftliche Zusammenarbeit.

Das Land Berlin und die Hauptstadt Berlin sind von der Fläche her identisch. Berlin ist 892.000 km² groß. Als Land ist es also ziemlich klein. Aber es leben fast 3,8 Millionen Menschen dort. Mit 3.785 Einwohnern pro km² ist Berlin so dicht besiedelt wie kein anderes Bundesland und keine andere deutsche Stadt.

<u>Kultur und Geschichte</u>

Berlin wurde im 13. Jahrhundert gegründet. Die Stadt erlangte als Handelsstadt Bedeutung. Im Dreißigjährigen Krieg (1618-1648) starb die Hälfte der Berliner Bevölkerung. Friedrich Wilhelm, der „Große Kurfürst", setzte auf eine Politik der Zuwanderung und der religiösen Toleranz: Juden, französische Hugenotten, Franzosen, Böhmen, Polen und Österreicher kamen in die Stadt. Im neuen Königreich Preußen (1701) wurde Berlin königliche Residenz. Mit der Gründung des Kaiserreichs (1871) wurde Berlin seine Hauptstadt. Sie blieb es bis zum Ende des Zweiten Weltkrieges 1945. Danach teilten die vier alliierten Siegermächte die Stadt in einen amerikanischen, sowjetischen, britischen und französischen Sektor. Die Militärmissionen hatten bis 1990 das Recht, in Uniform Präsenz zu zeigen und in allen Sektoren auf Erkundungsfahrten zu gehen. Sie erinnerten die Berliner an den „Viermächtestatus" ihrer Stadt. Politisch blieb Berlin auch nach der Gründung der beiden deutschen Staaten (1949) ein besonderes Gebilde. West- und Ostberlin gehörten formell weder zur Bundesrepublik noch zur DDR, in der Realität aber schon. Zwischen 1949 und 1990 gab es zwei Hauptstädte, weil es ja Deutschland zweimal gab: Bonn und Ost-Berlin, das sich „Berlin, Hauptstadt der DDR" nannte. Im August 1961 ließ die Regierung der DDR eine Mauer bauen, die den Zugang zu den drei westlichen Sektoren fortan verhinderte. Sie wurde streng bewacht. Viele DDR-Bürger versuchten trotzdem, zu fliehen. Aber die Berliner Mauer war eine tödliche Grenze. Die Soldaten der DDR hatten Befehl, auf

Flüchtende zu schießen. Bis zum Mauerfall am 9. November 1989 wurden 138 Personen an der Mauer erschossen.

Wahrzeichen der Stadt und nationales Symbol seit der Wiedervereinigung (1990) ist das Brandenburger Tor. Es wurde als Triumphtor in den Jahren 1788-91 für den preußischen König Friedrich Wilhelm II gebaut und ist mit vielen Ereignissen der Geschichte Berlins, Deutschlands, Europas und der Welt verbunden. Im Kalten Krieg markierte es die Grenze zwischen Ost und West. Das Wahrzeichen des Landes Berlin aber sind der Berliner Bär und das Rote Rathaus, wo der Senat der Stadt seinen Sitz hat.

Berlin gilt als Weltstadt der Kultur, der Festivals und des Nachtlebens. Es gibt im Osten und Westen zahlreiche Theater, drei Opernhäuser, die Berliner Philharmoniker, viele Museen von Weltrang und eine lebendige Szene von kleinen Bühnen, Konzerthallen und Galerien. Berlin hat mehrere Tausend Kneipen, Bars und Clubs. Viele sind bis zum frühen Morgen geöffnet. Wer endlos feiern will, kommt am Wochenende in die Stadt. Mit Berlin verbinden viele Menschen die Goldenen Zwanziger Jahre, Vergnügungslokale ohne Sperrstunde, die Subkultur der siebziger und achtziger Jahre und eine besonders kreative freie Kunstszene in den neunziger Jahren. In Berlin scheint mehr möglich als im Rest der Republik. Deshalb zieht Berlin viele junge Leute und Künstler an.

Schon lange ist Berlin eine Stadt der Einwanderer. 1905 flohen Juden vor den antisemitischen Gewalttaten aus Russland und Polen. Die russische Revolution (1917) und die neuen politischen Verhältnisse danach zwangen Angehörige des russischen Bürgertums und der Aristokratie ins Exil. So gab es in den Zwanziger Jahren in Berlin eine große Gemeinde von Exilrussen und orthodoxen Juden aus Osteuropa. Im Zweiten Weltkrieg war die Stadt voller deutscher Flüchtlinge, die vor der Roten Armee nach Westen flohen. In der Nachkriegszeit wurde Berlin zur Durchgangsstation vieler „Displaced Persons" aus Osteuropa auf ihrem Weg nach Westeuropa, Palästina und in die USA. Manche von ihnen blieben. Seit den 1960er Jahren wanderten sehr viele Türken zu. In den Berliner Bezirken Kreuzberg und Neukölln entstand die größte türkische Gemeinde außerhalb der Türkei. Mit dem Zusammenbruch der Sowjetunion stieg die Zahl der Russen in Berlin an. Seit 1991 nimmt Berlin Juden aus den Nachfolgestaaten der Sowjetunion als Kontingentflüchtlinge auf. Neuerdings wandern junge Israelis nach Berlin aus. Die Zuwanderer verändern und bereichern die Stadt. Sie stellen Berlin aber auch vor neue Herausforderungen.

<u>Wirtschaft</u>

Berlin ist eine Stadt der Dienstleistungen, der Verwaltung, der Parteizentralen, der großen Organisationen und Interessenvertretungen und der ausländischen Botschaften und Konsulate. Mit drei Universitäten und etlichen renommierten Forschungsinstituten ist Berlin ein Zentrum der Wissenschaften. Viele Buch- und Medienverlage haben ihren Sitz nach der Wiedervereinigung (1990) in die Hauptstadt verlegt. Berlin ist traditionell eine Stadt der Kongresse und Messen. Bekannt sind seit den 1950er Jahren die „Internationale Funkausstellung", die „Grüne Woche", eine Lebensmittelausstellung, und die „Berlinale", ein internationales Filmfestival. Der Tourismus, die Gastronomie und das Hotelgewerbe sind ein wichtiger Wirtschaftsfaktor.   Dienstleistungen machen 70 Prozent der Wirtschaftskraft aus.

Von den Industrien, die in Berlin einmal ansässig waren, zum Beispiel von der Textil- und Modeindustrie, ist nur wenig geblieben. Junge Modedesigner versuchen, diesen Wirtschaftszweig wiederzubeleben. Seit einigen Jahren findet in Berlin die „Fashionweek" statt. Alte DDR-Großbetriebe wie das „Kabelwerk Oberspree" sind nach 1990 abgewickelt worden. Andererseits sind die traditionsreiche Westberliner Elektroindustrie, der Maschinen- und Anlagenbau, die Metallindustrie und die chemisch-pharmazeutische Industrie 25 Jahre nach der Wende wieder gut aufgestellt. Dazu kommen die Lebensmittel- und Getränkeindustrie und die Druckereien, aber auch „saubere Branchen", zum Beispiel die Software-Entwicklung und die Biotechnologie, die Gesundheitswirtschaft, Medien, Verkehr und Logistik, die Energietechnik und die Optik. Trotzdem ist von ehemals 400.000 Arbeitsplätzen in der Produktion, nach der Wende nur ein Viertel übriggeblieben. Bezeichnend ist auch dies:

Obwohl es noch immer Großunternehmen mit mehreren Tausend Beschäftigen gibt, haben die allermeisten der rund 7.000 Berliner Betriebe (79 Prozent) höchstens zehn Beschäftigte. Es gibt viele junge Start Up-Unternehmen. Die klassischen Industriebetriebe, die Arbeitsplätze schaffen, sind für Berlin das Problem. Die Arbeitslosigkeit liegt mit 10,2 Prozent (2015) deutlich über der in ganz Deutschland (6 Prozent). Vielleicht hat die Wirtschaftsstruktur psychologisch auch mit einer jahrzehntealten Subventionsmentalität zu tun: Als „Frontstadt" und Schaufenster der freien Welt wurde Westberlin im Kalten Krieg von der Bundesrepublik Deutschland finanziell subventioniert. Umgekehrt unterstützte die DDR den Ostteil der Stadt als ihre Hauptstadt nach Kräften. Die geteilte Stadt musste nicht wirtschaftlich produktiv sein. Auch deshalb ist Berlin eine Stadt der kreativen Ideen, der Start Ups, der Künstler und Lebenskünstler. Der frühere Regierende Bürgermeister, Klaus Wowereit, brachte es auf den Punkt: „Berlin ist arm, aber sexy".

Hamburg

Die Freie und Hansestadt Hamburg ist ein Stadtstaat, also ein Land und zugleich eine Stadt, von 755 km² Fläche. Hamburg hat 1,7 Millionen Einwohner, ist ebenfalls dicht besiedelt (2.300 Einwohner pro km²) und ist die zweitgrößte Stadt Deutschlands. Im Süden grenze Hamburg an Niedersachsen, sonst an Schleswig-Holstein.

<u>Kultur und Geschichte</u>

Hamburg war im Mittelalter Freie Reichsstadt. Das bedeutet: Sie war keinem Fürsten, sondern direkt dem Kaiser unterstellt und durfte selbständig Recht sprechen. Seit dem 14. Jahrhundert gehörte die Stadt der Hanse an, einem wirtschaftlichen Bündnis wohlhabender norddeutscher Handelsstädte unter der Führung Lübecks. Die Hamburger nennen sich deshalb selbst gern „Hanseaten". Das Parlament der Freien und Hansestadt Hamburg heißt „Bürgerschaft" – ein weiterer Hinweis auf das starke Selbstbewusstsein der Hamburger Bürger. Die Regierung heißt „Senat". Das Engagement des Bürgertums zum Wohl der Allgemeinheit ist in Hamburg besonders groß. Reiche Hamburger gründeten mit ihrem Privatvermögen Stiftungen und besondere Preise und Auszeichnungen zur Förderung von Kunst, Kultur und Wissenschaft, Bildung, Erziehung und Sport. Oder sie unterstützen als Mäzene (Förderer und Sammler) bildende Künstler und Museen. Die Museen, die Staatsoper, die großen Theater haben eine lange Tradition. Nach New York und London ist Hamburg als weltweit drittgrößte Metropole des Musicals bekannt. Hamburg hat auch eine bodenständige Seite. Viele Einheimische sprechen neben Hochdeutsch das „Hamburger Platt", das von Fremden schwer zu verstehen ist. Das „Ohnsorg-Theater" hat sich auf Theaterstücke in dieser Mundart spezialisiert.

Zweimal wurde die Stadt durch Feuer vernichtet: 1842 zerstörte ein Großbrand die mittelalterliche Stadt. Im Zweiten Weltkrieg legten Brandbomben der Alliierten Hamburgs Innenstadt in Schutt und Asche. Hamburg hat viele Gesichter: Die vornehmen Stadtvillen an der Elbchaussee und in Blankenese; St. Pauli und die Reeperbahn - das alte Hafen- und Vergnügungsviertel – oder die Sternschanze, wo die alternative Szene lebt. Auf einer Hafenrundfahrt kann man die Stadt vom Wasser aus besichtigen. Die historische Speicherstadt und das benachbarte Kontorhausviertel in norddeutscher Backsteingotik sind berühmte Sehenswürdigkeiten. Die „HafenCity" ist eines der größten europäischen Projekte zur modernen Stadtentwicklung. Das im Bau befindliche Konzerthaus „Elbphilharmonie" zieht Bewunderung, aber auch Kritik auf sich, weil es besonders teuer ist.

Viele berühmte Leute stammen aus Hamburg: die Komponisten Felix Mendelsohn-Bartholdy (1809-1847) und   Johannes Brahms (1833-1897) und der Boxer Max Schmeling (1905-2005). Auch der ehemalige Bundeskanzler Helmut Schmidt (1918-2015) war Hamburger.

<u>Wirtschaft</u>

Hamburg war schon immer eine bedeutende Handels- und Hafenstadt. Hier haben viele ausländische Konsulate und Handelsdelegationen aus aller Welt ihren Sitz. Der Fernhafen gilt als „Tor zur Welt". Noch immer werden Kaffee, Kakao und Gewürze umgeschlagen. Heute ist Hamburg einer der wichtigsten Containerhäfen.

Große Werften, Reparaturbetriebe, Logistik- und Transportunternehmen, Kaffeeröstereien und Handelskonzerne haben in Hamburg ihren Standort. Stark vertreten sind die Lebensmittelindustrie, Banken und Versicherungen, aber auch der Maschinen- und Fahrzeugbau und die Ölraffinerien. Dazu ist Hamburg Universitätsstadt und Standort zahlreicher Forschungsinstitutionen. Darüber hinaus ist die Stadt am Bau des Airbus beteiligt. Mit vielen Buch- und Zeitschriftenverlagen und dem Wochenmagazin „DER SPIEGEL" und der Wochenzeitung „DIE ZEIT" ist Hamburg eine Medienstadt.

Bremen

Die Freie Hansestadt Bremen ist ein "Zweistädtestaat": ein Land, das aus zwei Städten besteht, nämlich aus der Hauptstadt Bremen und Bremerhaven, dem zweitgrößten deutsche Seehafen nach Hamburg. Mit einer Fläche von 419 km² und einer Einwohnerzahl von 80.500 ist Bremen das kleinste Land der Bundesrepublik Deutschland. Bremen und Bremerhaven liegen wie zwei kleine Inseln in Niedersachsen.

<u>Kultur und Geschichte</u>

Im 8. Jahrhundert wurde Bremen von Kaiser Karl dem Großen zum Bischofssitz erhoben. Man nannte es das „Rom des Nordens". Aus dieser Zeit stammt auch das Wahrzeichen der Stadt, der „Bremer Roland". Die Ritterstatue trägt ein Schwert und einen Adler, die Symbole des Rechts und der Kaisertreue.

Seit dem 14. Jahrhundert gehörte die Stadt der Hanse an, einem wirtschaftlichen Bündnis wohlhabender norddeutscher Handelsstädte unter der Führung Lübecks. Zur Freien Reichsstadt wurde Bremen erst nach dem 30jährigen Krieg 1648. Von nun an war die Stadt keinem Bischof und keinem Fürsten, sondern direkt dem Kaiser unterstellt und sie konnte selbständig Recht sprechen. Das Parlament der Freien Hansestadt Bremen heißt „Bürgerschaft" – ein Hinweis auf das starke Selbstbewusstsein der Bremer Bürger. Die Regierung heißt „Senat". Bürgerstolz und Bürgersinn der Bremer Kaufleute haben in der Vergangenheit dafür gesorgt, dass

Kunst und Kultur in der Stadt auch durch private Initiative gepflegt werden.

Zu den Attraktionen der Bremer Altstadt zählen der mittelalterliche Markt und der Dom, das restaurierte Schnoorviertel mit seinen kleinen Gassen; das Rathaus, die Stadtwaage und das Essighaus – alles Bauwerke im Stil der Weser-Renaissance (16. und 17. Jahrhundert). Eine Besonderheit ist die Böttcherstraße, ein Architekturensemble, das der Kaffee-Unternehmer und Förderer der Kunst, Ludwig Roselius (Kaffee Hag), zwischen 1922 und 1931 im Stil des Expressionismus bauen ließ.

Zum populären Wahrzeichen der Stadt wurde in den 1950er Jahren eine Bronzeskulptur, die einen Hahn, eine Katze, einen Hund und einen Esel darstellt. Es sind die Tiere aus dem Märchen „Die Bremer Stadtmusikanten" (1819) der Brüder Grimm. Im Märchen sollen die Haustiere getötet werden, weil sie alt sind. Ihnen geling aber die Flucht, und sie beschließen in Bremen Stadtmusikanten zu werden. Auf ihrem Weg dorthin entdecken sie im Wald ein Räuberhaus, vertreiben die Räuber und leben fortan gut von der Beute. Nach Bremen kommen sie nie! Die Skulptur steht vor dem Bremer Rathaus. Aus dem Märchen stammt der Satz: „Etwas Besseres als den Tod findest Du überall." Er ermuntert dazu, sich aus einer unangenehmen Lage zu befreien und etwas Neues zu beginnen.

Ähnlich wie Hamburg war Bremerhaven in früheren Zeiten für viele Menschen ein Ort der Hoffnung auf ein besseres Leben. Von hier legten die Auswandererschiffe nach Amerika ab. Das Deutsche Auswandererhaus in Bremerhaven ist das einzige Museum, das die Geschichte der Auswanderung und die Geschichte der Einwanderung nach Deutschland erzählt. In Bremerhaven steht auch das „Klimahaus". Dort können die Besucher eine virtuelle Rundreise um die Welt machen und dabei die verschiedenen Klimazonen erleben.

<u>Wirtschaft</u>

Im 19. Jahrhundert wurden Bremen und sein Hafen für den Überseehandel wichtig. Große Reedereien, wie der Norddeutsche Lloyd gründeten sich in Bremen. Als Containerhafen ist Bremerhaven durch seine Lage an der Nordsee und an der Weser ein wichtiger

internationaler und nationaler Umschlagplatz für Erdöl, Wolle, Baumwolle, Tabak und Kaffee geblieben. Die Baumwollbörse ist als Handelszentrum über Bremen hinaus von Bedeutung. Die Stadt ist aber auch Standort der Automobilindustrie, des Schiffbaus, der Stahlindustrie, der Windenergie, der Elektronik, der Luft- und Raumfahrtindustrie, der Nahrungsmittelherstellung, Fischverarbeitung und des Lebensmittelhandels.

5. Die demokratische Grundordnung

Grundwerte und Prinzipien

Die demokratische Grundordnung in Deutschland ist gekennzeichnet durch bestimmte Grundwerte, die unantastbar sind. Sie sind in den Grundrechten der Verfassung niedergelegt. An erster Stelle stehen die Würde des Menschen und das Recht des Einzelnen auf Leben und freie Entfaltung der Persönlichkeit. Vor dem Gesetz sind alle Menschen frei und gleich. Niemand darf wegen seines Geschlechts, seiner Rasse, seiner Religion, seiner Hautfarbe oder seiner ethnischen Zugehörigkeit diskriminiert werden. Männer und Frauen sind gleichberechtigt. Kinder genießen dieselben Menschenrechte wie Erwachsene. In Deutschland herrscht Meinungsfreiheit, aber feindliche Agitation, Hassreden und Volksverhetzung gegen ethnische Gruppen und Religionen sind verboten und werden bestraft.

Die demokratische Grundordnung in Deutschland ist außerdem gekennzeichnet durch bestimmte Prinzipien:

- Die oberste Gewalt geht vom Volk aus (Volkssouveränität). In Wahlen bestimmt das Volk, wer im Parlament sitz und die Gesetze machen soll und indirekt, wer regieren soll.

- Die Regierung, das Parlament und die Gerichte sind voneinander unabhängig und kontrollieren sich gegenseitig. Dies nennt man Gewaltenteilung.

- Weil Pressefreiheit herrscht, können die Medien (Zeitungen, Zeitschriften, Bücher, Fernsehen, Rundfunk, Internet) einen

Machtmissbrauch oder Skandale in Politik und Gesellschaft (z.B. Geldverschwendung, Schlamperei oder Korruption) aufdecken und öffentlich machen. Eine staatliche Zensur findet nicht statt. Die Medien werden deshalb oft als „vierte Gewalt" in der Demokratie bezeichnet.

- Die Regierung darf nur im Rahmen der geltenden Gesetze handeln. Auch sie muss die Grundrechte der Bürger garantieren. Unabhängige Gerichte können die Entscheidungen der Regierung überprüfen (Verantwortlichkeit der Regierung).

- Auch die Verwaltung hat sich an die geltenden Gesetze zu halten. Der Bürger muss die Entscheidungen der Behörden nicht akzeptieren. Er hat das Recht, dagegen Widerspruch einzulegen und vor Gericht klagen. Das schützt ihn vor der Willkür der Verwaltung (Gesetzmäßigkeit der Verwaltung)

- Die Rechtsprechung wird von Richtern ausgeübt, die nur dem Gesetz unterworfen sind. Sie sind von der Regierung und vom Parlament unabhängig (Unabhängigkeit der Gerichte).

- Jeder Deutsche hat das Recht, eine Partei zu gründen. Sie muss nach demokratischen Prinzipien organisiert sein und darf keine Ziele verfolgen, die der Verfassung widersprechen. Es gibt stets mehrere politische Parteien, die sich den Bürgern zur Wahl stellen (Mehrparteienprinzip).

- Alle politischen Parteien haben die gleichen Chancen gewählt zu werden. Parteien, die zwar in den Bundestag oder in den Landtag einziehen, aber nicht die Regierung bilden, haben als Oppositionsparteien bestimmte Verfassungsrechte. Das wichtigste ist: Die Opposition darf nicht unterdrückt oder verboten werden.

- Die politische Macht ist der Regierung nur auf Zeit gegeben. Mit jeder Wahl entscheidet das Volk aufs Neue über die Zusammensetzung des Parlaments und damit auch über die Regierung. Das Ergebnis der demokratischen Wahlen wird von den Verlierern anerkannt.

-     Politische Ämter sind weder erblich noch käuflich, noch werden sie nach Clans verteilt. Jede Form der Korruption ist strafbar.
-     Die Prinzipien der Demokratie gelten ebenfalls für die Bundesländer und für die Städte und Gemeinden.

Durch diese Prinzipien ist eine Diktatur nahezu ausgeschlossen.

Das Grundgesetz und die Grundrechte

Das Grundgesetz der Bundesrepublik Deutschland gilt seit 1949. Es garantiert und schützt grundlegende Rechte des Einzelnen gegenüber dem Staat, aber auch in der Gesellschaft. Die meisten Grundrechte sind allgemeine Menschenrechte. Die entsprechenden Artikel im Grundgesetz beginnen mit: „Jeder hat das Recht …" Das bedeutet, nicht nur Deutsche können sich darauf berufen, sondern alle Menschen, die in Deutschland leben. Zu den Menschrechten gehören die Meinungsfreiheit, die Glaubens- und Gewissensfreiheit oder das Prinzip, dass alle Menschen vor dem Gesetz gleich sind. Manche Grundrechte sind Bürgerrechte, die nur für deutsche Staatsbürger gelten. Die Artikel zu den Bürgerrechten beginnen mit der Formulierung: „Alle Deutschen haben das Recht …" Zu den Bürgerrechten zählen das Wahlrecht, das Recht, sich zu versammeln, die Vereinigungsfreiheit, das Recht auf die deutsche Staatsangehörigkeit, das Recht aller Deutschen auf den Zugang zu öffentlichen Ämtern, das Recht auf freie Berufswahl und die Freizügigkeit, also das Recht, seinen Aufenthaltsort frei zu wählen.

Die allgemeinen Menschenrechte

Die Grundrechte in der deutschen Verfassung orientieren sich an der Allgemeinen Erklärung der Menschenrechte, die am 10. Dezember 1948 von den Vereinten Nationen verabschiedet wurde. Die Menschenrechte umfassen persönliche, politische, bürgerliche, aber auch soziale Rechte. Zunächst sind da die grundlegenden Persönlichkeitsrechte: das Recht auf Leben, körperliche Unversehrtheit und persönliche Freiheit, das Verbot von Folter, unmenschlicher Behandlung und Körperstrafe. Auch bestimmte Rechte vor Gericht zählen zu den Menschenrechten: das Recht auf ein faires Gerichts-

verfahren vor einem unabhängigen Gericht, das Recht auf einen
Anwalt, das Recht vor Gericht gehört zu werden, der Grundsatz
„keine Strafe ohne Gesetz" und der Grundsatz, dass einem Angeklagten die Schuld nachgewiesen werden muss und er bis dahin als
nicht schuldig gilt (Unschuldsvermutung). Folgende Freiheitsrechte
sind Menschrechte: das Recht auf Freiheit, Eigentum und Sicherheit
der Person, die Freiheit des Handelns innerhalb der Gesetze, der
Schutz der Privatsphäre, die Gedanken-, Gewissens- und Meinungsfreiheit, die Religionsfreiheit, die Reisefreiheit und überhaupt die
Bewegungs- und Niederlassungsfreiheit, die Versammlungsfreiheit,
die Vereinigungsfreiheit, die Informationsfreiheit, die Berufsfreiheit
und die Freiheit, seine politischen Rechte auszuüben. Die sozialen
Menschenrechte umfassen: das Recht auf Selbstbestimmung, den
Schutz von Minderheiten, die Gleichberechtigung von Mann und
Frau, die Ehefreiheit, den Schutz von Familien, Schwangeren, Müttern und Kindern, das Recht auf Nahrung, Wasser, ein Dach über
dem Kopf und Gesundheit, das Recht auf Bildung, das Recht auf
Arbeit und Lohn, das Verbot der Sklaverei und Zwangsarbeit sowie
das Verbot der Ausbeutung von Kindern, das Recht Gewerkschaften
zu gründen und die Teilhabe am kulturellen Leben sowie die Freiheit von Kunst und Wissenschaft.

Die Grundprinzipien der Menschenrechte sind universal, d.h. sie
gelten überall auf der Welt. Sie folgen dem Grundsatz der Gleichheit, d.h. sie gelten für alle Menschen. Und sie sind nicht teilbar d.h.
Menschenrechte müssen in ihrer Gesamtheit verwirklicht werden.

Die Menschenrechte sind internationales Recht. Doch sie sind
längst nicht überall auf der Welt eine Realität. In vielen Gesellschaften sind die politischen, bürgerlichen und sozialen Menschenrechte
bis heute nur zum Teil verwirklicht. Viele Staaten verstoßen systematisch gegen die Menschenrechte. Manchmal können internationale Organisationen und die Medien Verletzungen der Menschenrechte bekannt machen und einen Schutz der Opfer erwirken. Aber
viele Verletzungen der Menschenrechte bleiben unbekannt, die
Täter gehen straffrei aus und die „Gesetze", welche die Taten erlauben, bleiben bestehen.

Religionsfreiheit, Staat und Kirche

Die Freiheit der Religion ist in Deutschland durch die Verfassung garantiert, ebenso wie die Gedanken- und Gewissensfreiheit. Das bedeutet, der Staat schützt diese Freiheit und macht niemandem Vorschriften, was er zu denken und zu glauben hat: Jeder darf sich frei für eine Religion entscheiden und jeder hat das Recht, seine Religion zu leben. Es steht jedem frei, aus einer Religion auszutreten oder von einer Religion zu einer anderen zu konvertieren. Religionsfreiheit bedeutet aber auch, dass es erlaubt ist, keine Religion zu haben und an keinen Gott zu glauben. Die Religionsfreiheit gilt für alle, sobald sie älter als 14 Jahre sind. Dann sind Jugendliche „religionsmündig". Das bedeutet, sie dürfen frei entscheiden, ob sie einer Konfession angehören wollen oder nicht. In den meisten Bundesländern dürfen sie sich auch selbst vom Religionsunterricht abmelden. Nur in Bayern und im Saarland müssen die Eltern bis zu ihrem 18. Lebensjahr zustimmen.

Witze, Karikaturen oder Comics über die Religionen sind ebenfalls erlaubt und fallen unter die Meinungs- und Redefreiheit. Dass sich Gläubige in ihren religiösen Gefühlen verletzt fühlen oder die Kirchen und religiösen Gemeinschaften beleidigt sein könnten, ist für den Staat nicht von Bedeutung. Er sieht seine Aufgabe auch nicht darin, Gott zu schützen. Deshalb wird in Deutschland auch niemand wegen „Gotteslästerung" (Blasphemie) bestraft. Nur wenn der öffentliche Frieden gestört werden könnte, ist die Verspottung oder Beschimpfung religiöser Bekenntnisse, der Kirchen und der Religionsgemeinschaften strafbar. Es gibt in Deutschland aber nur sehr wenige Prozesse deswegen.

Staat und Kirche sind in Deutschland getrennt. Das heißt, der Staat darf nicht über den Glauben bestimmen. Es gibt keine „Staatskirche" oder „Staatsreligion". Und Recht und Gesetz werden nicht von religiösen Regeln und Verboten bestimmt. Aber anders als z.B. in Frankreich ist die Trennung nicht vollständig. Auf vielen Ebenen besteht eine Partnerschaft zwischen den Kirchen und dem Staat. Die Kirchen dürfen eine Kirchensteuer erheben, die das Finanzamt zusammen mit den staatlichen Steuern automatisch vom Lohn oder

Gehalt abzieht und weitergibt. Vor allem die christlichen Kirchen spielen im öffentlichen Leben eine große Rolle. Vertreter der Kirchen sind an den Entscheidungen über das Programm des öffentlich-rechtlichen Rundfunks und Fernsehens beteiligt. Sie sitzen in Kommissionen, die über gesellschaftliche Fragen diskutieren. Viele Krankenhäuser, Kindergärten und jede zehnte Schule in Deutschland werden von den Kirchen betrieben und bekommen dafür staatliche Zuschüsse. Die Entwicklungshilfe der Kirchen in der Dritten Welt wird vom Staat unterstützt. An allen staatlichen Schulen gibt es katholischen und evangelischen Religionsunterricht. Die Religionslehrer erhalten eine Ausbildung an Universitäten und Hochschulen, die mit zwei staatlichen Prüfungen abgeschlossen wird. In vielen Gerichtssälen und Schulen hängt ein christliches Kreuz.

In Bayern und Nordrhein-Westfalen gibt es für muslimische Schüler eine religiöse Unterweisung. Es wird überlegt, ob es an allen Schulen zum katholischen und evangelischen auch einen islamischen Religionsunterricht geben soll und ob die Religionslehrerinnen und –lehrer ebenfalls an staatlichen Universitäten ausgebildet sein müssen. Streit gab es in den letzten Jahren über religiöse Symbole an staatlichen Schulen. Darf eine muslimische Lehrerin als Angestellte oder Beamtin des Staates das Kopftuch (Hijab) tragen? Ist das Kopftuch im Islam eine religiöse Pflicht oder handelt es sich um ein politisches Symbol der Unterdrückung der Frauen? Zuerst wurde das Kopftuch verboten, inzwischen ist es als Zeichen der Religion erlaubt, solange die staatliche Neutralität und der Frieden an der betreffenden Schule nicht gefährdet sind und solange niemand von den Eltern, Lehrern oder Schülern dagegen ist.

Das Recht auf Asyl

In der deutschen Verfassung ist zu lesen: „Politisch Verfolgte genießen Asylrecht." (Art. 16a) Es ist das einzige Grundrecht, das nur für Ausländer gilt. Das Asylrecht gehört ganz zentral zu Deutschland. Denn die Erfahrung des Exils, der Flucht und Vertreibung ist im doppelten Sinn Teil der deutschen Geschichte. Es gab Zeiten, in denen Flüchtlinge aus anderen Ländern Aufnahme in Deutschland fanden und andere Zeiten, in denen Deutsche aus politischen oder religiösen Gründen oder weil sie der „falschen" Rasse angehörten, gezwungen waren, das Land zu verlassen, um ihr Leben zu retten. Das Grundrecht auf Asyl wurde nur wenige Jahre nach der nationalsozialistischen Diktatur (1933-1945) festgelegt. Die Mütter und Väter der Verfassung zogen damit die Lehren aus einer menschenverachtenden Politik, die sich gegen politisch Andersdenkende und gegen die Juden gerichtet hatte. Und sie zogen eine Lehre aus der Tatsache, dass zwischen 1933 und 1945 viele Länder nicht bereit gewesen waren, Flüchtlinge aufzunehmen. In der Bundesrepublik steht allen Menschen das Recht auf Asyl zu, wenn sie politisch verfolgt werden. Von politischer Verfolgung spricht man, wenn sie von ihrem eigenen Staat wegen ihrer politischen Überzeugung so stark ausgegrenzt werden, dass ihre Menschenwürde verletzt ist. Naturkatastrophen, allgemeine Not und Armut oder Krisensituationen wie ein Bürgerkrieg berechtigen hingegen nicht zum Asyl. Viele Menschen werden aber als Flüchtling nach der Genfer Flüchtlingskonvention anerkannt. Flüchtling ist, wer sich außerhalb seines Heimatstaates aufhält, weil ihm dort aufgrund seiner ethnischen Zugehörigkeit, seiner Religion, Nationalität, politischen Überzeugung oder seiner Zugehörigkeit zu einer bestimmten sozialen Gruppe Verfolgung droht.

Bis 1993 blieb das Grundrecht auf Asyl unverändert. Dann kam es in Abstimmung mit anderen europäischen Staaten zu einer Änderung der Verfassung, zum „Asylkompromiss". Seitdem gilt: Wer über einen sicheren Drittstaat oder über einen EU-Staat in die Bundesrepublik einreist, hat keine Chance, Asyl zu erhalten. Der Asylantrag muss in dem EU-Staat gestellt werden, der als erstes betreten wird. Auch wer aus einem Herkunftsstaat kommt, in dem keine politische Verfolgung stattfindet, kann in Deutschland kein Asyl beantragen. Mit dem Flugzeug Einreisende können am Flughafen bis zu 19 Tagen festgehalten werde, damit der Asylantrag geprüft werden kann. Auf diese Neuregelung folgten weitere Veränderungen. So wurde aktuell die Gruppe der „sicheren Herkunftsstaaten" erweitert, in die abgelehnte Asylbewerber ausgewiesen werden können. Wer aber aus einem Herkunftsstaat kommt, in dem ihm Folter, Tod, eine Verletzung der Menschrechte oder Lebensgefahr in Kriegssituationen droht, darf bleiben (subsidiärer Schutz) – auch wenn er nicht als Flüchtling oder als Asylberechtigter anerkannt ist.

Anfang der 1990er Jahre war die Zahl der Asylsuchenden deutlich angestiegen. 1992 waren mehr als 438.000 Erstanträge auf Asyl gestellt worden. Mit der Änderung des Asylrechts (1993) ging die Zahl der Asylanträge wieder zurück. 1995 stellten rund 127.000 Menschen einen Asylantrag, 2007 nur noch rund 19.000. Gleichzeitig stieg die Zahl der Abschiebungen aus Deutschland. Seitdem steigt die Zahl der Anträge wieder. 2012 waren es 64.539. 2013 stellten bereits fast 110.000 Menschen einen Asylerstantrag, 2014 waren es 173.100. 2015 wurden 442.000 Anträge auf Asyl gestellt und im Januar 2016 waren es schon 50.500 Erstanträge. Dazu kommen in jedem Jahr noch Wiederholungsanträge. Im Jahr 2014 wurden   insgesamt 202.834 Asylanträge gestellt. Es wurden 128.911 Entscheidungen getroffen.

Nur ganz wenige Menschen erhalten politisches Asyl. 2006 waren das nur 0,8 Prozent, 2014 waren es 1,8 Prozent. Größer ist der Anteil der anerkannten Flüchtlinge oder derjenigen, die subsidiären Schutz erhalten. 2014 wurden 24 Prozent der Antragssteller als Flüchtlinge anerkannt und vier Prozent erhielten subsidiären Schutz.

Das Asylverfahren ist ein kompliziertes Verfahren, das sehr viel Zeit braucht. Jeder Antrag wird vom Bundesamt für Migration und Flüchtlinge (BAMF) individuell bearbeitet, weil jedes Schicksal politischer Verfolgung individuell ist. Jeder Asylbewerber muss schildern, wie und warum er verfolgt wurde. Das BAMF prüfte in jedem einzelnen Fall (Einzelfallprüfung), ob ein Bewerber asylberechtigt ist, ob er als Flüchtling gelten kann oder ob ihm beides verweigert wird. Bis die Entscheidung fällt, dürften die Menschen nur in Heimen wohnen und in den ersten Monaten nicht arbeiten. Das dauert in der Regel mehrere Monate. Dann kamen 2015 so viele Menschen wie noch nie nach Deutschland: über eine Million. Sie stammen aus Syrien, Afghanistan, dem Irak und aus den Balkanstaaten.

Um die Registrierung und Prüfung als Flüchtlinge und die Asylverfahren zu beschleunigen, ging man für kurze Zeit zu gruppenweisen Entscheidungen für Kriegsflüchtlinge aus Syrien, Eritrea und Irak über. Aber Anfang 2016 kehrte man auch aus Gründen der inneren Sicherheit und der Terrorismusbekämpfung zur Prüfung jedes einzelnen Falls zurück.

Kleine Geschichte des Asyls in Deutschland [Exkurs I]

In früheren Jahrhunderten erlaubten manche Fürsten ausländischen Flüchtlingen, die in ihrer Heimat aus religiösen Gründen verfolgt wurden, sich in ihrem Land anzusiedeln. Als Minderheiten wurden ihnen dann bestimmte Rechte gegeben, Berufe auszuüben und an bestimmten Orten zu leben. Im 17. Jahrhundert kamen Hugenotten als Religionsflüchtlinge aus Frankreich nach Deutschland.

Künstler, Schriftsteller und politische Gegner der Monarchie wurden im 19. Jahrhundert ausgewiesen oder mussten heimlich das Land verlassen, um ihrer Verhaftung zu entgehen. Weil Deutschland aus vielen kleinen Staaten und Fürstentümern bestand, fanden sie oft in der Nähe Zuflucht und mussten keine langen Reisen machen. Aber manche waren gezwungen, ins Ausland zu gehen, weil sie niemand aufnahm. Zu den politischen Emigranten zählte der Schriftsteller Georg Büchner (1813-1837), der eine Gesellschaft für Menschenrechte gegründet hatte und mit der Parole „Friede den Hütten, Krieg den Palästen" zur Revolution aufrief. Er floh zunächst nach Frankreich und dann in die Schweiz, die für viele Kritiker der alten Ordnung zum Exil wurde. Der Schriftsteller und Journalist Heinrich Heine (1797-1856) verließ Deutschland in Richtung Paris. Die liberalen Gesetze der Schweiz erlaubten es politisch Verfolgten, hier längere Zeit zu leben und zu arbeiten. Der Komponist Richard Wagner (1813-1883), der sich an der Revolution von 1848 beteiligt hatte, verbrachte ab 1849 neun Jahre in Zürich. Auch andere Demokraten flohen ins Exil.

Die nationalsozialistische Diktatur (1933-1945) setzte eine beispiellose Verfolgung politischer Gegner in Gang. Bis zu 40.000 Kommunisten, Sozialisten und Liberale flohen aus Deutschland. Die ersten Zentren des politischen Exils waren Paris und Prag. Rassistische

Diskriminierungen, Rechtlosigkeit, Schikanen und terroristische Gewalt zwangen darüber hinaus die Juden, aus Deutschland zu fliehen. Von den 525.000 deutschen Juden konnte die Hälfte das Land verlassen. Wer nicht rechtzeitig ein Visum bekam, wer keine Freunde und Verwandten im Ausland hatte, die eine Bürgschaft übernehmen konnten und wer kein Geld hatte, saß in der Falle. Ab Oktober 1941 war die Emigration verboten. Es folgten Zwangsarbeit, Deportation ins Ghetto oder in eines der Konzentrations- oder Vernichtungslager und Ermordung. Nur sehr wenige Juden überlebten illegal im Land.

Wem die Flucht gelang, der hatte sein Leben gerettet, aber er musste alles zurücklassen und er hatte manchmal eine lange Irrfahrt durch viele Länder vor sich, bevor er irgendwo ankam. Hannah Arendt, die 1933 als Jüdin nach Frankreich flüchtete und 1941 über Portugal in die USA kam, beschrieb das Lebensgefühl und die Hoffnungen der jüdischen Flüchtlinge. Es ist das Lebensgefühl vieler Flüchtlinge auf der ganzen Welt:

Wir Flüchtlinge

Wir haben unser Zuhause und dann die Vertrautheit des Alltags verloren. Wir haben unseren Beruf verloren und damit das Vertrauen eingebüßt, in dieser Welt irgendwie von Nutzen zu sein. Wir haben unsere Sprache verloren und mit ihr die Natürlichkeit unserer Reaktionen, die Einfachheit unserer Gebärden und den ungezwungenen Ausdruck unserer Gefühle. Wir haben unsere Verwandten in den polnischen Ghettos zurückgelassen, unsere besten Freunde sind in den Konzentrationslagern umgebracht worden, und das bedeutet den Zusammenbruch unserer privaten Welt. [...]

Aber dennoch haben wir sofort nach unserer Rettung [...] ein neues Leben angefangen und versucht, all die guten Ratschläge, die unsere Retter für uns bereithielten, so genau wie möglich zu befolgen. Man sagte uns, wir sollten vergessen;

Wissenschaftler, Künstler und Schriftsteller mussten als politische Gegner der Nationalsozialisten fliehen oder waren gezwungen, das Land zu verlassen, nur weil sie Juden waren. Sie wurden in die ganze Welt verstreut. Viele von ihnen lehnten es nach dem Krieg ab, jemals wieder einen Fuß auf deutschen Boden zu setzen. Einige gingen nach Palästina und später nach Israel. Manche wollten trotz allem zurück. Doch die Rückkehrer mussten sich im Kalten Krieg entscheiden: für die Bundessrepublik und damit gegen die DDR oder umgekehrt für die DDR und gegen die Bundesrepublik. Denn seit 1949 gab es Deutschland zweimal.

Auch die junge Bundesrepublik wurde zum Zufluchtsland für politisch Verfolgte. Anfangs kamen vor allem Flüchtlinge aus den sozialistischen Ländern und aus der Sowjetunion. Sie flohen vor politischer, ethnischer und religiöser Verfolgung. Der Antisemitismus und die antizionistischen Säuberungen in Osteuropa bewogen viele Juden, die gerade erste den Holocaust überlebt hatten, zur Flucht. Als in Polen (1956), Ungarn (1956) und der Tschechoslowakei (1968) die Aufstände der Reformkommunisten niedergeschlagen wurden, verließen nicht nur einzelne politische Gegner (Dissidenten), sondern ganz normale Leute, die in Freiheit leben wollten, ihr Land. Westdeutschland nahm besonders viele ungarische Flüchtlinge auf, näm-

lich mehr als 200.000. Viele beantragten politisches Asyl in der Bundesrepublik. Die allermeisten Flüchtlinge aber kamen aber aus der DDR. Bevor 1961 die Mauer gebaut wurde, waren es schon 2,6 Millionen. In den 41 Jahren ihres Bestehens (1949-1989/90) wurden es insgesamt 3,8 Millionen.

Die Konflikte in der Welt führten in den 1980er Jahren auch politische Flüchtlinge aus anderen Ländern nach Deutschland. Der Militärputsch in der Türkei (1980) und die Verhängung des Kriegsrechts in Polen (1981) ließ die Zahl der Asylanträge in der Bundesrepublik zum ersten Mal auf 100.000 ansteigen. In den 1980er Jahren nahm die Bundesrepublik aus humanitären Gründen auch 30.000 Vietnamesen als Kontingentflüchtlinge auf. Sie waren auf Booten vor der kommunistischen Herrschaft in Vietnam geflohen. Deshalb nannte man sie „Boat People". Ein deutsches Hilfskomitee rettete mit seinem Schiff „Cap Anamur" viele vor dem Ertrinken. Der Bürgerkrieg in Sri Lanka und die Unterdrückung der Kurden in der Türkei und im Irak ließ die Zahl der politischen Flüchtlinge ansteigen. Nach dem Ende der Sowjetunion kamen ab 1991 etwa 220.000 Juden aus der ehemaligen Sowjetunion als Kontingentflüchtlinge. Sie flohen vor Antisemitismus. Von ihnen wanderten einige in die USA und nach Israel aus, andere blieben in Deutschland. Und schließlich wurden nach dem Auseinanderbrechen Jugoslawiens und dem Ausbruch des Krieges 760.000 Bürgerkriegsflüchtlinge aus Bosnien (ab 1992) aufgenommen.

Auch die DDR gewährte politisch Verfolgten Asyl. Es gab aber keinen Rechtsanspruch, sondern die Regierung entschied willkürlich, wer kommen durfte. Sie nahm nur kommunistische Flüchtlinge und Emigranten auf. 1949 und 1950 gab sie über 1.100 jungen Bürgerkriegsflüchtlingen aus Griechenland Zuflucht. Es waren Kinder und Jugendliche aus Familien kommunistischer Widerstandskämpfer. In den 1950er und 1960er Jahren kamen politische Emigranten aus Spanien ins Land. Hier handelte sich aber um eine sehr kleine Gruppe von 90 Personen. Während die Griechen über die ganze DDR verteilt wurden, lebten die meisten spanischen Kommunisten und ihre Familien in Dresden. Mit dem Verbot der Kommunistischen

Partei Deutschlands (KPD) in der Bundesrepublik (1956) wurde die DDR auch für viele westdeutsche Kommunisten zum politischen Exil, bis 1968 im Westen die Deutsche Kommunistische Partei (DKP) gegründet wurde. Seit 1973 nahm die DDR Emigranten aus Chile auf, die nach dem Militärputsch gegen die frei gewählte Regierung Salvador Allendes das Land verlassen mussten. Es waren insgesamt nicht mehr als 2.000 Personen. Politische Flüchtlinge und Emigranten waren in der DDR immer nur geduldete Gäste ohne Rechte. Ohne Berücksichtigung ihrer Qualifikation wurden sie als Arbeitskräfte vor allem „in die Produktion", also in die Fabriken, geschickt. In den späten 1970er Jahren waren alle wieder in ihre Heimatländer zurückgekehrt. So blieben die Ostdeutschen - durch Mauer und Grenze abgeschottet gegen den Rest der Welt - gezwungenermaßen ziemlich lange unter sich.

Ist Deutschland ein Einwanderungsland?

Lange hat die deutsche Politik die Frage, ob Deutschland ein Einwanderungsland sei, mit einem lauten „nein!" beantwortet. Und das, obwohl es eine lange Geschichte der Einwanderung nach Deutschland gibt. Zuwanderer kamen manchmal freiwillig, manchmal unter Zwang. Einige blieben nur kurz, andere für immer. Manche Zuwanderer waren Deutsche, die flüchten mussten oder vertrieben wurden. Andere waren Ausländer. Sie wurden als Arbeitskräfte gebraucht oder man gewährte ihnen aus unterschiedlichen Gründen Schutz. In den letzten Jahren waren es die wirtschaftliche Probleme in den Staaten der EU, eine hohe Jugendarbeitslosigkeit und die globale Finanzkrise (2007), die viele Spanier, Griechen, Portugiesen und Italiener dazu gebracht haben, ihr Land zu verlassen. Das war im Rahmen der Freizügigkeit für EU-Bürger sehr einfach möglich. Auch die Zahl junger Israelis, die nach Deutschland kommen, steigt seit 2010. Für gut ausgebildete junge Leute, Akademiker und Unternehmensgründer ist Deutschland ein attraktives Land, um sich eine neue wirtschaftliche Existenz aufzubauen.

Aber die deutsche Gesellschaft und vor allem die deutschen Regierungen verstanden Deutschland lange Zeit nicht als Einwanderungsland. Es fehlten einheitliche Regeln und Gesetze und eine politische Gesamtstrategie. Zur Reform des Staatsbürgerschaftsrechtes kam es erst im Jahr 2000. Seitdem werden Kinder von Ausländern bei Geburt in Deutschland automatisch Deutsche, wenn ein Elternteil seit mindestens acht Jahren rechtmäßig in Deutschland lebt und ein unbefristetes Aufenthaltsrecht besitzt. Seit 2014 gibt es für junge Erwachsene, die in Deutschland geboren sind, die Möglichkeit einer doppelten Staatsbürgerschaft. Vorher mussten sie sich spätestens mit 23 Jahren für oder gegen die deutsche Staatsangehörigkeit entscheiden.

Der deutsche Arbeitsmarkt wurde seit Jahrzehnten durch Anwerbungen von Ausländern oder durch Anwerbestopps geregelt. Erst seit 2005 vereinfacht ein neues Zuwanderungsgesetz die Zuwanderung nach Deutschland. Ausländer können nach diesem Gesetz eine Aufenthaltserlaubnis bekommen für eine Ausbildung oder ein Studium in Deutschland, oder um in Deutschland zu arbeiten. Eine Aufenthaltserlaubnis kann auch aus familiären Gründen (Familiennachzug) erteilt werden. Außerdem gibt es noch die Aufenthaltserlaubnis für Flüchtlinge aus Gründen der Menschlichkeit (humanitäre Gründe). Gruppen von Menschen können in politischen Krisensituationen ohne weitere Prüfung im Rahmen einer humanitären Hilfsaktion aufgenommen werden und eine Aufenthaltserlaubnis bekommen. Menschen, die nicht in ihre Heimatländer zurückgeschickt werden können, weil ihnen dort Folter, Haft oder Lebensgefahr in einem Bürgerkrieg droht, dürfen bleiben (subsidiärer Schutz). Auch Flüchtlinge, die kein Asyl bekommen, weil sie nicht vom Staat politisch verfolgt wurden, sondern andere Arten der Verfolgung wegen ihrer Rasse, Religion, Nationalität oder Zugehörigkeit zu einer Gruppe erfahren haben oder befürchten mussten, können nach der Genfer Konvention in Deutschland eine Aufenthaltserlaubnis bekommen. Jede Aufenthaltserlaubnis ist an Gründe gebunden und deshalb immer zeitlich begrenzt. Nach einer Aufenthaltserlaubnis von fünf Jahren besteht die Möglichkeit, sich dauerhaft in Deutschland niederzulassen. Die Niederlassungserlaubnis ist zeitlich unbegrenzt und nicht mehr an bestimmte Gründe gebunden. Die Bedingungen dafür sind ein Job, mit dem man für sich und seine Familie sorgen kann, ausreichend Wohnraum, eine Arbeitserlaubnis, die Zahlung von Beiträgen für die Rentenkasse, ausreichende Sprachkenntnisse und keine Straffreiheit. Für hoch qualifizierte Arbeitskräfte (Wissenschaftler, IT-Spezialisten, Ingenieure) oder für Migranten, die sich als Selbständige niederlassen wollen und für ihre Familien, gelten Ausnahmen. Wer mindestens acht Jahre legal in Deutschland lebt, kann einen Antrag auf Einbürgerung stellen. Bedingungen sind gute Deutschkenntnisse, ein erfolgreicher Integrationskurs, keine Straftaten, Verfassungstreue und der Nachweis einer Arbeit oder eines Einkommens. Unter bestimmten Bedingungen kann dieser Zeitraum auch verkürzt werden. Zurzeit wird in Deutschland lebhaft darüber diskutiert, ob man ein neues Einwanderungsgesetz braucht oder nicht.

Kleine Geschichte der Migration [Exkurs II]

Deutschland war in seiner Geschichte immer wieder ein bedeutendes Einwanderungsland für ausländische Arbeitskräfte. Eine lange Tradition der Zuwanderung hat das Ruhrgebiet. Schon Mitte der 19. Jahrhunderts wurden für den Bergbau vor allem Polen als Arbeitskräfte angeworben. Insgesamt wanderten 350.000 „Ruhrpolen" zu. Später kamen auch Arbeitskräfte aus anderen Ländern, zuletzt vor allem aus der Türkei. Vor dem Ersten Weltkrieg kamen etwa 130.000 Italiener als Arbeitskräfte ins Kaiserreich. Etwa 60.000 Juden flüchteten vor den Pogromen, also den gewalttätigen Verfolgungen, aus Osteuropa nach Deutschland. Die russische Revolution brachte russische Emigranten aus der Mittelschicht und aus der Aristokratie nach Westeuropa und auch nach Deutschland, man schätzt etwa 600.000.

Das Gegenstück zur Zuwanderung ist die Abwanderung: Menschen verließen zu allen Zeiten ihre Heimat: Ungefähr 5,6 Millionen Deutsche sind in der Zeit zwischen 1820 und 1928 in die USA ausgewandert sind. Sie erhofften sich dort ein besseres Leben.

Ausländische Arbeitskräfte kamen nicht immer freiwillig nach Deutschland. In den beiden Weltkriegen gab es in größerem Um-

fang Zwangsarbeit. Im Ersten Weltkrieg wurden etwa 60.000 Belgier und 120.000 Polen unter falschen Versprechungen zur Arbeit nach Deutschland angeworben oder deportiert. Etwa 300.000 Polen hielt man bei Kriegsbeginn (1914) in Deutschland fest. Während des Zweiten Weltkriegs wurden aus dem von Deutschland besetzten Europa Millionen Menschen deportiert, um in deutschen Rüstungsbetrieben Zwangsarbeit zu leisten. Ende 1944 leisteten mehr als 7,5 Millionen Menschen Zwangsarbeit. Die Ausbeutung von Kriegsgefangenen und „Fremdarbeitern" im Dritten Reich gehört zu den Tiefpunkten der deutschen Geschichte. Erst im Jahr 2000 gründete die Regierung zusammen mit vielen Unternehmen einen Fond, der den Überlebenden der Zwangsarbeit eine Entschädigung bezahlte.

In den letzten Monaten des Zweiten Weltkriegs flohen Millionen Deutsche in langen Flüchtlingstrecks vor der näher rückenden Roten Armee in Richtung Westen. Zu den Kriegsflüchtlingen kamen noch einmal Millionen, die nach Kriegsende aus den deutschen Ostprovinzen und aus den Siedlungsgebieten in Osteuropa vertrieben wurden, die nun zur Sowjetunion, zu Polen und zur tschechoslowakischen Republik gehörten. Das Potsdamer Abkommen der Sieger des Zweiten Weltkriegs vom Sommer 1945 sprach beschönigend von „Umsiedlungen". Bis 1950 waren es 8,1 Millionen Flüchtlinge und Vertriebene auf dem Territorium der Bundesrepublik. In den folgenden dreißig Jahren kamen weitere 1,7 Millionen deutsche Aussiedler aus dem Osten. Mit dem Ende der Sowjetunion (1990) wanderten 2,5 Millionen „Russlanddeutsche" aus Russland, Kasachstan und der Ukraine nach Deutschland aus. Besonders für die Jugendlichen, die mit ihren Eltern und Großeltern aufbrachen, war der Anfang schwer, weil sie kein Deutsch mehr sprachen.

Bereits zehn Jahre nach dem Krieg brauchte die deutsche Wirtschaft dringend Arbeitskräfte. Zwischen 1955 und 1973 schloss die bundesdeutsche Regierung mit vielen Ländern Abkommen zur Anwerbung von „Gastarbeitern", zuerst mit Italien (1955), dann mit Spanien und Griechenland (1960), und mit der Türkei und anderen Ländern (1961). 1956 erreichten die ersten Züge mit italienischen Arbeitskräften Westdeutschland. 1964 wurde schon der Millionste „Gastarbeiter" begrüßt. Er stammte aus Portugal.

Die ausländischen Arbeitskräfte wurden vorwiegend als Ungelernte im Bergbau, in der Stahlindustrie, aber auch in vielen anderen Industriebetrieben beschäftigt. Dort, wo sie herkamen, waren sie meistens arbeitslos gewesen, oder die Löhne waren sehr niedrig. Für sie war die Arbeit in Deutschland finanziell attraktiv. Einen Teil ihres Lohnes konnten sie nach Hause schicken. Bis Anfang der 1970er Jahre lebten die meisten von ihnen in Baracken und Wohnheimen mit strengen Regeln. Nach der Ölkrise 1973 wurde die Anwerbung wurde gestoppt. Bis dahin arbeiteten 2,6 Millionen Ausländer in Deutschland. Viele blieben und holten ihre Familien nach.

Spätaussiedler, Kontingentflüchtlinge und Asylberechtigte wurden seit 1990 intensiv mit Sprachkursen, Umschulungen, Fortbildungen gefördert. So konnten sie schnell in die deutsche Gesellschaft integriert werden. Bei den „Gastarbeitern" gelang das weniger gut.

Ein besonderes Problem wurde in den 1990er Jahren auch in Deutschland der moderne Menschenhandel. Er ist ein Teil der organisierten Kriminalität. Vor allem junge Frauen und Minderjährige werden mit falschen Versprechungen für eine „gute" Arbeit in Deutschland angeworben und anschließend als Illegale zur Prostitution und zu moderner Sklavenarbeit gezwungen.

Die DDR (1949-1990) war vor allem ein „Auswanderungsland". Aber auch hier gab es Zuwanderung. 4,1 Millionen deutsche Flüchtlinge, Vertriebene und Aussiedler kamen bis 1950 in das Territorium der DDR. Die Flucht, Vertreibung und Aussiedlung von Deutschen aus dem Osten wurde hier als „Umsiedlung" bezeichnet. Später wurde das unbequeme Thema nicht mehr angesprochen. Dagegen war die Zahl von westdeutschen Einwanderern in die DDR nicht besonders groß: Zwischen 1949 und 1989 kamen 500.000 Deutsche, aus familiären Gründen oder weil sie an den Sozialismus glaubten. Die meisten, nämlich 400.000, machten sich in den ersten Jahren bis zum Mauerbau 1961 auf den Weg. Insgesamt ein Drittel ging aber wieder enttäuscht zurück in den Westen.

Obwohl die ostdeutsche Regierung und die SED ständig von der „Völkerfreundschaft" mit den sozialistischen Ländern redeten, lebten nur wenige Ausländer in der DDR. Doch das Land brauchte Arbeitskräfte, schon allein deshalb, weil so viele DDR-Bürger bis zum Mauerbau geflüchtet waren. Anfangs wurden ausländische Arbeiter aus Ungarn (1965/66) und Polen (1967) angeworben, 1974 erstmals auch aus Algerien, einem nichtsozialistischen Land. Seit 1980 kamen „Vertragsarbeiter" aus Vietnam, Angola, Mozambik, Kuba und China. Alle ausländischen Arbeitskräfte waren einer starken Kontrolle unterworfen. Sie lebten ohne Komfort und nach Geschlechtern getrennt in Mehrbettzimmern in isolierten Wohnheimen. Oft lagen die Heime auf dem Werksgelände. Es gab für die Ausländer keine Möglichkeit, die Familie nachkommen zu lassen. Wer sich politisch betätigte, wurde abgeschoben. Frauen, die schwanger wurden, mussten die DDR ebenfalls verlassen. Kontakte zur Deutschen waren nur bei der Arbeit möglich. Nach spätestens drei Jahren wurden die ausländischen Arbeitskräfte nach Hause geschickt. 1989, wurden 191.200 Ausländer gezählt. Darunter waren 60.000 Vietnamesen und 51.700 Polen. Gemessen an der Gesamtbevölkerung der DDR von 16,43 Millionen (1989), betrug der Ausländeranteil im letzten Jahr der DDR nur etwas mehr als ein Prozent.

Wer bin ich? Muslime in Deutschland

Die Zuwanderung aus der Türkei in die Bundesrepublik hat gezeigt: Muslime, die nach Deutschland kommen, müssen sich in einer Gesellschaft, die in vielem als fremd empfunden wird, erst zurechtfinden. Das ist manchmal schwierig. Aber auch ihr Verhältnis zur Heimat verändert sich in der Fremde. Sie blicken plötzlich von außen auf ihr Heimatland und vergleichen es mit dem Land, in dem sie nun leben. Was früher selbstverständlich war, ist es nicht mehr. Auch über die Rolle der Religion wird neu nachgedacht. Für manche Muslime wird sie viel wichtiger als früher, weil sie ihnen Sicherheit gibt. Für andere rückt sie eher in den Hintergrund.

Als Flüchtlinge und Zuwanderer entwickeln Muslime auch ein neues Verhältnis zum Islam als Weltreligion und zur islamischen Weltgemeinschaft. Während zu Hause Nation und Religion, also Araber-

Sein und Muslim-Sein oder Türke-Sein und Muslim-Sein, im Grunde dasselbe war, löst sich dieser Zusammenhang in der Fremde auf. Denn Muslime bilden in den westlichen Gesellschaften und auch in Deutschland eine Minderheit, die in sich auch nicht einheitlich ist. Die Zuwanderer und Flüchtlinge treffen auf unterschiedliche Glaubensrichtungen des Islam. Die muslimischen Gemeinden kommen ihnen vor wie Inseln in einer Mehrheitsgesellschaft, die wenig religiös ist, aber trotzdem stark christlich-jüdisch geprägt ist. Außerdem erleben die Flüchtlinge und Zuwanderer auch, dass Muslime im Westen ganz unterschiedlich leben: ziemlich abgeschottet in einer Art „Parallelgesellschaft" oder gut integriert in die Mehrheitsgesellschaft oder irgendwie dazwischen.

Während für Muslime die Unterschiede zu ihrem Leben im Herkunftsland zahlreich sind, neue Chancen eröffnen, aber auch Ängste oder Abwehr erzeugen, neigt die deutsche Gesellschaft dazu, Muslime unterschiedlicher Glaubensrichtungen und Lebensführung als „die Muslime", also als homogenes Kollektiv zu betrachten. Auch werden Muslime mitunter nicht nur als Angehörige einer Religion angesehen, sondern als Repräsentanten des Islam. Spätestens nach den terroristischen Attentaten der Islamisten in Paris und Brüssel und den Übergriffen junger Muslime in der Silvesternacht von Köln 2015 werden Muslime mit allen Taten und Untaten konfrontiert, die im Namen des Islam verübt wurden und werden. Sie müssen sich rechtfertigen für alle Regeln der Scharia, auch wenn sie selbst nicht unbedingt danach leben. Vor allem wird erwartet, dass Muslime sich von Terroranschlägen distanzieren, die im Namen des Islam in den westlichen Gesellschaften begangen werden.
Die allermeisten Muslime sind gesetzestreue Bürger. Sie lassen sich nichts zu Schulden kommen. Und sie wollen nicht zu Unrecht verdächtigt oder diskriminiert werden. Sie sagen ganz richtig: Nicht alle Muslime sind Terroristen. Und sie sagen: Der Islam ist eine friedliche Religion. Andere Muslime haben inzwischen damit angefangen, sich kritisch mit den aggressiven Seiten des Islam auseinanderzusetzen. Sie stellen fest: Alle Terroristen der letzten großen Anschläge waren Muslime. Und alle nahmen für sich in Anspruch, im Na-

men Allahs zu handeln. Auch der Dschihad, wird im Namen des Islam als „Heiliger Krieg" geführt. Das Nachdenken über Religion, Ideologie und Terror und das Nachdenken über die eigene Identität hat unter Muslimen gerade erst begonnen.

Die Scharia und die Grundrechte

Das islamische Recht (die Scharia) - vor allem das Familienrecht und das Strafrecht -, ist mit den Bürger- und Menschenrechten (Grundrechten) der deutschen Verfassung in wichtigen Punkten nicht vereinbar. Das schafft für Muslime, die den Islam nicht nur als Religion, sondern als Rechtsordnung begreifen, große Probleme. Für die deutsche Gesellschaft ist es eine echte Herausforderung. Grundsätzlich wird in islamischen Gesellschaften die Scharia über alle anderen Rechtsordnungen gestellt. Das islamische Recht ist kein „weltliches" Recht, sondern ein Recht, das religiös begründet wird. Es wird aus dem Koran und aus der Tradition (Sunna) abgeleitet. Außerdem sind im islamischen Recht nicht so sehr der Einzelne, sein Glück und seine Rechte von Bedeutung, sondern die Gemeinschaft steht an erster Stelle: Wohl, Ehre und Schutz der Familie und der religiösen Gemeinschaft der Glaubensbrüder (Umma) sind viel wichtiger. Nun bestehen schon in den diversen Gesellschaften große Unterschiede zwischen den Glaubensrichtungen eines rigide konservativen und eines liberaleren Islam. Daher kann man auch nicht von einer für alle verbindlichen Scharia sprechen. Sie ist je nach Glaubensrichtung und darin je nach Rechtsschule in einem gewissen Rahmen Auslegungssache. Der deutlichste Unterschied zu den Menschenrechten ist die Anwendung der Körperstrafen und der Todesstrafe. Beides widerspricht dem Verbot der Folter und dem Recht auf Leben. Stockschläge, Auspeitschen, Amputieren von Händen und Füssen oder Steinigungen sind im islamischen Recht erlaubt bei Diebstahl, Unzucht, falsche Anschuldigung der Unzucht, Straßenraub, Alkoholkonsum und in manchen Gesellschaften auch bei Rebellion.

Das schlimmste Verbrechen, das in manchen Staaten mit dem Tod bestraft wird, ist im Islam die Abwendung vom Glauben (Apostasie). Weder ein Übertritt in eine andere Religion (Konversion) noch die

Ablehnung jeder Religion ist einem Moslem erlaubt. Wer Gott leugnet, den Koran ablehnt und islamische Autoritäten kritisiert, ist ein Verbrecher. In islamischen Gesellschaften gibt es keine Freiheit der Religion und keine Meinungsfreiheit.

Der Grundsatz der Gleichheit wird in vielfacher Weise missachtet. Das gilt zum einen für ethnische Gruppen, Religionen und Minderheiten. Bedrohlich ist die Situation für andere muslimische Religionsgemeinschaften, die in der Minderheit sind. In Saudi-Arabien, wo die Wahabiten die Mehrheit ausmachen, gelten die Sunniten als Ungläubige und werden diskriminiert. Christen werden in manchen islamischen Gesellschaften geduldet, wenn sie eine Sondersteuer bezahlen. Gleichberechtigt sind sie nicht. Eheschließungen zwischen den Religionen sind verboten. Die Stellung von Juden und Christen in der Gesellschaft ist unsicher. In Krisenzeiten und Kriegen werden sie häufig Opfer von Verfolgungen. Als Ausweg bleibt dann nur die Flucht aus dem Land oder eine Konversion zum Islam. Juden sind seit der Gründung des Staates Israel 1948 in muslimischen Gesellschaften mit einem verbreiteten Antisemitismus und Antizionismus konfrontiert. So wurde die jüdische Gemeinde im Irak, die sehr alt ist und ein kulturelles Zentrum des Judentums darstellte, nach 1948 von der irakischen Regierung diskriminiert, von den Medien angegriffen und von der Justiz verfolgt. Wer sich für eine Auswanderung nach Israel registrieren ließ, wurde enteignet und ausgebürgert.

In islamischen Gesellschaften gibt es auch keine Gleichheit zwischen Frauen und Männern. Die Ungleichheit der Geschlechter, die Unterordnung der „ehrbaren" Frau unter den Mann und die Verachtung aller anderen Frauen als Huren bestimmen den Alltag in den patriarchalischen Familien und in der Öffentlichkeit der autoritären Gesellschaften. Dem Mann ist die „Vollmacht und Verantwortung" über die Frau zugeschrieben. Sie ist zum Gehorsam verpflichtet. Verstößt sie dagegen, hat der Mann das Recht oder sogar die Pflicht zur Bestrafung. Ob sie reisen oder arbeiten darf, ist von der Erlaubnis des Mannes abhängig. Eine Ehescheidung ist für Frauen viel weniger leicht zu erwirken als für Männer. In manchen Ländern sind Frauen vollständig vom öffentlichen Leben ausgeschlossen. Vor Gericht, als Zeugin und als Opfer einer Straftat „zählen" Frauen weniger als Männer. Die Moral und die weibliche Ehrbarkeit drücken sich in traditionellen muslimischen Gesellschaften in der Kleidung aus: Muslime lernen schon als Kinder, dass „ehrbare Frauen" je nach Land oder Weltregion auf den ersten Blick an Hidschab (Kopftuch), schwarzem Tschador, Nikab (Schleier mit Sehschlitz) oder der hellblauen Burka zu erkennen sind. Alle anderen Frauen haben zumindest einen zweifelhaften Ruf. Ihr Ansehen und ihre Rechte sind gering. In Deutschland und Europa gibt es Kleiderordnungen als Zeichen einer bestimmten Religion oder einer festgefügten Stellung in der Gesellschaft schon seit über hundert Jahren nicht mehr. Hier sagt die weibliche Kleidung wenig über Religion und Moral oder über die Stellung der Frau in der Gesellschaft aus. Ausschließlich aus modischen Gründen tragen Frauen in Deutschland Kopfbedeckungen, Schals, Tücher oder Hüte. Es ist hierzulande nicht ungewöhnlich, langes Haar offen zu tragen. Frauen tragen üblicherweise weder lange Mäntel oder lange Röcke, noch bedecken sie im Sommer ihre Arme. T-Shirts und Kleider sind manchmal weit ausgeschnitten. Manche Muslime, die gerade erst zugewandert sind, finden dieses Erscheinungsbild schockierend. Andere ignorieren die Tatsache der kulturellen Unterschiede und begegnen westlichen Frauen mit wenig Respekt oder sogar mit Verachtung.

Die Meinungsfreiheit wird nicht nur im Zusammenhang mit der Religionsfreiheit missachtet. Auch die Informationsfreiheit ist in vielen islamischen Gesellschaften nicht sehr stark entwickelt. Die Medien und das Internet werden kontrolliert. Unabhängige Journalisten werden in ihrer Arbeit behindert oder sogar verhaftet.

Es gibt weitere Unterschiede. Das Gewaltmonopol des Staates sowie die Prinzipien der Rechtstaatlichkeit und der Gleichheit und das Verbot, Menschen wegen ihres Geschlechts oder ihrer sexuellen Orientierung herabzusetzen, werden nicht geachtet. In den allermeisten islamischen Ländern wird Homosexualität zwischen Männern als Straftat verfolgt. Darauf steht Gefängnis oder sogar die Todesstrafe. Liberalere Ausnahmen sind nur Albanien und die Türkei.

Für einen erlittenen Schaden an Leib und Leben, also bei Tötung, Mord oder Körperverletzung kennt das islamische Recht die Möglichkeit der Vergeltung. Die Familie des Opfers darf zur Wiederherstellung der Ehre die Tat mit derselben Tat vergelten. Damit wird die Selbstjustiz als erlaubtes Mittel anerkannt. Auch gibt es die Verpflichtung zur Entschädigung durch eine Ausgleichszahlung. Die Familie des Täters muss an die Familie des Opfers ein Blutgeld zahlen, das unterschiedlich hoch ist, je nachdem, ob es sich bei dem Opfer um einen muslimischen Mann oder eine Frau oder um Nichtmuslime handelt. Die Opfer sind also nicht alle gleich.

Das Prinzip „keine Strafe ohne Gesetz" wird ebenfalls missachtet. Denn in islamischen Gesellschaften sind viele Verbote nicht in Gesetzen niedergelegt. Auch sind sie sehr ungenau als „unislamisch", unsittlich oder als Gefährdung der öffentlichen Ordnung bezeichnet. Alles Mögliche kann hier unter Strafe gestellt werden: westliche Kleidung, Kosmetik oder Musik. Die Strafe bestimmt allein der Richter. Sie kann von Geld-, Haft- oder Körperstrafen alles bedeuten. Die willkürlichen Strafen verbreiten Angst und Unsicherheit.

Auch Kinderrechte werden nicht geachtet. Das islamische Recht gesteht Kindern keine besonderen Schutzrechte zu. Bei Straftaten werden Minderjährige in vielen islamischen Ländern genauso hart bestraft wie Erwachsene. Zwangsverheiratungen kommen nicht nur zwischen Erwachsenen, sondern auch zwischen Kindern und Jugendlichen regelmäßig vor. Das heiratsfähige Alter von Mädchen und Jungen wird unterschiedlich festgesetzt. Die unterste Altersgrenze liegt in einigen Ländern bei neun Jahren (Mädchen) und zwölf Jahren (Jungen). Auch wird das Recht auf Bildung und das Verbot der Ausbeutung von Kindern missachtet, besonders häufig, wenn es sich um Mädchen handelt. Weitgehend rechtlos sind Kinder, die außerhalb einer Ehe geboren werden. In vielen islamischen Staaten werden sie nicht in das Geburtsregister eingetragen. Sie können keine Schule besuchen und sind vom Gesundheitswesen ausgeschlossen. Adoptionen sind nach islamischem Recht verboten. Es gibt nur Pflegekinder.

Wer aus einem islamischen Land nach Deutschland kommt, für den gilt von einem Tag auf den anderen ein anderes Recht, das sich in vielen Punkten deutlich von dem Recht und der Tradition seiner Heimat unterscheidet. Neuankömmlinge bemerken oft, dass Glaubensbrüder, die schon längere Zeit in Deutschland leben, viele Gewohnheiten, Traditionen und Regeln ganz abgelegt haben. Zwar sind Muslime in Deutschland in der Mehrzahl gläubig und beten häufig. Manche Muslime befolgen aber nur noch die Speisevorschriften und das Fasten, halten die hohen islamischen Feiertage ein, gehen aber eher selten in die Moschee. Sie versuchen, den Islam als Religion mit den Werten der deutschen Gesellschaft und der westeuropäischen Kultur zu verbinden, ohne sich selbst dabei aufzugeben. Am schwierigsten fällt dies offenbar im Hinblick auf die Scharia als Familienrecht, also in allen Fragen, welche die Familie und die Stellung des Mannes in ihr und die Rolle der Frau betreffen. Dies bezeugen Fälle von Selbstjustiz und Ehrenmorde an jungen Musliminnen, die sich der männlichen Autorität widersetzen.
Die allermeisten Muslime haben sich von der Scharia als islamischem Strafrecht verabschiedet. Sie leben nach den Gesetzen Deutschlands. Sie achten insofern die Grundrechte der Verfassung, die für alle Bürger des Landes gelten. Nur wenige Muslime wollen in der Diaspora an der islamischen Rechtsordnung festhalten. Und wiederum nur eine sehr kleine Minderheit radikalisiert sich. Als besonders radikal und gewalttätig gelten die Salafisten. Ein eigenes Problem stellen die Deutschen dar, die zum Islam übertreten. Wie alle Konvertiten der Welt sind viele von ihnen besonders fundamentalistisch und militant.

Für alle gilt: Wer durch Selbstjustiz und Ehrenmorde gegen das Gewaltmonopol des Staates verstößt, wer sich über die geltenden Gesetze in Deutschland hinwegsetzt und wer die Grundrechte nicht achtet, wird wie jeder Straftäter angeklagt, verurteilt und bestraft. Flüchtlinge, Asylbewerber und anerkannte Asylberechtigte, die sich strafbar machen, setzen ihr Aufenthaltsrecht aufs Spiel und riskieren die Ausweisung aus Deutschland.

Scharfe Kritik an den konservativen, antiliberalen Strukturen, an den traditionellen Regeln und Gesetzen der islamischen Lebenswelt, an autoritären und patriachalischen und frauenfeindlichen Familienstrukturen und am antiindividualistischen Grundverständnis der in Deutschland vorherrschenden konservativ-gemäßigten islamischen Glaubensrichtung der Sunniten (75 Prozent aller Muslime) wird inzwischen öffentlich von jüngeren Muslimen und vor allem von Musliminnen geübt, die in der zweiten Generation in Deutschland leben.

Bürgerpflichten
Damit ein Staat funktionieren kann, haben seine Bürger neben den Rechten, die im Grundgesetz verankert sind, auch Bürgerpflichten. Dabei spricht das Grundgesetz nur allgemein von gleichen Pflichten für alle Staatsbürger. Bis auf die Wehrpflicht sind Bürgerpflichten in den Verfassungen der Länder und in anderen Gesetzen geregelt. Und wie sehen die Bürgerpflichten im Alltag aus?

<u>Wehrpflicht</u>
Deutsche Männer ab dem 18. Lebensjahr, die in der Bundesrepublik wohnen, können zum Dienst in den Streitkräften verpflichtet werden. Ersatzweise ist auch der Dienst beim Bundesgrenzschutz oder einem Zivilschutzverband möglich. Wer aus Gewissensgründen den Dienst mit der Waffe ablehnt, kann zu einem Ersatzdienst verpflichtet werden. Die Wehrpflicht ist im Grundgesetz (Artikel 12a) festgeschrieben. Zwischen 1955 und 2011 bestand eine allgemeine Wehrpflicht für alle Männer ab 18 Jahren. Sie wurde 2011 ausgesetzt. Seitdem wird die Bundeswehr von einer Armee der Wehrpflichtigen in eine Armee von Freiwilligen umgewandelt. Die allgemeine Wehrpflicht wurde aber nicht vollständig abgeschafft. Sie könnte auch wieder aufgenommen werden.

<u>Schulpflicht</u>

In Deutschland herrscht allgemeine Schulpflicht. Das bedeutet, dass jedes Kind und jeder Jugendliche – Mädchen und Jungen – neun bis zehn Jahre lang zur Schule gehen muss. Die Schulpflicht umfasst auch den Sportunterricht, Schulausflüge und bis zum Alter von 14 Jahren den Religionsunterricht. Schulen sind in Deutschland kostenlos. Nur einige kirchliche Schulen und Privatschulen berechnen Schulgeld. Der deutsche Staat betrachtet die Schule als einzige legale Bildungseinrichtung für Kinder und Jugendliche. Der Privatunterricht zu Hause durch Eltern oder Verwandte, oder anderswo, z.B. in Kirchen oder Religionsgemeinschaften, ist nicht erlaubt. Eltern, die ihre Kinder nicht zur Schule schicken, können bestraft werden. Nach der allgemeinen Schulpflicht, die in jedem Fall mit der Volljährigkeit des Schülers / der Schülerin (18 Jahre) endet, gibt es die Berufsschulpflicht für Jugendliche, die eine berufliche Ausbildung machen.

<u>Steuer- und Abgabenpflicht</u>

Niemand zahlt gerne Steuern und Abgaben! Doch damit der Staat seine Aufgaben für die Allgemeinheit erfüllen kann und damit die Sozialsysteme funktionieren, müssen alle, die in Deutschland wohnen, arbeiten und Geld verdienen, Steuern und Sozialabgaben bezahlen. Bei Arbeitern und Angestellten wird die Steuer automatisch vom Lohn oder Gehalt abgezogen und an das Finanzamt überwiesen. Auch die Kirchensteuer wird vom Staat automatisch eingezogen und an die Kirchen weitergegeben. Und die Sozialabgaben, also die Beiträge zur Kranken- und Pflegeversicherung, zur Rentenversicherung und zur Arbeitslosenversicherung, werden ebenfalls einbehalten und an die Versicherungen abgeführt. Am Ende des Jahres können sich die Beschäftigten einen Teil der bezahlten Steuern vom Finanzamt zurückholen, indem sie bestimmte eigene Ausgaben gegenrechnen. Das nennt man Lohnsteuerjahresausgleich. Oder sie müssen Steuern nachzahlen, wenn sie weitere Einnahmen hatten, für die noch keine Steuern bezahlt worden sind. Bei Selbständigen und freiberuflich Tätigen geht es genau umgekehrt. Sie erklären ihre Einnahmen und Ausgaben im neuen

Jahr in einer Einkommenssteuererklärung. Dann wird berechnet, wie viel Steuern sie für das vergangene Jahr zu zahlen haben.

Es gibt aber noch andere Steuern, die für den Staat eine Einnahmequelle sind, z.B. die Mehrwertsteuer für alle Waren und Dienstleistungen, die Tabaksteuer, die Mineralölsteuer für Benzin und Heizöl, die Kfz-Steuer für Autos oder die Erbschaftssteuer.

<u>Wahlhelfer und Schöffe – öffentliche Ehrenämter als Bürgerpflicht</u>

Jeder Deutsche ist dazu verpflichtet, das Ehrenamt als Wahlhelfer oder Stimmzähler anzunehmen, wenn er oder sie dazu aufgefordert wird. Für die Kommunal- und Europawahlen, für die Landtags- und Bundestagswahlen werden in Schulen oder öffentlichen Gebäuden sehr viele „Wahllokale" eingerichtet. Und für jedes Wahllokal braucht es einen Wahlvorstand, der aus mehreren Personen besteht. Der Wahlvorstand prüft die Identität der Wähler, gibt die Stimmzettel aus und zählt am Ende des Tages die Stimmen, die im Wahllokal abgegebenen wurden.

Jeder Deutsche zwischen 25 und 70 Jahren kann außerdem aufgefordert werden, sich als Schöffe bei Gericht zur Verfügung zu stellen. Schöffen sind ehrenamtliche Richter, die gleichberechtigt mit den regulären Richtern Recht sprechen. Die Frauen und Männer, die für fünf Jahre zu Schöffen berufen werden, sollen aus allen Teilen der deutschen Gesellschaft stammen. Für die Ausübung öffentlicher Ehrenämter wird etwas Geld (eine „Aufwandsentschädigung") bezahlt, das man nicht versteuern muss. Öffentliche Ehrenämter kann man nur mit besonderen Gründen ablehnen.

<u>Die Pflicht zur Hilfe</u>

Wenn ein Unfall oder ein medizinischer Notfall passiert, gibt es eigentlich nur eine richtige Reaktion: dem Opfer helfen. Viele haben allerdings Angst, dabei etwas falsch zu machen. Doch jeder Bürger ist verpflichtet, bei einem Unfall oder in einer Notsituation zu helfen. Nichts zu tun kann als „unterlassene Hilfeleistung" bestraft werden. Auch wenn Sie Zeuge einer Straftat (z.B. Diebstahl, Einbruch) oder noch schlimmer eines Verbrechens (z.B. Gewalt gegen Frauen, Schlägereien, Mord) werden, dürfen Sie nicht einfach zusehen. Allerdings ist niemand verpflichtet, sich selbst in Gefahr zu bringen. Wenn zum Beispiel eine Person von einer ganzen Gruppe angegriffen wird, erwartet niemand, dass ein Einzelner besonders mutig ist und dazwischen geht. Es kann aber erwartet werden, dass der Zeuge, die Zeugin mit seinem Smartphone die Polizei ruft.

<u>Ausweispflicht und Meldepflicht</u>
Jeder deutsche Staatsbürger, der über 16 Jahre alt ist, muss einen Personalausweis besitzen und den auch vorzeigen, wenn die Polizei das verlangt. Man ist nicht verpflichtet, den Ausweis immer bei sich zu tragen. Aber es ist einfacher. Denn wenn man kontrolliert wird und ihn nicht dabei hat, darf die Polizei einen festhalten, bis die Identität geklärt ist. Für Reisen innerhalb des Euroraums benötigen EU-Bürger nur ihren Personalausweis. Für Reisen außerhalb Europas braucht man einen Reisepass.
Jeder, der in Deutschland eine Wohnung bezieht oder aus ihr auszieht, muss sich beim Einwohnermeldeamt an- oder abmelden. Dies gilt für Deutsche wie Ausländer.

<u>Wahlen – ein Bürgerrecht oder eine Bürgerpflicht?</u>
Eigentlich sind allgemeine, freie, gleiche, unmittelbare und geheime Wahlen ein Recht. Doch in manchen Länderverfassungen, z.B. in Baden-Württemberg, wird die Ausübung des Wahl- und Stimmrechts als „Bürgerpflicht" bezeichnet. Aber niemand wird gezwungen, zur Wahl zu gehen oder mit einem Bußgeld bestraft, wenn er es nicht tut. Wie ist das zu verstehen? „Wählen gehen als Bürgerpflicht" - damit wird Folgendes zum Ausdruck gebracht: In Wahlen haben alle Bürger die Möglichkeit, die politischen Verhältnisse im Land zu gestalten und zu ändern. Denn das Merkmal der Demokratie ist, dass gewählte Regierungen auch wieder abgewählt werden können. Wer einfach nur keine Lust hat, zur Wahl zu gehen, sollte bedenken: Das allgemeine Wahlrecht ist eine demokratische Errungenschaft, die erkämpft werden musste. Noch heute sind demokratische Wahlen längst nicht überall auf der Welt selbstverständlich. In manchen Ländern werden sie von den Mächtigen verhindert. Das Wahlergebnis wird nicht anerkannt oder es wird gefälscht. Und

Menschen, die sich für das Wahlrecht einsetzen, werden terrorisiert.

<u>Ist Ruhe eine Bürgerpflicht?</u>

Vielleicht haben Sie schon einmal den Ausspruch gehört: „Ruhe ist die erste Bürgerpflicht!" Der Spruch ist über 200 Jahre alt, also Schnee von gestern, Geschichte eben. Er richtete sich an die Stadtbewohner Berlins nach einer verlorenen Schlacht ihres Königs bei Jena und Auerstedt (1806). Die Eroberung Berlins durch Napoleon stand bevor. In öffentlichen Plakaten informierte der Stadtkommandant: „Der König hat eine Bataille (Schlacht) verloren. Jetzt ist Ruhe die erste Bürgerpflicht. Ich fordere die Einwohner Berlins dazu auf. Der König und seine Brüder leben." Der Ausspruch, der die Berliner beruhigen und eine Panik verhindern sollte, wurde bald zum „geflügelten Wort" (Redewendung) und zum Sinnbild für eine Epoche, in der alle politischen Initiativen für mehr Demokratie unterdrückt wurden. Man nannte sie später die „Zeit des Biedermeier". Damals waren brave (gehorsame) Bürger vor allem unpolitische, „ruhige" Untertanen. Sie kümmerten sich nur um ihre privaten Angelegenheiten und interessierten sich auf keinen Fall für Politik. Unter guten Staatsbürgern versteht man heute etwas anderes!

6. Die Bundesrepublik Deutschland, ein demokratischer Bundesstaat

Wie funktioniert das politische System?

<u>Die Wahlen</u>

Deutschland ist eine parlamentarische Demokratie. In allgemeinen, unmittelbaren, freien und geheimen Wahlen stellen sich die politischen Parteien allen deutschen Frauen und Männern über 18 Jahren zur Wahl. Alle Parteien, die mehr als 5 Prozent der Stimmen oder drei direkte Mandate erringen, sind im Parlament, dem Deutschen Bundestag, vertreten. Dort heißen die Parteien Fraktionen.

Der Bundestag hat seinen ständigen Sitz seit 1999 im Reichstag. Das Gebäude (1894) ist ein Symbol der wechselvollen deutschen Geschichte. Mit der gläsernen Kuppel des Architekten Sir Norman Forster ist der Reichstag zu einem Wahrzeichen Deutschlands geworden.

In Deutschland wird nach dem Verhältniswahlrecht gewählt. Aber es gibt auch Elemente des Mehrheitswahlrechts. Und das geht so: Jeder Wähler hat zwei Stimmen. Mit der ersten Stimme wählt er unter den Spitzenkandidaten der Parteien einen Abgeordneten direkt. Wer die Mehrheit der Stimmen bekommt, zieht auf jeden Fall in den Bundestag ein, weil er ein „Direktmandat" errungen hat. Mit der zweiten Stimme wählt der Wähler eine der Parteien, die für das Parlament kandidieren. Jede Partei hat für die Wahl eine Liste von Politikern zusammengestellt, die in das Parlament einziehen sollen. Wer auf der Liste weit vorne steht, also einen „sicheren Listenplatz" hat, für den erhöhen sich die Chancen, tatsächlich ins Parlament einzuziehen. Für das Wahlergebnis ist die Zweitstimme ist die wichtigere Stimme. Denn über die Zweitstimme ergibt sich, wie viele Sitze die Parteien erhalten. Beim Verhältniswahlrecht haben auch kleinere Parteien, eine Chance in das Parlament einzuziehen.

Damit unterscheidet sich das deutsche Wahlrecht von dem in Großbritannien, Frankreich oder den USA. Dort wählt man ausschließlich nach dem Mehrheitswahlrecht. Die Zahl der Wahlkreise und die Zahl der Abgeordneten sind identisch. In jedem Wahlkreis treten die Kandidaten der Parteien gegeneinander an. Wer die meisten Stimmen bekommt, hat gewonnen. Bei diesem Wahlrecht werden die großen Parteien oder Parteien, die in einzelnen Wahlkreisen besonders stark sind, bevorzugt. Benachteiligt sind kleinere Parteien, die im ganzen Land kandidieren.

Parlament und Regierung

Der Deutsche Bundestag besteht aus über 600 Abgeordneten. Er berät und verabschiedet neue Gesetze, und er entscheidet über den Haushalt der Bundesrepublik. Das bedeutet, er entscheidet, wie und wofür die Regierung das Geld ausgibt. Die Partei, welche in einer Bundestagswahl die Mehrheit der Stimmen auf sich vereinigt, wird mit der Regierungsbildung beauftragt. Ist keine Partei stark genug, sucht sie sich eine andere Partei als Partner und geht mit ihr eine Koalition ein.

Die Mitglieder des Bundestages wählen den Bundeskanzler oder die Bundeskanzlerin. Der Bundeskanzler / die Bundeskanzlerin führt die Regierung, bestimmt die Richtlinien der Politik und ernennt die Minister ihres Regierungskabinetts. Die wichtigsten Ministerien sind das Finanzministerium, das Innenministerium (Polizei, Justiz), das Außenministerium, das Wirtschaftsministerium, das Verteidigungsministerium, das Familienministerium oder das Ministerium für Umwelt und Verbraucher.

In der Regel dauert die Amtszeit des Kanzlers / der Kanzlerin bis zur nächsten Bundestagswahl, also vier Jahre. Das Parlament kann ihm oder ihr sein Misstrauen aussprechen und ihn oder sie schon vorher abwählen, wenn es mit der Regierungspolitik sehr unzufrieden ist. Das Parlament muss dann sofort einen Nachfolger oder eine Nachfolgerin wählen. In der Geschichte der Bundesrepublik ist das aber erst einmal vorgekommen. Im Jahr 2005 ist mit Angela Merkel zum ersten Mal eine Frau zur Bundeskanzlerin gewählt worden. Sie regiert inzwischen in ihrer dritten Amtszeit. Die bestehende Regierung (2016) wurde aus der Christlich-Demokratischen Union und ihrer Bayerischen Schwesterpartei, der Christlich-Sozialen Union (CDU/CSU) sowie der Sozialdemokratischen Partei Deutschlands (SPD) gebildet. Weil sie aus den beiden größten Parteien besteht, nennt man sie „große Koalition".

Der Bund hat viele Ämter und Behörden z.B. die Bundesagentur für Arbeit, das Umweltbundesamt, das Bundesamt für Migration und Flüchtlinge, das Bundeskriminalamt, die Bundespolizei oder das Statistische Bundesamt.

<u>Der Bundespräsident</u>

An der Spitze der Bundesrepublik Deutschland steht der Bundespräsident. Er hat zwar nur wenig politische Macht, aber er ist der höchste Repräsentant des Staates. Seine Stimme hat vor allem moralisches Gewicht und kann der politischen Diskussion wichtige Impulse geben. Der Bundespräsident wird für fünf Jahre von der „Bundesversammlung" gewählt. Sie besteht zur Hälfte aus Abgeordneten des Bundestages und zur Hälfte aus Persönlichkeiten, die von den Parlamenten der 16 Bundesländer bestimmt werden. Der Bundespräsident kann höchstens einmal wiedergewählt werden.

<u>Der Bundesrat und die Demokratie in den Ländern und Gemeinden</u>
Mit seinen 16 Bundesländern ist Deutschland ein demokratisch-parlamentarischer Bundesstaat. Jedes Land wählt sein eigenes Parlament und seine eigene Regierung – den Landtag und die Landesregierung. An der Spitze der Regierungen stehen die Ministerpräsidenten. Der Rhythmus der Landtagswahlen ist in den einzelnen Bundesländern unterschiedlich. Er beträgt vier, fünf oder sechs Jahre. Die Deutschen bestimmen also durch unterschiedliche Wahlen, wer sie in ihrem Bundesland regiert und wer Deutschland als Ganzes regiert. Das politische Gegengewicht zum Bundestag bildet der Bundesrat. Er ist das Parlament der Landesregierungen und hat 69 Mitglieder. Dorthin entsenden die Regierungen der Länder einige ihrer Mitglieder. Je nach Einwohnerzahl sind das zwischen drei und sechs Abgeordnete pro Land. Der Bundesrat vertritt die Interessen der Länder im Bund und in der Europäischen Union. Und er entscheidet gemeinsam mit dem Bundestag über neue Gesetze für ganz Deutschland. Es kann passieren, dass im Bundesrat anderen Parteien die Mehrheit haben als im Bundestag. Dann gibt es harte Debatten. Gegen den Willen der Länder geht nichts. Der Bundesrat kann Gesetze am Ende sogar scheitern lassen. Weil die staatlichen Aufgaben zwischen Bund und Ländern verteilt sind und weil Gesetze im Bundestag und im Bundesrat gemacht werden, besteht auch hier eine Form der Gewaltenteilung.
Auch die Städte und Gemeinden in Deutschland werden demokratisch regiert. Ihre Parlamente heißen Stadtrat und Gemeinderat. Der „Regierungschef" einer Stadt oder Gemeinde ist der Oberbürgermeister oder Bürgermeister. An Kommunalwahlen dürfen auch die Bürgerinnen und Bürger der Europäischen Union teilnehmen.

Zu den Landtags- und Bundestagswahlen sind sie aber nicht zugelassen.

Die Ämter und Behörden der Stadtverwaltung regeln alle Angelegenheiten auf der Ebene der Stadt. Das sind z.B. das Einwohnermeldeamt, das Sozialamt, das Bauamt, das Schulamt oder die Ausländerbehörde. Außerdem gibt es städtische Betriebe, z.B. den öffentlichen Nahverkehr oder die Müllabfuhr.

In vielen deutschen Städten und Gemeinden bestehen Ausländerbeiräte. Sie vertreten die Interessen der am Ort lebenden Ausländer. Ihre Mitglieder werden von der ausländischen Bevölkerung direkt gewählt. In den Ausländerbeiträten können sich auch Bürgerinnen und Bürger engagieren, die aus Ländern außerhalb der EU kommen und kein Wahlrecht in Deutschland haben.

Parteien, Verbände, Bürgerinitiativen

Deutschland ist eine Parteiendemokratie. Das politische Leben wird von Parteien bestimmt. Sie beanspruchen, die Interessen der Bürger zu vertreten und stellen sich zur Wahl für das Europa-Parlament, den Bundestag, die Länderparlamente und Gemeinden. Einige sind in ganz Deutschland verbreitet, andere nur in einzelnen Bundesländern. Auf örtlicher Ebene kandidieren auch freie Wählervereinigungen oder parteilose Einzelkandidaten.

Die Sozialdemokratische Partei Deutschlands (SPD) ist die älteste Partei in Deutschland. Sie wurde 1863 in Leipzig gegründet. Die SPD versteht sich noch immer als Partei der sozialen Gerechtigkeit, aber nicht mehr als klassische Partei der Arbeiter. Vom Klassenkampf hat sie sich bereits 1959 mit dem Godesberger Programm verabschiedet. Seitdem bekennt sie sich zur sozialen Marktwirtschaft. Mit knapp 450.000 Mitgliedern ist die SPD eine sehr große Partei. Weil ihre Mitglieder aus unterschiedlichen Schichten der Bevölkerung kommen, und weil die Partei mit ihrem Programm alle ansprechen will, nennt sie sich eine Volkspartei.

Die Christlich-Demokratische Union (CDU) und ihre „Schwesterpartei", die Christlich-Soziale Union in Bayern (CSU) sind 1945 nach dem Zweiten Weltkrieg gegründet worden. Sie sind christlich geprägt, aber überkonfessionell (nicht katholisch, nicht protestantisch). Im Vergleich zu den anderen Parteien vertreten sie eher konservative Werte. Sie stehen für eine soziale Wirtschaftspolitik. Beim Zusammenbruch der DDR 1989/90 unterstützte die CDU den Wunsch der meisten Ostdeutschen für einen schnellen Beitritt der DDR zur BRD vorbehaltlos. Die Regierung (CDU und FDP) unter Bundeskanzler Helmut Kohl erkannte und nutzte die Chance zur Wiedervereinigung Deutschlands. Mit knapp 450.000 Mitgliedern, die aus allen Schichten der Bevölkerung stammen, ist die CDU ungefähr genauso groß wie die SPD und ebenfalls eine Volkspartei.

Die CSU in Bayern hat 145.000 Mitglieder. Bei 12 Millionen Einwohnern in Bayern ist die CSU in einem anderen Sinn eine Volkspartei: Seit Jahrzehnten gewinnt sie alle Bundestags- und Landtagswahlen, z.T. mit absoluter Mehrheit.

Bündnis 90 / Die Grünen sind eine junge Partei, auch wenn es ihre Vorgänger bereits seit den 1980er Jahren gibt. Mit der deutschen Wiedervereinigung 1990 haben sich unter diesem Namen die westdeutsche Partei „Die Grünen" und „Bündnis 90", das Wahlbündnis aus verschiedenen Bürgerbewegungen der späten DDR zusammengeschlossen. Der Umweltschutz, neue Wege der Energiepolitik und eine ökologische Landwirtschaft sind programmatische Themen. Die Partei hat knapp 60.000 Mitglieder.

Die Linke. PDS ist die Nachfolgerin der früheren Sozialistischen Einheitspartei Deutschlands (SED) in der DDR. Nach dem Ende der DDR löste sich die SED auf, um sich sofort als Partei des demokratischen Sozialismus (PDS) neu zu gründen. 2005 ging die PDS mit der westdeutschen „Wahlalternative für soziale Gerechtigkeit" ein Bündnis ein. Auf diese Weise ist die Partei in der ganzen Bundesrepublik vertreten. Die Linke ist eine sozialistische Partei. Sie versteht sich im Spektrum der deutschen Parteien als Opposition. Sie hat ebenfalls knapp 60.000 Mitglieder.

Die Freie Demokratische Partei Deutschlands (FDP) ist die Partei des Liberalismus in Deutschland. Sie wurde 1947 als Demokratische

Partei Deutschlands (DPD) in allen vier Besatzungszonen wiederge-gründet, 1948 als FDP in den drei Westzonen. In der FDP sind tradi-tionell zwei Flügel vertreten: Der politische Liberalismus verteidigt die persönliche Freiheit und die Bürgerrechte gegen jede Form der staatliche Bevormundung. Er ist für eine strikte Trennung von Staat und Kirche. Der wirtschaftliche Liberalismus will den freien Markt und ist gegen zu viele staatliche Regulierungen. Der nationale Libe-ralismus spielt in der FDP von heute keine Rolle mehr. Die FDP hat 56.000 Mitglieder. Als kleine Partei war sie oft der kleinere Koaliti-onspartner in einer Regierung, zuletzt im 2. Kabinett unter Angela Merkel (2009-2013). Zurzeit ist die FDP als Oppositionspartei nur in einigen Landtagen vertreten.

Die Piraten sind eine junge Partei, die sich 2006 als Protestpartei mit einem einzigen Thema gründete. Den Piraten geht es um Chan-cen und Probleme des digitalen Zeitalters: die Abschaffung der Urheberrechte und das Teilen (Sharing) von Inhalten im Internet, aber auch die Bürgerrechte gegen die Überwachung im Netz. Die Piratenpartei ist in vier von 16 Landesparlamenten vertreten. Sie hat 16.300 Mitglieder, vor allem jüngere Leute. Ihr Wahlerfolg hat gezeigt, dass die alten Parteien viele gesellschaftliche Fragen, die mit der digitalen Revolution zusammenhängen, „verschlafen" ha-ben.

Die Alternative für Deutschland (AfD) wurde erst 2013 als Protest-partei gegen die Europäische Union und die Rettung des Euro ge-gründet. Die AfD stand politisch und wirtschaftlich für Positionen eines nationalen Liberalismus. Sie forderte die Möglichkeit, aus dem Euroraum auszutreten. Wahlerfolge ließen die AfD schnell wachsen. 2015 kam es zur Abspaltung des liberalen Flügels. Zurzeit hat die AfD knapp 20.000 Mitglieder. Sie gilt als eine Partei rechts von der CDU / CSU. In Teilen vertritt sie demokratiefeindliche, an-tiwestliche, prorussische und islam- und ausländerfeindliche Positi-onen.
Darüber hinaus bestehen einige kleine Parteien, die nur wenige Hundert Mitglieder haben. Sie werden „Splitterparteien" genannt.

Man lernt sie eigentlich nur in den TV-Spots kennen, die vor den Europa- und Bundestagswahlen im Fernsehen als Wahlwerbung ausgestrahlt werden.

Im Bundestag vertreten sind zurzeit (2016) sechs Parteien: Bündnis 90 / Die Grünen, CDU / CSU, Die Linke und SPD.

Neben den Parteien gibt es zahlreiche Verbände in Deutschland. Verbände sind Organisationen, welche die Interessen einzelner Gruppen in der Öffentlichkeit vertreten. Sie versuchen, auf die Parteien und auf die Regierung Einfluss zu nehmen. Das nennt man Lobbyismus. Es soll allein 5.000 Verbände mit politischen Zielen in Deutschland geben. Verbände und Vereinigungen sind vor allem in fünf Bereichen aktiv: im Wirtschaftsleben und in der Arbeitswelt, im sozialen Bereich, in Kunst, Kultur und Wissenschaft; im Bereich Freizeit, Erholung und Sport und im Bereich der Umwelt und der Gesellschaftspolitik. Große Verbände sind: der Deutsche Gewerkschaftsbund (DGB), die Vereinte Dienstleistungsgewerkschaft (ver.di) und der Deutsche Beamtenbund, welche die Interessen der Beschäftigten vertreten; der Bund der Industriellen (BDI) und die Bundesvereinigung der Deutschen Arbeitgeberverbände (BDA), welche die Interessen der Unternehmer und Arbeitgeber vertreten; der Deutsche Mieterbund (DMB) und der „Paritätische Wohlfahrtsverband", der sich für ärmere Menschen und Behinderte stark macht. Der Deutsche Schriftstellerverband (DSV) ist die Organisation der Schriftsteller. Der Olympische Deutsche Sportbund vertritt die Interessen der Sportler. „Pro Asyl" setzt sich für die Rechte von Flüchtlingen ein, „amnesty international" für die Menschenrechte, der „Bund für Umwelt und Naturschutz Deutschland" (BUND) trägt seine Ziele bereits im Namen.
In vielen Regionen und Orten gibt es darüber hinaus Bürgerinitiativen, die sich für soziale, politische, gesellschaftliche Ziele einsetzen oder ganz bestimmte Projekte voranbringen wollen wie z.B. neue Spielplätze, Grünanlagen oder neue Straßen. Andere Bürgerinitiativen werden gegründet, um bestimmte Projekte zu verhindern. Meistens handelt es sich um Großprojekte des Landes oder des

Bundes, wie z.B. den neuen unterirdischen Hauptbahnhof in Stuttgart, den Standort für ein Atommüll-Endlager, neue Windkraftanlagen oder neue Stromtrassen durch das Land.

Deutschland und Europa

Über Jahrhunderte hindurch war Europa ein Schlachtfeld vieler kleiner und einiger großer Kriege gewesen. Seit dem 14. Jahrhundert kämpften die Republik Venedig sowie Österreich und Russland in den Türkenkriegen gegen die Ausdehnung des Osmanischen Reichs in das christlich geprägte Abendland. Zwischen 1618 und 1648 wütete der Dreißigjährige Krieg, der als Religionskrieg zwischen Katholiken und Protestanten begann, in Europa und ganz besonders in Deutschland. Er entvölkerte ganze Gebiete. In Süddeutschland überlebte nur ein Drittel der Bevölkerung den Krieg. Zwischen den beiden Nachbarn Deutschland und Frankreich herrschte Jahrzehnte lang eine erbitterte Feindschaft. Frankreich hielt unter Napoleon weite Teile Deutschlands besetzt. Zwischen 1870 und 1945 kämpften die beiden Nationen in drei großen Kriegen gegeneinander. Der Erste Weltkrieg (1914-1918) kostete 15 Millionen Tote, der Zweite Weltkrieg (1939-1945) mehr als 50 Millionen Tote. Europa lag in Trümmern. Die Zerstörungen waren gewaltig.

Als am 8. Mai 1945 der Zweite Weltkrieg zu Ende ging, war allen klar: In Europa muss endlich Frieden herrschen. Ein gutes Jahr später rief der Premierminister Großbritanniens, Winston Churchill, im Juni 1946 dazu auf, die Vereinigten Staaten von Europa zu gründen. Diese Gründungsgeschichte ist noch immer nicht abgeschlossen.

Westdeutschland und Frankreich, die beiden größten Länder in Europa, wurden zur „Lokomotive" für die europäische Gemeinschaft. Europa war aber nicht nur ein Projekt von Politikern wie Konrad Adenauer oder Charles de Gaulle. Auch die jungen Leute begeisterten sich für die Idee, das Trennende zwischen den Völkern zu überwinden.

1950 schlug der französische Außenminister Robert Schuman vor, die deutsche und die französische Kohle- und Stahlproduktion einer übernationalen Aufsicht zu unterstellen. Der Schuman-Plan für eine Europäische Gemeinschaft für Kohle und Stahl (EGKS), auch „Montanunion" genannt, gilt als die Geburtsurkunde der Europäischen Union. Der Tag seiner Verkündung (9. Mai) wird deshalb als Europatag gefeiert. Er ist aber kein gesetzlicher Feiertag. Der „Montanunion" gehörten bei ihrer Gründung sechs Staaten an: Belgien, Frankreich, die Bundesrepublik Deutschland, Italien, Luxemburg und die Niederlande.

Im Jahr 1957 gründeten diese sechs Staaten in Rom die Europäische Wirtschaftsgemeinschaft (EWG) und die Europäische Atomgemeinschaft (EURATOM). Die Ziele waren, ein gemeinsamer wirtschaftlicher Markt und der schnelle Ausbau der Kernindustrie. Ein Jahr später wurden der Europäische Gerichtshof (EuGH) und die Europäische Kommission ins Leben gerufen. 1962 vereinbarte man eine gemeinsame Agrarpolitik mit Garantiepreisen und Unterstützungen für die europäischen Bauern gegen die Konkurrenz von außen.

1967 wurden die EGKS, die EWG und die EURATOM zur Europäischen Gemeinschaft (EG) zusammengefasst. 1973 traten Großbritannien, Irland und Dänemark der EG bei. In einer Phase der politischen Entspannung unterzeichneten im Sommer 1975 in Helsinki 33 west- und osteuropäische Staaten, die USA und Kanada die Schlussakte der Konferenz für Sicherheit und Zusammenarbeit in Europa (KSZE), darunter auch die Deutsche Demokratische Republik (DDR). Dies gab der Opposition in den sozialistischen Ländern Hoffnung auf mehr Demokratie. 1979 wurden die Abgeordneten des Europäischen Parlaments zum ersten Mal direkt gewählt. Sein Sitz ist in Straßburg. In den 1980er Jahren erweiterte sich die EG nach Süden: Griechenland (1981), Spanien und Portugal (1986) traten bei. Nach dem Vertrag von Maastricht wurde 1993 die Europäische Union (EU) gegründet. Die zwölf Mitgliedsstaaten verabredeten die Schaffung einer Wirtschafts- und Währungsunion, eine EU-Bürgerschaft mit EU-weitem Aufenthaltsrecht und Wahlrecht bei den Kommunal- und Europawahlen, sowie eine gemeinsame Außen- und Sicherheitspolitik und überhaupt eine engere Zusammenarbeit in Europa.

Schon 1985 hatten einige Mitgliedsstaaten der EU die wechselseitigen Kontrollen an ihren Staatsgrenzen abgebaut. Sie wollten damit die Freizügigkeit ihrer Bürger erhöhen. Den Anfang machten Deutschland und Frankreich. Bald beteiligten sich auch Belgien, die Niederlande und Luxemburg. Später kamen noch Portugal und Spanien dazu. Diese Staaten wurden „Schengen-Staaten" genannt, nach dem Ort Schengen (Luxemburg), wo man die Vereinbarung getroffen hatte. Zehn Jahre später gehörten außer Großbritannien und Irland alle EU-Staaten zum Schengen-Raum. Das bedeutet: Auf dem Kontinent fielen die Grenzkontrollen weg, und es galt Freizügigkeit. Nun bestand die Notwendigkeit, die Außengrenzen Europas zu sichern. Mit dem Schengener Abkommen (1995) wurde die Kontrolle der Außengrenzen geregelt. Im selben Jahr traten Finnland, Schweden und Österreich der EU bei. Nur Norwegen, Island und die Schweiz sind keine EU-Mitglieder.

1999 wurde die Währungsunion beschlossen und 2002 der EURO als neue gemeinsame Währung eingeführt. Ab 2004 begann die Osterweiterung der EU durch den schnellen Beitritt von zehn Staaten. Zypern, die Tschechische Republik, Estland, Ungarn, Lettland, Litauen, Malta, Polen, die Slowakei und Slowenien gehören seitdem zur EU. Es folgte in einem zweiten Schritt Bulgarien und Rumänien (2007) und in der dritten Phase Kroatien (2013). Den neuen Mitgliedsstaaten brachte die Osterweiterung der EU enorme wirtschaftliche Vorteile. Die Verhandlungen mit der Türkei (seit 2005) führten noch nicht zu einem Beitritt. Streitpunkte sind Zypern und die Missachtung der Menschenrechte in der Türkei. 2009 gab sich die EU ein Außenministerium (die Hohe Vertreterin für Außen- und Sicherheitspolitik der EU) und einen Europäischen Auswärtigen Dienst (EAD) für die EU-Diplomatie.

Europa startete erfolgreich als Wirtschafts- und Sicherheitsgemeinschaft. Als politische und als kulturelle Gemeinschaft wurde Europa in den Reden von Politikern zwar oft beschworen. Aber die Wirklichkeit ist komplizierter. Die Mitgliedsstaaten sorgen sich um ihre Eigenständigkeit und um die Vielfalt der nationalen Kulturen. Die Bereitschaft, politische Macht „nach Brüssel" abzugeben und sich unterzuordnen, ist nicht überall gleich groß. Zwei wichtige Stationen auf dem Weg zu einem vereinigten Europa scheiterten: Die Idee einer Verteidigungsgemeinschaft wurde 1958 abgelehnt. Auch eine gemeinsame europäische Verfassung kam zunächst nicht zustande. 2007 lehnten die Franzosen und Niederländer den Verfassungsentwurf aus dem Jahr 2004 in Volksabstimmungen ab. Erst 2009 wurde in Lissabon ein Reformvertrag verabschiedet. Seit 2008 erlebt die EU harte Prüfungen. Die globale Finanzkrise, die durch die Banken-Pleite in den USA ausgelöst wurde, zwang die EU-Staaten, ihre eigenen Banken mit Notkrediten zu retten. Obwohl sie es eigentlich nicht darf, kauft die Europäische Zentralbank (EZB) seit 2010 Staatsanleihen von überschuldeten Staaten, um Staatspleiten zu verhindern. Und die EU gibt Finanzhilfen für Griechenland, Irland, Portugal und Spanien, für Griechenland mehrfach. Man nennt sie „Euro-Rettungsschirme". Sie sollen verhindern, dass die EU auseinanderbricht. Die größte Herausforderung für die Europäische Union aber ist in der Gegenwart die Frage, ob und wie die Zuwanderung der Flüchtlinge von allen Mitgliedsländern gemeinsam gelöst werden kann. In den Krisen der Gegenwart wird besonders deutlich: Wirtschaftlich und politisch ist die Union nicht im Gleichgewicht. Vor allem fehlt ein europäischer Sozialstaat. Denn die Standards der Sozialpolitik sind in den einzelnen Mitgliedsländern sehr unterschiedlich.

<u>Kritische Töne</u>

Das Projekt Europa hat nicht nur Fans und Freunde, sondern auch Kritiker und Gegner. Der Ausbau der europäischen Bürokratie, teure Subventionen und ein Übermaß an Regeln wurden schon früh als belastend empfunden. Ein Stück der nationalen Souveränität an europäische Institutionen abzugeben, ist für viele Regierungen schwierig, und auch fragwürdig, weil die Europäische Kommission als „Regierung von Europa" nicht demokratisch gewählt, sondern ernannt wird. Über die Frage, was die EU besser entscheiden kann und was viel besser von den einzelnen Staaten entschieden wird (Subsidiaritätsprinzip), gibt es oft Auseinandersetzungen. Außerdem fühlen sich einzelne Mitgliedsstaaten der EU finanziell ungerecht belastet. Sie glauben, sie bezahlten im Vergleich zu anderen zu viel Geld und hätten zu wenig Vorteile daraus (die „Nettozahler-Debatte"). Berühmt wurde der Auftritt der britischen Premierministerin, Margret Thatcher, beim EU-Gipfeltreffen in Fontainbleau, 1984. „I want my money back!" Sie handelte damit für Großbritannien einen Rabatt bei den Beitragszahlungen aus. Gegenwärtig diskutiert Großbritannien über den Austritt aus der EU. Inzwischen hat sich Großbritannien in einem Referendum für den Austritt aus der Europäischen Union entschieden. Eine Mehrheit der Briten stimmte für den „Brexit".

In vielen europäischen Ländern wurde lange die Meinung vertreten, das Parlament und die Kommissionen der EU seien vor allem dazu da, ausgediente Politiker aus den Mitgliedsländern mit gut bezahlten Posten zu versorgen. Inzwischen sieht man EU-Politiker vor allem in der Rolle von Krisenmanagern.

Seit der europäischen Finanz- und Schuldenkrise wird die Kritik an der EU schärfer. Man sagt: Das Tempo der EU-Erweiterung war zu schnell, manche neuen Mitgliedsstaaten waren bei der Einführung des Euro wirtschaftlich nicht stabil. Und es gibt keine Möglichkeit, einen Mitgliedsstaat aus der EU zu entlassen. Viele Menschen in Europa glauben nicht so recht daran, dass die europäische Kultur und die europäischen Werte, die von Politikern oft beschworen werden, die EU zusammenhalten werden, sondern dass es am Ende allein die Wirtschaft und gemeinsame Sicherheitsinteressen sind. Und über beides wird zurzeit heftig gestritten.

<u>Deutschlands Rolle in der Mitte Europas</u>
Das Erstaunlichste ist vielleicht, dass Deutschland politisch und wirtschaftlich heute so stark ist. Bei der Vorgeschichte der letzten hundert Jahre konnte das niemand erwarten. Deutschland begann und verlor zwei Weltkriege, es entfachte eine Welle der Zerstörung in Europa und beschädigte seine eigenen Möglichkeiten und Perspektiven für viele Jahre. In den 1920er Jahren wurde Deutschland zum Schauplatz extremistischer Ideologien. Die erste Diktatur (1933-1945) vertrieb große Teile der deutschen Elite aus dem Land, verübte mit der Vernichtung der europäischen Juden eines der

größten Verbrechen gegen die Menschheit und stand danach außerhalb der Gemeinschaft der Völker. Das Land verlor nach 1945 ein Drittel seines Territoriums, wurde geteilt und in der Teilung zum Sinnbild des Kalten Krieges: Durch Deutschland verlief die Grenze zwischen der freien Welt im Westen und dem sowjetischen Einflussbereich im Osten. Die zweite Diktatur (1949-1990) in Ostdeutschland hatte besonders stark unter den sowjetischen Reparationen zu leiden, sie führte die Planwirtschaft ein und verstaatlichte die Betriebe. Der Mangel an Demokratie setzte eine riesige Flüchtlingswelle junger, gut ausgebildeter Leute in den Westen und politischer Gegner in Gang und führte dazu, dass das Land regelrecht ausblutete.

Im Westen wurden zwei Zugpferde der deutschen Wirtschaft europäisiert und damit „gezähmt": die deutsche Schwerindustrie und die starke Währung, die D-Mark. Mit dem Beitritt zur „Montanunion" (1952) verpflichtete Westdeutschland sich, die Produktion von Kohle und Stahl zusammen mit den anderen Mitgliedsländern, abzustimmen und die nationalen Rüstungsindustrien in internationale Verträge einzubinden. Die zweite Weichenstellung für Europa war die schnelle Herstellung der europäischen Währungsunion und damit die Abschaffung der nationalen Währungen. Die Stärkung Europas durch eine gemeinsame Währung war die Bedingung dafür, dass Frankreich und Großbritannien als ehemalige Sieger des Zweiten Weltkriegs, der deutschen Wiedervereinigung (1990) zustimmen konnten. Viele Zeitgenossen glaubten kurz danach, Deutschland wäre mit dem Erbe der sozialistischen Diktatur überfordert. Denn die ostdeutsche Wirtschaft offenbarte nach dem Ende der DDR eine erschreckende Bilanz. Doch hundert Jahre nach Beginn des Ersten Weltkrieges (1914) ist Deutschland ökonomisch und technologisch das stärkste Land in Europa, nicht aber militärisch. Diese Tatsache ruft unterschiedliche Erwartungen und Reaktionen hervor. So wird von Deutschland einerseits politische Führungsstärke in Europa verlangt, andererseits wird tatsächliche Führung schnell als neues deutsches Machtstreben kritisiert.

7.   Der deutsche Sozialstaat

In der Verfassung steht: Deutschland ist ein demokratischer und sozialer Bundesstaat (Art. 20). Unter der Demokratie und unter einem Bundesstaat können wir uns inzwischen etwas vorstellen. Aber was bedeutet „sozial", wenn es um den Staat geht? Als Sozialstaat wird ein Staat bezeichnet, der die soziale Gerechtigkeit zum Ziel hat und auch verwirklicht. Dadurch soll extreme soziale Ungleichheit verhindert werden. Und der soziale Frieden in der Gesellschaft soll gewahrt werden. Der Sozialstaat in Deutschland hat die Aufgabe, finanziell oder anders Benachteiligte, Kranke oder schutzbedürftige Personen zu unterstützen. Der deutsche Staat und die Politik müssen die Prinzipien der sozialen Gerechtigkeit jederzeit beachten. Denn die Sozialstaatlichkeit gehört wie die Menschenwürde und die Menschenrechte zu den garantierten Grundrechten. Sie kann nicht geändert oder aus der Verfassung entfernt werden.

Erfolgsmodell: „Soziale Marktwirtschaft"

Freie Marktwirtschaft heißt Wettbewerb. Ihr Motor ist der Gewinn. Es gibt Privateigentum, ein Bank- und Steuergeheimnis, freie Berufs- und Arbeitsplatzwahl, und der Geldverkehr ist frei. Alles dreht sich um den Preis. Und der Preis hängt von Angebot, Überangebot oder Mangel auf der einen Seite und von der Nachfrage auf der anderen Seite ab. In der freien Marktwirtschaft gibt es vor allem private Unternehmen und Betriebe und wenige oder gar keine staatlichen Betriebe. Der ideale Zustand in der Marktwirtschaft sind gute Beschäftigung und wenig Arbeitslose, stabile Preise und Wirtschaftswachstum.

Da Deutschland sich am Sozialstaatsprinzip orientiert, herrscht hier zwar die freie Marktwirtschaft, aber nicht in ihrer ungebremst kapitalistischen Variante. Das „freie Spiel der Kräfte" des Marktes ist in einigen Bereichen eingeschränkt. Entwickelt in den 1950er Jahren wurde die „soziale Marktwirtschaft" zum Motor des wirtschaftlichen Aufschwungs in Deutschland, der als „ Wirtschaftswunder" bekannt wurde. Die Grundsätze dieses Erfolgsmodells gelten noch heute. Eine Lenkung der Wirtschaft durch den Staat findet nicht statt. Das Recht auf Eigentum ist ein Grundrecht. Unternehmen sind in ihren Entscheidungen frei. Aber der Staat überwacht die Einhaltung des Wettbewerbs. Kartelle (Zusammenschlüsse oder Vereinbarungen von Unternehmen), die dann die Preise bestimmen können, werden verhindert. Andere Absprachen und Strategien, die den Wettbewerb zwischen Konkurrenten verzerren, werden unterbunden. Der Staat achtet auch auf die Rechte der Arbeitnehmer. So gibt es Gesetze zum Kündigungsschutz, zum Jugend- und Mutterschutz. Diese Gesetze verbieten, dass Arbeitnehmer plötzlich entlassen werden oder unzulässig lange arbeiten müssen. Auch greift der Staat überall dort ein, wo es um allgemeine oder um nationale Interessen geht: bei der Gesundheit, beim Ausbau der Infrastruktur, im Wohnungsbau, beim Umweltschutz, in der Bildung, Forschung und Entwicklung und nach der Wende (1990) bei der Strukturförderung der neuen Länder. Er wird selbst aktiv oder er setzt Anreize für private Unternehmen, sich zu engagieren. Die freie Marktwirtschaft soll nach der Verfassung dort enden, wo ausschließlich die wirtschaftlichen Interessen einzelner oder Gruppeninteressen verfolgt werden. Denn dann wird sie unsozial.

In der deutschen Gesellschaft, in den Kirchen aber auch in den politischen Parteien ist eine negative Haltung gegenüber dem Kapitalismus verbreitet. Kritische Töne kommen nicht nur von den Linken. 2005 löste die SPD eine Debatte über die Finanzwirtschaft und ihre Strategien der Gewinnmaximierung aus. Man sprach von „Heuschrecken", die über Unternehmen herfielen und verurteilte dieses Handeln als unmoralisch. Den Unternehmen, die in Deutschland staatliche Subventionen einstrichen, und danach trotzdem an kostengünstigere Standorte nach Osteuropa umzogen, warf man „Karawanenkapitalismus" vor.

Das Misstrauen gegenüber dem Kapitalismus kommt auch in der Verfassung zum Ausdruck. Dort steht: „Eigentum verpflichtet. Sein Gebrauch soll zugleich dem Wohle der Allgemeinheit dienen." (Art. 14). Das Gemeinwohl (der Nutzen für alle) ist in der sozialen Marktwirtschaft also genauso wichtig wie das Recht des Einzelnen auf seinen Vorteil. Anders gesagt: Wer etwas besitzt, trägt eine Verantwortung dafür, wie er damit umgeht. Grobe Missstände werden von der staatlichen Sozialpolitik und von den Systemen der sozialen Sicherung aufgefangen und abgefedert.

Der Staat darf Eigentümer von Grundstücken und Immobilien sogar enteignen, aber nur zum Wohle der Allgemeinheit. Dazu braucht es aber ein entsprechendes Gesetz. Außerdem muss der Eigentümer entschädigt werden (Art. 14). Grund und Boden, Naturschätze oder Produktionsmittel können ebenfalls durch ein Gesetz in Gemeineigentum überführt werden (Art. 15). Das sind aber nur die äußersten Mittel des Staates. Er wird bei staatlichen Bauprojekten wie neuen Autobahnen oder Bahntrassen immer versuchen, Grundstücke und Immobilien von den Eigentümern zu kaufen. Bis jetzt sind Enteignungen in der Bundesrepublik nicht vorgekommen. Zwar wurde in der Finanzkrise 2009 ein Gesetz beschlossen, das die Enteignung von Banken erlaubte, wenn ein drohender Bankrott die Stabilität der gesamten Wirtschaft gefährdete. Doch das Gesetz wurde nicht angewendet, weil die Verstaatlichung der betroffenen Bank auch ohne Enteignung gelang. Die Frist verstrich ungenutzt. Beschlagnahmungen sind leichter möglich. Sie sind bislang aber ebenfalls selten. Mit der Zuwanderung vieler Flüchtlinge in kurzer Zeit haben deutsche Städte und Landkreise 2015 einige leerstehende Gebäude beschlagnahmt, um darin Unterkünfte einzurichten.

Auslaufmodell Planwirtschaft

Der Gegensatz zur Marktwirtschaft ist die sozialistische Planwirtschaft. Die Planwirtschaft herrschte bis zum Zusammenbruch der Sowjetunion und des Ostblocks (1990) in allen sozialistischen Staaten und bis zur deutschen Vereinigung (1990) auch in der DDR. Dort wurde alles vom Staat zentral geplant und kontrolliert. Die meisten selbständigen Unternehmer wurden in den 1950er Jahren nahezu ohne Entschädigung enteignet. Es gab vor allem Staatsbetriebe, die „Volkseigene Betriebe" (VEB) genannt wurden und nur ganz wenige Privatbetriebe. In der Landwirtschaft wurden die landwirtschaftlichen Güter des Adels enteignet und neu aufgeteilt, kurz danach wurden die Bauernhöfe zwangsweise kollektiviert (verstaatlicht) und zu großen Einheiten, den „Landwirtschaftlichen Produktionsgenossenschaften (LPG) zusammengefasst. Auch die Grundstücke entlang der deutsch-deutschen Grenze und der Berliner Mauer wurden enteignet. Die freie Wahl des Berufs und des Arbeitsplatzes war eingeschränkt. Faktisch herrschte eine Arbeitspflicht für alle, auch wenn es nicht für alle etwas zu tun gab. Auf diese Weise wurde Arbeitslosigkeit verdeckt. Produziert wurde nach Plan und nicht nach Bedarf. Die Preise und die Löhne und Gehälter wurden vom Staat festgesetzt. Das Wirtschaftssystem war einer der wichtigsten Gründe für den Zusammenbruch der DDR. Für die Ostdeutschen war die Planwirtschaft mit ihren stark eingeschränkten Konsummöglichkeiten schon lange ein Auslaufmodell gewesen. Planwirtschaft in reiner Form gibt es heute eigentlich nur noch in Nordkorea. Aber einzelne Elemente der Planwirtschaft sind auch in anderen Ländern zu finden, z.B. in Kuba, Simbabwe, Eritrea oder Venezuela.

Solidaritätsprinzip und Generationenvertrag

Deutschland ist eine ziemlich solidarische Gesellschaft. Wer unverschuldet in Not gerät oder aus anderen Gründen benachteiligt oder schutzbedürftig ist, dem wird geholfen.

Rentnerinnen und Rentner, die eine sehr kleine Rente bekommen, erhalten eine „Grundsicherung im Alter". Wer in der Zeit der Arbeitslosigkeit keinen Job findet, kann unter bestimmten Bedingungen „Hartz IV" beantragen. Wer bedürftig ist und nicht arbeiten kann, erhält Sozialhilfe.

Die Sozialversicherungen sind nach dem Solidaritätsprinzip und bis auf die Arbeitslosenversicherung nach dem Umlageverfahren aufgebaut. Für die Krankenversicherung heißt das: Alle Beschäftigten, die angestellt sind, sind in einer der gesetzlichen Krankenversicherungen pflichtversichert. Sie bezahlen ihre Beiträge, die sich nach der Höhe ihres Einkommens richten. Wer eine bestimmte medizinische Behandlung benötigt, bekommt sie auch. Niemand beschwert sich, wenn manche Kranken eine teure Behandlung brauchen und andere Menschen nur selten zum Arzt gehen müssen. Noch funktioniert die Solidarität aller Versicherten bei der medizinischen

Grundversorgung. Viele Menschen schließen aber private Zusatzversicherungen für Extra-Leistungen ab.

Unter dem „Umlageverfahren" der Sozialversicherungen versteht man folgendes: Wer Beiträge bezahlt, spart sie nicht wie auf einem Bankkonto an, um später auf sie zurückzugreifen. Vielmehr werden aus den Beiträgen, die heute eingezahlt werden, die Versicherungsleistungen bezahlt, die heute gebraucht werden. In der Rentenversicherung nennt man das den „Generationenvertrag", obwohl es sich nicht um einen schriftlichen Vertrag handelt. Das bedeutet: Die Beschäftigten von heute bezahlen mit ihren Beiträgen die Renten der heutigen Rentnergeneration. Und die Generation, die heute arbeitet, wird ihre Rente von der nächsten Generation erhalten. Zurzeit liegt die durchschnittliche Rente bei 1.237 €, aber nur wenn man 45 Jahre lang Beiträge in die Rentenkasse gezahlt hat und gut verdient hat. Das Umlageverfahren, also der „Generationenvertrag" in der Rente, wurde 1947 eingeführt. Damals gab es genügend jüngere Leute, die für die ältere Generation sorgen konnten. Außerdem wurden die Menschen nicht so alt wie heute. Seit Mitte der 1960er Jahre werden viel weniger Kinder geboren, und die Menschen leben länger. Bald werden also immer weniger Jüngere für immer mehr Rentner sorgen müssen. Deshalb wurde das Rentenalter gerade von 65 auf 67 erhöht. Auch sollten die Menschen zusätzlich eine private Rentenversicherung abschließen. Manche Experten sagen, dass dies noch nicht ausreichen wird. Vielleicht kommt demnächst die Rente erst mit 70.

Das Versicherungsprinzip

Als Sozialstaat hat Deutschland in der Welt einen guten Ruf. Schon Ende des 19. Jahrhunderts wurden Sozialgesetze und Versicherungen eingeführt, die zum ersten Mal auch Arbeiter gegen die Krankheit, Unfälle, Alter und Invalidität, also gegen die „Risiken des Lebens" absichern sollten: die Krankenversicherung (1883), die Unfallversicherung (1884), die Renten- und Invalidenversicherung (1889). Ihr Erfinder war der Reichskanzler Otto von Bismarck (1815-1898). Die „Bismarck'sche Sozialgesetzgebung" legte den Grundstein für den heutigen Sozialstaat. Seit vielen Jahrzehnten gilt die allgemeine gesetzliche Krankenversicherung für alle, die als Arbeiter und Angestellte beschäftigt sind, für ihre Familien und für die Mehrheit der Rentner. Angestellte mit einem hohen Einkommen, Freiberufler und Selbständige und Beamte schließen eine private Krankenversicherung ab. Anders als in den USA gibt es in Deutschland nur ganz wenige Menschen, die keine Krankenversicherung haben. Zur Krankenversicherung ist 1995 die Pflegeversicherung als Pflichtversicherung gekommen, weil die Zahl der Menschen, die im Alter Pflege brauchen, seit einigen Jahren stark anwächst. Die Beiträge zur Kranken- und Pflegeversicherung werden zur Hälfte von den Beschäftigen und zur anderen Hälfte von den Arbeitgebern bezahlt. Weil die Pflege sehr teuer werden kann, deckt die Pflegeversicherung nur einen Teil der Kosten. Den größeren Teil der Ausgaben müssen die Menschen selbst tragen.

Außerdem gibt es noch die Arbeitslosenversicherung. Sie ist eine echte Versicherung. Das heißt: Von der Höhe der Beiträge und der Dauer der Einzahlungen, hängt ab, wie viel und wie lange man Arbeitslosengeld I bekommt. Arbeiter und Angestellte müssen einen kleinen Teil des Lohns oder Gehalts in die gesetzliche Arbeitslosenversicherung einzahlen. Der Beitrag wird automatisch abgezogen. Selbständige können sich freiwillig gegen Arbeitslosigkeit versichern, indem sie ebenfalls Beiträge entrichten. Wenn man mindestens zwölf Monate in diese Versicherung einbezahlt hat und dann arbeitslos wird, bekommt man eine Zeit lang Arbeitslosengeld I. Wer danach keinen neuen Job gefunden hat, kann Arbeitslosengeld II, auch Hartz IV genannt, beantragen, muss aber nachweisen, dass seine Ersparnisse aufgebraucht sind. Denn Hartz IV wird nicht aus den Beiträgen zur Arbeitslosenversicherung bezahlt, sondern aus allgemeinen Steuern.

Arm und Reich

Deutschlands Wirtschaft ist die stärkste in Europa. Aus diesem Grund ist Deutschland ein reiches Land. Der Sozialstaat funktioniert im großen Ganzen. Auch die Ärmsten können in Deutschland mit der Grundsicherung überleben. Aber die Einkommen und das Vermögen im Lande sind ungleich verteilt. Spitzengehälter stehen

Mindestlöhnen gegenüber. In den letzten beiden Jahrzehnten öffnete sich die Schere zwischen Arm und Reich. Das bedeutet, immer weniger Menschen haben am wachsenden Wohlstand im Land teil. Die Zahl der Armen oder beinahe Armen wächst. Doch wer gilt als arm? Im reichen Deutschland zählen alle, deren Einkommen sechzig Prozent unter dem deutschen Durchschnittseinkommen (das Einkommen aller Deutschen geteilt durch die Anzahl der Personen) liegt, zu diesem Personenkreis. In Euro ausgedrückt sind für einen Single etwa 1.000 Euro netto im Monat die Grenze zur Armut (2015). In anderen Gegenden der Welt könnte man mit einem solchen Betrag ein sehr gutes Leben führen. Armut ist relativ. Das bedeutet: Man muss immer den Zusammenhang betrachten. Ungefähr jeder sechste in Deutschland (gut 15 Prozent der Bevölkerung) gilt nach dieser Definition als arm oder lebt an der Armutsgrenze. Darunter sind besonders viele alleinerziehende Mütter mit ihren Kindern. Als reich können 3,4 Prozent der Bevölkerung gelten, als wohlhabend 16,4 Prozent, zusammen also 20 Prozent oder jeder Fünfte im Land. Wahr ist aber auch, dass die Reichen und Wohlhabenden fünfzig Prozent aller Steuern und Sozialabgaben bezahlen. Auch die Verteilung der privaten Vermögen ist in Deutschland extrem ungleich. Die einen haben Millionen auf der „hohen Kante", die anderen gar keine Ersparnisse. Und manche haben nur Schulden. Ein Prozent der Bevölkerung verfügt über ein Drittel des privaten Vermögens in Deutschland. Während mehr als jeder Vierte (27 Prozent) gar kein Vermögen oder sogar Schulden hat. Die ärmere Hälfte der Deutschen (also 50 Prozent) besitzt nur 2,5 Prozent des gesamten Privatvermögens.

Sozialpartner

Die Verfassung garantiert jedermann und allen Berufen das Recht, „Vereinigungen zur Wahrung und Förderung der Arbeits- und Wirtschaftsbeziehungen" zu bilden. (Art. 9) Damit sind die Gewerkschaften und die Arbeitgeberverbände als Interessenvertretungen von Arbeit und Kapital gemeint. Dieses Recht nennt man „Koalitionsfreiheit". Viele Beschäftigte und die meisten Unternehmer machen von diesem Recht Gebrauch. Die Gewerkschaften und Arbeitgeberverbände handeln für ihre Branchen und Berufsgruppen Löhne und Gehälter, die Arbeitszeit, die Zahl der Urlaubstage und andere Arbeitsbedingungen aus, ohne dass sich Dritte einmischen (Tarifautonomie). Die Ergebnisse werden in Tarifverträgen festgehalten, die für eine bestimmte Zeit gelten. Danach wird neu verhandelt. Wenn keine Einigkeit erzielt wird, dann rufen die Gewerkschaften ihre Mitglieder zum Streik auf. Die Unternehmerverbände können zur Aussperrung der Beschäftigten aufrufen, was aber in den letzten Jahrzehnten nicht mehr vorgekommen ist. Wenn sich die Verhandlungen festgefahren haben, gibt es die Möglichkeit einen neutralen Vermittler als Schlichter einzuschalten. Seine Aufgabe ist es, den Streit zu beenden und einen Kompromiss zu finden, dem beide Parteien zustimmen können. Obwohl die Gewerkschaften und die Arbeitgeberverbände eigentlich Gegner sind, nennen sie sich Tarifpartner.

In Betrieben und Unternehmen mit mehr als fünf Beschäftigten gibt es das Recht der betrieblichen Mitbestimmung. Die Beschäftigten dürfen einen Betriebsrat wählen. Ab 21 Beschäftigten besteht der Betriebsrat aus mehreren Kolleginnen oder Kollegen. Der Betriebsrat vertritt die Rechte der Beschäftigten und muss über wichtige betriebliche Angelegenheiten informiert werden. In manchen Fragen muss er angehört werden und in einigen Fragen, die das Unternehmen betreffen, darf der Betriebsrat mitbestimmen.

Der Betriebsrat und die Unternehmensleitung sollen zum Wohl der Beschäftigten und des Betriebes vertrauensvoll zusammenarbeiten. Früher waren sie erbitterte Gegner im Klassenkampf. Heute leisten sie einen wichtigen Beitrag dazu, dass die soziale Marktwirtschaft funktioniert. Die Interessenvertretungen der Arbeitnehmer und Unternehmer werden deshalb auch als Sozialpartner bezeichnet.

Das Arbeitsrecht

Die Arbeiter und Angestellten, also die Beschäftigten (Arbeitnehmer), aber auch die Unternehmer (Arbeitgeber) haben bestimmte Rechte und Pflichten, die im individuellen Arbeitsrecht festgelegt sind. Es gibt z.B. allgemeine Gesetze zum Arbeitsschutz. Darin sind die maximale Länge der Arbeitszeit, zulässige Überstunden und vorgeschriebene Pausen geregelt, aber auch ein besonderer Schutz für Jugendliche unter 18 Jahre und für schwangere Frauen. In einem schriftlichen Arbeitsvertrag, der zwischen dem Arbeitgeber und dem Arbeitnehmer bei der Einstellung geschlossen wird, verpflichtet sich der Beschäftigte, abhängige Arbeit zu leisten und dem Unternehmen gegenüber loyal zu sein (Treuepflicht). Der Arbeitgeber verpflichtet sich, die geleistete Arbeit wie vereinbart zu bezahlen, und gegenüber dem Beschäftigten eine Fürsorgepflicht wahrzunehmen. Im Arbeitsvertrag steht auch, um welche Tätigkeit es sich genau handelt und wie hoch der Lohn oder das Gehalt dafür ist. Die Dauer der Probezeit und die Bedingungen der Kündigung sind ebenfalls aufgenommen. Man kann auch besondere Regelungen, z.B. zur Gehaltserhöhung, im Arbeitsvertrag vereinbaren. Trotzdem gibt es manchmal Streit darüber, was ein Unternehmer von seinen Beschäftigten verlangen darf und welche Rechte umgekehrt die Beschäftigten haben. Prozesse zwischen Arbeitnehmern und Arbeitgebern werden vor einem Arbeitsgericht verhandelt.

8. In Deutschland leben

Krippe, Kindergarten, Schule

Babys und Kleinkinder im Alter bis zu drei Jahren können in Deutschland eine Krippe besuchen. Da es weniger Krippenplätze gibt, als gebraucht werden, werden in manchen Regionen alleinerziehende berufstätige Mütter bei der Vergabe eines Platzes bevorzugt. Ab drei Jahre bis zum Schuleintritt können Kinder einen Kindergarten besuchen. Auch der Besuch des Kindergartens ist freiwillig. In den letzten Jahren hat die vorschulische Erziehung große Fortschritte gemacht. Die Ausbildung der Erzieherinnen und Erzieher wurde anspruchsvoller. Im Kindergarten werden die Kinder in kleinen Gruppen in ihrer Entwicklung gefördert und lernen auf spielerische Weise schon viel: körperliche Geschicklichkeit, Selbstbewusstsein unter Gleichaltrigen, Wissen über die Natur, Deutsch zu sprechen und Geschichten zu erzählen. Am Ende kennen viele

Kindergartenkinder bereits die Zahlen und können ihren eigenen Namen schreiben. Auf den Kindergarten folgt die Schule.

Die Schule soll Kindern und Jugendlichen grundlegendes Wissen und Fertigkeiten vermitteln, ihre Talente und ihre Persönlichkeit fördern, ganz gleich woher sie kommen, welcher Religion sie angehören, welche kulturellen Bindungen ihre Familien haben und welche Traditionen sie pflegen. Alle Versuche der politischen und ideologischen Propaganda oder der religiösen Missionierung sind untersagt. Die Schule ist der Ort, an dem sich die kritische Urteilsfähigkeit von Kindern und Jugendlichen, aber auch die Fähigkeit zur Toleranz bildet. In der Schule sind Kinder und Jugendliche frei zu denken, was sie wollen und auch zu tun, was sie wollen, solange sie die Rechte der anderen respektieren und die schulischen Regeln einhalten. Der Religionsunterricht ist als ordentliches Lehrfach ein Angebot innerhalb des regulären Schulunterrichts. Auf Wunsch der Eltern können Kinder vom Religionsunterricht befreit werden. Mit vierzehn Jahren gelten Jugendliche als religionsmündig. Dann können sie selbst entscheiden, ob sie am Religionsunterricht teilnehmen wollen oder nicht. Nur in Bayern und im Saarland brauchen sie dafür das Einverständnis der Eltern bis sie volljährig (18 Jahre) sind. Anstelle des Religionsunterrichts nehmen sie am Ethikunterricht teil. An den Schulen in Berlin wird seit den 1980er Jahren das Fach „Humanistische Lebenskunde" angeboten, in Brandenburg seit 2007. Es ist als freiwillige Alternative zum Religionsunterricht gedacht. Im Mittelpunkt stehen Werte wie Verantwortung, Selbstbestimmung und Toleranz ohne religiöse Begründungen. Auch in den alten Bundesländern werden für alle, die nicht am Religionsunterricht teilnehmen, religiös neutrale Fächer angeboten: z.B. „Ethik", „Werte und Normen" (Niedersachsen) und „Praktische Philosophie" (NRW).

Schülerinnen und Schüler tragen an staatlichen Schulen und auch an den meisten Privatschulen keine Schuluniformen. Obwohl das Thema gelegentlich diskutiert wird, lehnt die Mehrheit der Bevölkerung eine einheitliche Kleidung für Kinder und Jugendliche ab. Schuluniformen werden mit militärischer Disziplin und ideologischer Propaganda verbunden. Beides widerspricht dem Verständnis darüber, was die Schule sein soll und weckt schlechte Erinnerungen: Im „Dritten Reich" (1933-1945) und in der DDR (1949-1990) wurden die Jungen und Mädchen in politischen Jugendorganisationen zusammengefasst und ihnen war eine bestimmte Uniform vorgeschrieben.

In der Regel kommen die Kinder mit sechs Jahren in die Grundschule. Frühestens ist der Schuleintritt mit fünf Jahren möglich, wenn die Eltern das wollen, allerspätestens muss er mit sieben Jahren erfolgen. Vier Jahre lang besuchen die Kinder die Grundschule, die auch Primarstufe genannt wird. Dann verzweigt sich das Bildungssystem. Weil die Bildungs- und Schulpolitik eine Aufgabe der Bundesländer ist, gibt es von Land zu Land Unterschiede. In einigen Bundesländern folgt auf die Grundschule (vier Jahre) ein dreigliedriges Schulsystem: die Hauptschule (weitere fünf Jahre), die Realschule (weitere sechs Jahre) und das Gymnasium (weitere acht oder neun Jahre). Die Kinder gehen also je nach Schulform, die sie besuchen, neun, zehn oder zwölf bzw. dreizehn Jahre zur Schule. Manchmal sind alle drei Zweige (Haupt-, Realschule und Gymnasium) bis zum zehnten Schuljahr zusammengefasst in einer Gesamtschule der Sekundarstufe I. Auf die folgt dann die gymnasiale Oberstufe, die auch Sekundarstufe II heißt. In manchen Ländern wurden die alte Haupt- und Realschule abgeschafft und zur Mittelschule zusammengefasst. Für Kinder mit besonderen Lernschwächen oder körperlichen Behinderungen gibt es besondere Kindergärten und Schulen, die meist „Förder- oder Sonderkindergarten" und „Förder- oder Sonderschule" heißen. Es gibt auch Integrationsschulen, an denen Behinderte und Nichtbehinderte gemeinsam unterrichtet werden. Wer neu in Deutschland ist oder von einem Bundesland in ein anderes umzieht, empfindet das Schulsystem manchmal als verwirrend.

Die Hauptschule wird mit dem einfachen Hauptschulabschluss nach insgesamt neun Schuljahren beendet. Die meisten Bundesländer bieten eine besondere Prüfung in der 9. Klasse an. Wenn man die mit einem bestimmten Notendurchschnitt besteht, hat man den

„Qualifizierenden Hauptschulabschluss", auch „Quali" genannt, geschafft. Die Bundesländer Berlin, Brandenburg und Bremen vergeben bei einem guten Notendurchschnitt in der 10. Klasse den „Erweiterten Hauptschulabschluss" ohne besondere Prüfung. Die Chancen, einen Ausbildungsplatz zu finden, sind mit dem einfachen Hauptschulabschluss eher schlecht. Auch mit dem „Quali" oder dem „Erweiterten Hauptschulabschluss" braucht es Glück, eine Lehrstelle zu finden. Hier ist aber der Vorteil, dass man die Möglichkeit hat, den Realschulabschluss zu machen. Der Abschluss der Realschule oder des Gymnasiums nach zehn Schuljahren heißt „Mittlere Reife". Mit allen diesen Abschlüssen kann man eine berufliche Ausbildung beginnen, die der Regel drei Jahre dauert. Neben der Ausbildung besucht man dann parallel die Berufsschule. Man kann auch ein Berufskolleg besuchen. Mit der „Mittleren Reife" hat man recht gute Chancen, eine Lehrstelle zu finden.

Wer nach der 10. Klasse die Sekundarstufe II am Gymnasium, an einer Fachoberschule oder Berufsoberschule besucht, erlangt nach zwei Jahren, also nach der zwölften Klasse, die „Fachhochschulreife" oder das „Fachabitur". Dann ist man in der Regel zwölf Jahre zur Schule gegangen. Mit diesem Abschluss kann man ein Studium an einer Fachhochschule oder an einer Berufsakademie beginnen, eine Ausbildung machen oder ein Berufskolleg besuchen. Am Ende jeder Schulform kann man sich bei guten Noten auch dafür entscheiden, weiter zur Schule zu gehen. Nach drei Jahren Sekundarstufe II, also nach der dreizehnten Klasse kann man die Prüfung zur „Allgemeinen Hochschulreife", also zum Abitur ablegen. Dieser Abschluss ist die Voraussetzung für ein Universitätsstudium. Man hat aber auch hier alle anderen Möglichkeiten und kann z.B. erst eine Berufsausbildung machen und anschließend studieren. Wer einen Beruf erlernt hat, kann sich später an einer der vielen Fachschulen beruflich weiterbilden. Am Abendgymnasium oder Abendkolleg gibt es für Erwachsene die Möglichkeit, jeden Schulabschluss zu einem späteren Zeitpunkt nachzuholen.

Ein langer Weg: Gleichberechtigung und Emanzipation

Das Grundgesetz, das mit Gründung der Bundesrepublik Deutschland 1949 in Kraft trat, war ziemlich modern, was die Rolle von Männern und Frauen betrifft. Dort heißt es ganz vorne bei den Grundrechten: Frauen und Männer sind gleichberechtigt (Art. 3).

Aber in den 1950er Jahren hatte diese Tatsache kaum Konsequenzen für das soziale Leben und für die allgemeinen Gesetze. Die Vorstellungen über Moral, Ehe und Familie und die Auffassungen darüber, welchen Platz Frauen und Männer in der Gesellschaft haben sollten, waren sehr konservativ.

Bis 1954 wurden berufstätige Frauen, die beim Staat, beim Land oder bei der Stadt (im öffentlichen Dienst) arbeiteten, entlassen, sobald sie heirateten. Diese Regelung stammte noch aus der Zeit der nationalsozialistischen Diktatur. Auch Lehrerinnen konnten nur als unverheiratete Frauen ihren Beruf ausüben. Wer heiratete, verlor sofort die Stelle. Diese Bestimmung war noch älter. Sie stammte aus dem Jahr 1880 und galt sogar bis 1957. Dahinter stand die altmodische Wunschvorstellung, dass der Ehemann der Ernährer der Familie sei. Man behauptete, berufstätige, verheiratete Frauen würden den Männern die Arbeitsplätze „wegnehmen“.

Die Gesetze zur Ehe und Familie waren auch nicht sehr frauenfreundlich. In den fünfziger Jahren durften die Ehemänner als Oberhaupt der Familie viele Angelegenheiten ihrer Ehefrauen und alle gemeinsamen Angelegenheiten bestimmen. Wenn Ehefrauen ein Bankkonto eröffnen oder eine Arbeit annehmen wollten, brauchten sie das Einverständnis ihres Mannes. Wenn der der Meinung war, sie würde wegen ihrer Berufstätigkeit die Führung des Haushalts vernachlässigen, konnte er ihren Job kündigen. Der Ehemann bestimmt über den Wohnort und die Wohnung. Das Gesetz besagte auch: Bei Meinungsverschiedenheiten musste sich die Ehefrau der Entscheidung des Mannes unterordnen. Das war der „Gehorsamsparagraph“, ein Überrest des deutschen Familienrechts von 1900. Er wurde zum Glück 1958 abgeschafft, weil die Regierung dagegen protestierte.

In den 1960er Jahren kam Bewegung in die Gesellschaft. Die jungen Leute, vor allem die Studenten und Studentinnen rebellierten gegen die alten Strukturen in Politik, Gesellschaft und Familie. Weil 1968 ein wichtiges Jahr für den Protest war, nannte man diese Generation der zornigen jungen Männer und Frauen „die 68er". Auch eine neue Frauenbewegung entstand 1968. Sie knüpfte an die Frauenbewegung im 19. Jahrhundert an, die Bildung, Arbeitsmöglichkeiten und das Wahlrecht für Frauen gefordert hatte. Und sie nahm sich die Frauenbewegung der 1920er Jahre zum Vorbild. Damals entstand ein neuer Frauentyp: unabhängig, selbstbewusst, sportlich, berufstätig, frei und politisch interessiert. 1968 lauteten die Parolen der Frauenbewegung „Das Private ist politisch" oder „mein Bauch gehört mir". Ein besonders wichtiges Thema war das Recht der Frauen auf sexuelle Selbstbestimmung. Dazu gehörte auch die Forderung, die Abtreibung gesetzlich zu erlauben. Seit 1974 ist der Schwangerschaftsabbruch in den ersten drei Monaten einer Schwangerschaft straffrei (§ 218). Seit 1976 kann bei der Heirat entweder der Name des Mannes oder der Name der Frau als Familienname gewählt werden. Das Ehe- und Scheidungsrecht wurden reformiert. 1997 wurde Vergewaltigung auch in der Ehe strafbar. Sie wurde aber nur dann verfolgt, wenn das Opfer Anzeige erstattete. Seit 2004 verfolgt der Staat diese Straftat auch ohne eine solche Anzeige.

1993 wurde mit Heide Simonis in Schleswig-Holstein zum ersten Mal eine Frau Ministerpräsidentin eines Bundeslandes. 2005 wurde Angela Merkel deutsche Bundeskanzlerin.

Für junge Leute klingen die alten Geschichten aus den 1950er Jahren ziemlich verstaubt. Aber auch die wilden Jahre des Protests sind ihnen fern. Sie halten die volle persönliche Freiheit für Frauen und die Gleichberechtigung für eine Selbstverständlichkeit. Doch die Generation der Großmütter und Mütter bekamen die neuen Rechte und Freiheiten nicht geschenkt. Für sie haben Frauen (und Männer) damals in der Öffentlichkeit und in der Politik mit großem persönlichem Einsatz gekämpft. Auch heute besteht kein Anlass, sich zufrieden zurückzulehnen und auf dem Erreichten auszuruhen. Noch immer gibt es viel zu verbessern. So verdienen berufstätige Frauen in vielen Berufen noch immer weniger als ihre Kollegen, obwohl sie dieselbe Arbeit tun. Und die Karrierechancen für Frauen sind trotz guter Ausbildung noch immer schlechter.

Auch heutzutage kann es dazu kommen, dass die Grundrechte der Frau missachtet und verletzt werden. In der Silvesternacht 2105 wurden in Köln und anderswo Frauen durch ganze Gruppen alkoholisierter Männer, die aus Nordafrika und anderen arabischen Ländern stammten, öffentlich belästigt und sexuell genötigt. Sexuelle Gewalt gegen Frauen ist eine Straftat und wird juristisch verfolgt. Die Grundwerte der deutschen Gesellschaft sind von allen, die in Deutschland leben, zu respektieren. Dazu gehört: Frauen haben wie Männer ein Recht auf körperliche Unversehrtheit und das Recht, sich überall frei zu bewegen und aufzuhalten gehören.

Die tolerante Gesellschaft oder wie will ich leben?

Heute kann jede Frau und jeder Mann frei entscheiden, wie sie oder er leben will. Natürlich lebt niemand allein auf einer einsamen Insel, sondern mit anderen Menschen in sozialen Beziehungen. Und soziale Beziehungen bedeuten, Kompromisse einzugehen und Regeln einzuhalten. Da sind die Familie, die Verwandtschaft, die Freunde, die Kirche/Moschee/Synagoge und überhaupt „die Tradition" und „die Kultur". Von vielen Seiten werden Hoffnungen, Erwartungen oder Forderungen ausgesprochen, wie man leben s o l l. Aber letztlich bleibt es eine ganz individuelle Entscheidung. „Jeder ist seines Glückes Schmied", sagt ein deutsches Sprichwort. Das bedeutet: Jeder hat sein Leben in der Hand und trägt auch die Verantwortung für seine Entscheidungen. Der deutsche Staat macht niemandem Vorschriften darüber, wer wen heiraten darf oder heiraten muss und unter welchen Bedingungen. Er schreibt auch nicht vor, wie viele Kinder in einer Familie geboren werden dürfen. Ob jemand „Single" bleibt, ob ein Paar heiratet oder lieber in „wilder" Ehe ohne Trauschein zusammenlebt, ob zwei Menschen eine Familie gründen oder lieber darauf verzichten, entscheiden sie selbst. Und ob die Leute Sex vor der Ehe haben, ist ihre Privatangelegenheit und interessiert den Staat überhaupt nicht. Inzwischen interessiert es ihn nicht mehr, muss man sagen. Auch das ist ein großer Fortschritt. Noch bis 1974 machten sich Hotelbesitzer und Vermieter strafbar, wenn sie Unverheirateten ein Zimmer oder eine Wohnung vermieteten. Sogar die Eltern riskierten einen Prozess, wenn sie ihrer Tochter oder ihrem Sohn erlaubten, mit Freund oder Freundin die Nacht zu verbringen. Das nannte man „Kuppelei". Und die konnte bis 1974 mit Zuchthaus bestraft werden. Aber natürlich hielten sich nicht alle daran.

Erst nach der Abschaffung des Gesetzes durfte man auch ohne zu heiraten als Paar ganz legal zusammenleben. Die „wilde" Ehe, die heute „nichteheliche Lebensgemeinschaft" genannt wird, war endlich erlaubt. Bis sie gesellschaftlich allgemein akzeptiert wurde, vergingen noch einige Jahre.

Die Gesellschaft, ihre Moral und ihre Vorstellungen vom „richtigen" oder vom guten Leben ändern sich pausenlos, manchmal schneller, manchmal nur langsam. Dass Veränderungen überhaupt möglich sind, ist das Merkmal einer demokratischen, offenen Gesellschaft. Dass niemand zu seinem Glück gezwungen werden darf, ebenfalls. Der Blick zurück zeigt, dass Toleranz gelernt werden kann.

Familie, Generationen

Die Familie und das Zusammenleben der Generationen haben sich in den letzten Jahrzehnten sehr verändert. Neben die eheliche Familie aus Vater, Mutter und Kindern, die möglichst ein Leben lang Bestand hat, sind andere Lebensformen getreten: kinderlose Paare, nichtverheiratete Paare mit Kindern und alleinerziehende Mütter und Väter. Die gab es zwar zu allen Zeiten, aber inzwischen sind sie allgemein akzeptiert. Heute sagt man: Familie ist da wo Kinder aufwachsen. Die klassische eheliche Familie aus Eltern und Kindern ist zwar noch immer die bevorzugte Lebensform in Deutschland. Trotzdem lebt inzwischen weniger als die Hälfte der Deutschen (49,1%) in einer solchen Familie. Andererseits ist die Familie ein starkes Ideal. Wenn Homosexuelle heiraten und Kinder adoptieren möchten, wünschen sie für sich nichts anderes als die klassische eheliche Familie.

Früher war es ganz normal, wenn eine Familie vier oder mehr Kinder hatte. Inzwischen werden in Deutschland, wie anderswo in Europa, viel weniger Kinder geboren. Die Familien sind mit ein bis zwei Kindern klein geworden. Auch sind die Eltern bei der Geburt des ersten Kindes heute viel älter als früher. Junge Frauen und Männer planen die Familiengründung. Sie wollen erst ihre Ausbildung beenden, Spaß haben, das Leben genießen und einige Jahre im Beruf arbeiten, bevor sie an ein Kind denken. Für die Familienplanung bedeutete die Einführung der Antibabypille Mitte der 1960er Jahre eine Revolution. In den Jahren davor wurden in Deutschland so viele Kinder geboren, dass man diese Generation später die „Babyboomer" nannte. „Die Pille" versetzte Frauen auf der ganzen Welt zum ersten Mal in die Lage, eine Schwangerschaft zuverlässig zu verhüten. Sie bedeutete für Frauen und Männer zudem eine neue Freiheit, ihre Sexualität ohne Angst vor den unerwünschten Folgen auszuleben.

Ehen und Familien haben keineswegs ein Leben lang Bestand. In Deutschland wird jede dritte Ehe geschieden. Bei der Scheidung hat sie durchschnittlich fünfzehn Jahre gehalten. Die meisten Ehen werden aber bereits nach sechs Jahren getrennt. Der wirtschaftliche Zwang, eine unglückliche Ehe fortzusetzen, ist heute nicht mehr so stark wie früher, vor allem für die Frauen nicht. Denn die meisten Frauen haben einen Beruf erlernt, und viele sind während der Ehe berufstätig. Auch sind Frauen immer weniger bereit, die Ehe aufrecht zu erhalten. Öfter als die Männer reichen sie die Scheidung ein. Die Hälfte der Scheidungen betrifft Familien mit Kindern. Aber nicht nur wegen der Scheidungen gibt es viele Alleinerziehende, also Mütter (oder seltener) Väter mit Kindern. Zu den Alleinerziehenden werden Witwen und Witwer mit ihren Kindern gezählt ebenso wie Mütter und Väter, die gemeinsam Kinder aufziehen, aber nie geheiratet haben, und Frauen, die mit ihren „unehelichen" Kindern ohne den Vater der Kinder leben. Die Lebensentwürfe sind in den letzten Jahren immer vielfältiger geworden. Ein Ausdruck dieser Vielfalt ist die „Patchwork-Familie" mit und ohne Trauschein. Hier bringt mindestens ein Elternteil ein Kind aus einer früheren

Beziehung oder Ehe mit in die neue Familie. Da sind viele Konstellationen möglich. Andererseits beschließen auch viele Menschen weder zu heiraten, noch jemals Kinder in die Welt zu setzen. Deshalb steigt vor allem in den Großstädten die Zahl der „Singles" seit Jahren. Inzwischen können auch homosexuelle und lesbische Paare ihre Beziehung offen leben. Als „eingetragene Lebenspartnerschaft" haben sie fast die gleichen Rechte wie Ehepaare. Wenn man bedenkt, dass Homosexualität in der Bundesrepublik bis 1973 strafbar war, hat sich die deutsche Gesellschaft gerade hier in den letzten Jahren besonders stark verändert. Die Toleranz für andere sexuelle Orientierungen ist in den letzten Jahren deutlich gewachsen. Allerdings ist es nicht erlaubt, dass gleichgeschlechtliche Paare gemeinsam Kinder adoptieren. Nur Kinder, die ein Partner aus einer früheren Beziehung mitbringt, darf der neue Partner adoptieren. Die neue Familie aus „Vater, Vater, Kind" oder „Mutter, Mutter, Kind" nennt man „Regenbogenfamilie".

Alt werden

Dank des medizinischen Fortschritts und einer verbesserten ärztlichen Versorgung werden die Menschen immer älter. Eine 65jährige Frau kann sich heute (2016) auf eine Lebenserwartung von 86 Jahren einstellen, ein 65jähriger Mann wird im Durchschnitt 82,5 Jahre alt. Ein Vergleich mit den Verhältnissen vor 61 Jahren zeigt den Unterschied. Die Rentnerinnen des Jahres 1955 wurden im Durchschnitt nur 69 Jahre, die Rentner nicht einmal 68 Jahre alt. Das bedeutet: In den letzten sechzig Jahren gewannen die Frauen 17 Jahre Lebenszeit hinzu, die Männer immerhin noch 15 Jahre. Schon jetzt ist die deutsche Gesellschaft eine alternde Gesellschaft. 21 Prozent aller Deutschen sind über 65 Jahre alt. Deutlich weniger (knapp 16 Prozent) sind jünger als 18 Jahre. Diese Veränderungen nennt man „demografischer Wandel". Er wird sich fortsetzen, wenn demnächst die Generation der „Babyboomer" in Rente geht, die selbst relativ wenig Kinder in die Welt gesetzt hat. Dann wird eine größere Zahl älterer Menschen einer deutlich kleineren Zahl jüngerer Menschen gegenüber stehen. Es ist bekannt, dass die gesundheitlichen Probleme ab 75 Jahren größer werden. Im hohen Alter werden die Menschen immer stärker pflegebedürftig. Das ist nicht nur ein Problem der Familien, sondern der gesamten Gesellschaft. Schon jetzt leben die meisten älteren Menschen in Deutschland für sich. Drei oder sogar vier Generationen, also die Urgroßeltern, die Großeltern, die Eltern und die Kinder gemeinsam unter einem Dach, sind inzwischen sehr selten. Man findet sie weniger in den Großstädten, eher auf dem Land. Im Jahr 2010 wurden für ganz Deutschland nur 202.000 Haushalte mit drei oder vier Generationen gezählt.

Weil immer weniger Kinder geboren werden und weil andererseits die Menschen länger gesund bleiben und immer älter werden, wird über das Alter als eigene Zeit im Leben neu nachgedacht. Bis vor kurzem arbeiteten die meisten Deutschen, bis sie 63 Jahre alt waren. Offiziell konnte man mit 65 Jahren in Rente gehen. Das bedeutet, dass man etwa 20 arbeitsfreie Jahre vor sich hatte. Inzwischen wurde das Rentenalter auf 67 angehoben. Viele Ältere wollen und können auch länger arbeiten. Denn noch nie war die Generation der Sechzig- und Siebzigjährigen so fit wie heute. Als wohlhabende und unternehmungslustige Zielgruppe wird die „Generation 60 plus" entdeckt: Der Sport, die Tourismusbrache, die Modewelt, die Kosmetikindustrie, aber auch die Museen und die Universitäten bieten Angebote für körperlich und geistig aktive Menschen im „dritten Lebensalter". Man hört oft „sechzig ist das neue vierzig". Das bedeutet, dass die Älteren sich mindestens zwanzig Jahre jünger fühlen und auch so aussehen wollen. Es gibt Großmütter, die man ohne weiteres für die Mütter ihrer Enkelkinder halten kann. Ältere Frauen in Deutschland sehen heute anders aus als ihre Mütter: Lippenstift und Make Up, farbenfrohe Kleidung und Schuhe mit hohen Absätzen gehören in den Städten durchaus zu ihrem Outfit. Alle wollen so lange wie möglich jung bleiben und jung erscheinen, nicht nur in Deutschland.

Ältere Männer hatten schon immer ihre eigene Strategie des Jungbleibens. Sie wählten deutlich jüngere Partnerinnen und zeugten auch im fortgeschrittenen Alter Kinder. Aber die „neue" ältere Frau ist vielleicht die größte sichtbare Veränderung in Deutschland und in Westeuropa. In anderen Kulturkreisen wäre ihr Erscheinungsbild undenkbar. Schon ein Blick auf Südeuropa zeigt den Unterschied. Im ländlichen Süditalien zum Beispiel tragen ältere Frauen – und nicht nur die Witwen – seit Generationen noch immer Schwarz.

Geschlechtertrennung? Nein danke!

Deutschland kennt keine politisch, religiös oder anders begründete Vorherrschaft des Mannes über die Frau. Eine Trennung der Geschlechter im öffentlichen Raum und eine Beschränkung der Frau auf Räume, die den Blicken der Öffentlichkeit entzogen sind, wird nicht akzeptiert. Straßen, Plätze und Parks, Bars, Cafés, Gaststätten und Restaurants, Busse, Straßenbahnen und die U-Bahn sind grundsätzlich und zu jeder Tages- und Nachtzeit offen für alle.

Die Beteiligung am gesellschaftlichen Leben und der Zugang zu Bildungs- und Ausbildungsmöglichkeiten stehen allen Menschen offen, ohne Unterschied des Geschlechts. An staatlichen deutschen Schulen ist die Koedukation von Mädchen und Jungen die Regel, die Trennung der Geschlechter ist die Ausnahme. Sie findet im Sportunterricht etwa im Alter ab neun Jahren statt. Modellversuche, Jungen und Mädchen in Mathematik sowie in den naturwissenschaftlichen und technischen Fächern getrennt zu unterrichten, in der Erwartung, dass Mädchen auf diese Weise freier lernen können, wurden nicht zum allgemeinen Standard. Es gibt nur ganz wenige reine Mädchen- oder Jungenschulen. Dabei handelt es sich um Privatschulen. Was für die Schulen zutrifft, gilt ebenso für die Universitäten. Sie stehen Männern und Frauen offen. Auch im Berufsleben gibt es keine Geschlechtertrennung. Grundsätzlich können Frauen und Männer in allen Bereichen arbeiten. Auch steht Frauen im Prinzip jede Karriereposition offen. So könnte demnächst eine Frau ihre Chefin sein oder ist es bereits.

Eine der wenigen Ausnahmen der Geschlechtertrennung bildet der Sport: Fast alle Sportarten kennen eigene Frauen- und Männerabteilungen. Frauen und Männer trainieren getrennt und treten in Wettkämpfen auch nicht gegeneinander an. Eine räumliche Trennung der Geschlechter findet darüber hinaus statt im sanitären Bereich bei Toiletten, Waschräumen, Umkleiden und Duschen, eher selten in Aufenthalts- oder Pausenräumen und gar nicht in Betriebskantinen. Früher war in katholischen und protestantischen Gottesdiensten die Sitzordnung nach Geschlechtern getrennt – links die Frauen, rechts die Männer -, heute kommt das nur noch sehr selten vor. Nur in jüdischen Synagogen und muslimischen Moscheen in Deutschland nehmen die Frauen in einem separaten Raum auf der Empore Platz.

Freizeit und Wochenende

Freizeit ist die Zeit, die übrig bleibt, wenn Schule und Hausaufgaben, Job und Haushalt erledigt sind. Es ist die Zeit, über die man selbst bestimmen kann. Berufstätige nennen sie auch Feierabend. „Ich hab' jetzt Feierabend" sagt allen, dass der Arbeitstag vorbei ist und man jetzt bitte in Ruhe gelassen werden will, bis zum Arbeitsbeginn am nächsten Tag. Wie verbringen die Deutschen ihre Freizeit und ihren Feierabend heute, und wie war es früher? In den Jahren des Wiederaufbaus nach dem Krieg wollte man sich in der Freizeit vor allem von der harten Arbeit erholen. Schlafen, nichts tun, viel essen (die „Fresswelle"), Radio hören, lesen, mit der Familie zusammen sein, Freunde treffen, Schallplatten hören und ins Kino gehen waren beliebte Freizeitbeschäftigungen. Es gab viel mehr Kinos als heute, auch in kleinen Städten und in den einzelnen Stadtvierteln. Dafür gab es noch kein Fernsehen. Nicht alle Leute hatten ein Telefon und ein eigenes Auto war auch nicht selbstverständlich. Dann kam die Zeit, in der man schon besser lebte, sich größere Wünsche erfüllte, Hobbies entdeckte und öfter mal einen Ausflug machte. Jetzt ging es eher um gutes Essen (die „Gourmetwelle"), um den Einkaufsbummel in den großen Kaufhäusern oder um das Shoppen in den Katalogen der Versandhäuser. Neu war das Fernsehen mit Spielfilmen und Familienshows. Immer mehr Leute hatten Telefon. Mit dem eigenen Auto konnte man Ausflüge machen. Die Männer holten sich die Welt in Miniaturen ins Leben: sie sammelten Briefmarken, Modellautos oder bastelten an der Modelleisenbahn herum. Um die Deutschen, die immer dicker wurden, in Bewegung zu bringen, wurden im ganzen Land neue Sportanlagen gebaut. Der Aufruf hieß: „Trimm Dich!"

Heute sind Entspannung und Erholung nur e i n Aspekt der Freizeitgestaltung. Es geht auch um Aktivitäten, die maximale Abwechslung vom Schul- und Berufsalltag versprechen. Spaß haben, etwas erleben und der Sport - Mountainbike, Skateboard und Snowboard - sind wichtig, aber auch der neue Trend zum Selbermachen - vom Hobbyschneidern und Malen bis zum Hobbyhandwerk. Sehr viel Freizeit verbringen Kinder, Jugendliche und Erwachsene im Internet und in den sozialen Netzwerken, mit Computerspielen, Musik und Filme herunterladen und mit Fernsehen und DVD schauen.

Das Wochenende ist noch immer für die allermeisten Beschäftigten komplett arbeitsfrei. Das heißt aber nicht, dass an diesen Tagen die Langeweile ausbricht. Früher war der Samstag in vielen deutschen Familien der Tag der Einkäufe und der Vorbereitungen für den Sonntag, ein Tag für Ausflüge, für gemeinsame Unternehmungen und für den Sport, ein Tag der Gartenarbeit und der klassische „Badetag". Erst wurde das Auto gewaschen und auf Hochglanz poliert, dann wurden die Kinder gebadet. Zuletzt stiegen die Erwachsenen in die Wanne. Und ab 17.00 Uhr guckten Väter und Söhne die Sportschau. Abends saß die ganze Familie vor dem Fernseher, um eine der beliebten Quizsendungen und Shows zu sehen. Der Sonntagvormittag gehörte der Kirche und den Spielen des Fußballvereins am Ort. Der große Braten zum Mittagessen war der Höhepunkt der Woche, ebenso der Sonntagskuchen am Nachmittag. In manchen Familien war ein kleiner „Verdauungsspaziergang" nach dem Essen die einzige Form der Bewegung, zu der man sich bereitfand. Für die Aktiven war der Sonntag aber schon immer ein Tag für Fahrten ins Grüne, zum Wandern und Skifahren. Junge Leute verbrachten das Wochenende mit Freunden, telefonierten viel, hörten Musik und gingen am Freitag- und Samstagabend aus.

Und heute? Manches hat sich nicht geändert, anderes schon: Noch immer gehört das Wochenende der Familie, den Freunden, den Hobbies, dem Garten und dem Sport. Viele tun auch einfach gar nichts: Faulenzen nannte man es früher, heute sagt man „chillen" dazu. Musik hören, Filme schauen, Computerspiele, Twitter und

Facebook und das Surfen im Netz sind dazugekommen. Aber inzwischen ist für viele Menschen der Samstag zum „neuen Sonntag" geworden. Man hat frei, die Innenstädte sind belebt, weil die Geschäfte geöffnet haben. Abends kann man etwas unternehmen und am nächsten Tag ausschlafen. Der Sonntag dagegen wird inzwischen vor allem von jungen Leuten und von „Singles" als „tote Zeit" empfunden. An diesem Tag steht das Leben still. Und die Zeit will nicht vergehen. Für andere ist der der Sonntag ein kurzer Tag. Sie versuchen, die Zeit, die zur Verfügung steht, optimal zu nutzen. Ehefrauen und Mütter wollen den Sonntagvormittag nicht mit der Vorbereitung aufwändiger Mahlzeiten verbringen. Das späte, große Frühstück (Brunch) ersetzt zunehmend das Mittagessen. So bleibt mehr Zeit für Anderes. Für viele endet der Sonntag nicht am Abend, sondern schon am Nachmittag. Dann denkt man bereits an die neue Arbeitswoche und bereitet sich darauf vor. Viele, die das Wochenende zu Hause verbracht haben, aber in einer anderen Stadt arbeiten, machen sich schon auf den Weg. Das sind die Pendler. Am späten Sonntagnachmittag füllen sich die Züge und die Autobahnen.

Urlaub, Kur und Wellness

Neben den freien Wochenenden und den gesetzlichen Feiertagen haben Arbeiter, Angestellte und Beamte in Deutschland im Durchschnitt rund 30 Tage bezahlten Urlaub im Jahr. Jüngere Leute bekommen weniger Urlaub, ältere mehr. Gesetzlich vorgeschrieben sind aber mindestens 20 Tage. Verglichen mit den USA, Kanada oder China ist das ziemlich viel. In Europa liegt Deutschland zusammen mit Dänemark an der Spitze der Urlaubstage. Dafür haben die Deutschen einen Hang zu Überstunden. Über die wöchentliche Arbeitszeit von 37,7 Stunden hinaus wird fast drei Stunden pro Woche freiwillig mehr gearbeitet. Viele Selbständige (Handwerker, Unternehmer, Händler) und Freiberufler (Anwälte, Ärzte, Architekten) arbeiten ohnehin deutlich mehr als 40 Stunden in der Woche und machen weniger Urlaub als Arbeiter und Angestellte. Dass die Betriebe im Sommer für einige Wochen komplett schließen, ist inzwischen eher selten. Heute nehmen die Beschäftigten ihren

Urlaub individuell. Familien mit schulpflichtigen Kindern sind aber auf die Ferienzeiten der Schulen festgelegt. Damit nicht alle gleichzeitig verreisen und der Stau auf den Autobahnen nicht noch länger wird, weichen die Termine der Sommerferien für die einzelnen Bundesländer voneinander ab. Etwa 50 Prozent der Deutschen verreist mit dem eigenen Auto in den Urlaub. Seit Jahrzehnten gelten die Deutschen als „Weltmeister" im Reisen. Sommer, Sonne, Strand und Meer gehören zu den häufigsten Ferienwünschen. Besonders beliebt sind die Mittelmeerländer Spanien, Italien, Griechenland, die Türkei und Kroatien, aber auch der Wander- und Skiurlaub in Österreich und der Schweiz. Seit Mitte der 1990er Jahre verbringen immer mehr Deutsche zumindest einen Teil ihres Urlaubs in Deutschland: an der Nord- und Ostseeküste, auf den Inseln, in den deutschen Alpen, im Allgäu oder in den deutschen Mittelgebirgen. Wer es sich finanziell leisten kann, verreist mehrmals im Jahr. Zur Ferienreise im Sommer kommt oft eine Wintersportreise, Reisen über Weihnachten und Ostern oder kürzere Städtetouren. Aus einem Feiertag plus Wochenende wird mithilfe eines dazwischen liegenden „Brückentages" (ein Tag Urlaub an einem normalen Arbeitstag) ein "langes" Wochenende. Aus Kostengründen werden gerne Pauschal- oder „All inclusive"-Reisen gebucht, in denen auch der Flug im Preis enthalten ist. Seit einigen Jahren werden Ferien auf dem Bauernhof, also der ökologische Tourismus immer beliebter. Anderseits haben bei älteren Menschen die Kreuzfahrten auf Flüssen und Meeren Konjunktur. Andere machen lieber Fahrradtouren, Campingurlaub oder Extremsport-Reisen in der Gruppe. Im Land reist man mit dem eigenen Auto, mit dem Zug oder mit dem Reisebus. Weil Deutschland nicht so groß ist, sind die Entfernungen für die Urlaubsreise mit diesen Verkehrsmitteln gut zu schaffen. Wenn es ins Ausland geht, nehmen viele Leute aber lieber den Flieger.

Die Deutschen lieben es, in Kur zu gehen oder ein paar „Wellness"-Tage einzulegen, wie man heute sagt. Nirgendwo in Europa ist die Kur mehr verbreitet als in Deutschland. In vergangenen Zeiten fuhren nur Kaiser, Könige und die europäische Aristokratie in eines der „Bäder", später auch reiche Bürger. Ein berühmter Badeort war das belgische Seebad Spa, das im Englischen zum Namensgeber für diese Art des Aufenthalts wurde. In Deutschland waren Baden Baden, Wiesbaden, Bad Homburg, Bad Kissingen oder Bad Ems luxuriöse Kurorte des 19. Jahrhunderts. Hier ging es nicht allein um die Gesundheit, sondern auch um das Sehen und Gesehen werden und nicht zuletzt um das Glücksspiel. Die eleganten Bäder hatten immer große Spielcasinos. Der russische Schriftsteller Fjodor Dostojewski (1821-1881) erzählt davon in seinem Roman „Der Spieler" (1867). Auch viele kleinere Orte, die ein „Bad", „Heilbad" oder „Seebad" im Namen tragen, zeigen an, dass es sich um einen der 130 Kurorte handelt, die es in Deutschland gibt. In den 1950er Jahren wurde die Kur für alle eingeführt. Man konnte sie bei der Krankenkasse oder bei der Rentenversicherung beantragen, wenn der Arzt einverstanden war. Besonders die Kur zur Vorbeugung und Verhinderung von Krankheiten war eine Kuriosität des deutschen Gesundheitswesens. Dann kam sie in die Kritik. Die Gegner hielten vier oder sogar sechs Wochen Kur als bezahlte Extra-Ferien neben dem regulären Urlaub für reinen Luxus. Für alle, die wirklich krank sind, gibt es die Kur auf Krankenschein noch immer, z.B. die Mutter-Kind-Kur zur Erholung für besonders erschöpfte Mütter oder die Rehabilitationskur nach schweren Krankheiten oder Operationen. Inzwischen ist eine kleine finanzielle Beteiligung der Patienten Pflicht. Alle anderen „gesunden Kranken" oder „kranken Gesunden" müssen den Aufenthalt im beliebten „Spa" inzwischen komplett selbst bezahlen und ihre Urlaubstage dafür verwenden. Trotzdem ist die Kur, die inzwischen „Wellness"-Urlaub heißt, beliebt. Denn Wellness-Tage oder Wellness-Wochen sind eine Auszeit vom Alltag und allen Problemen.

Deutschland, ein Land der Vereine

Nicht ohne Grund sagt man: „Wenn drei Deutsche sich treffen, gründen sie erst mal einen Verein." Tatsächlich ist Deutschland das Land der Vereine. Es gibt 600.000 (2014). Wenn man sich über diese Tatsache lustig machen will, nennt man immer als erstes die Vereine der Kaninchenzüchter. Vereine sind vor allem in den Dörfern und in den kleineren Städten wichtig für das soziale Leben. Im

Kleingartenverein kann man günstig einen kleinen Garten pachten, um Obst und Gemüse anzubauen oder Blumen zu züchten. Die Idee stammt schon aus dem 19. Jahrhundert. Kleingärten sollten den Arbeiterfamilien in den Industriestädten die Möglichkeit der Selbstversorgung geben. Zahlreich sind die Musik- und Gesangsvereine für alle, die gerne Musik machen und singen; Kegelclubs, Kunst- und Kulturvereine, Vereine für Briefmarkensammler und die Schützenvereine. Und dann sind da natürlich die Sportvereine (90.000). Fast jede Gemeinde hat ihren Sportverein. Jeder fünfte Deutsche verbringt hier seine Freizeit. Unter den Kindern und Jugendlichen sind es sogar noch mehr. Sie bieten für Mädchen und Jungen, Frauen und Männer jeden Alters ein breites Angebot: Mannschaftssport, Gymnastik, Schwimmen, Leichtathletik, Tennis, Tischtennis und vieles mehr. Darüber hinaus sind Sportvereine, wie andere Vereine auch, der Mittelpunkt von Veranstaltungen im Dorf, in der Gemeinde, im Ort: sportliche Wettkämpfe und Turniere, Vereinsfeste, und Ausflüge werden von ihnen organisiert.

Sport als Freizeitbeschäftigung wurde in Deutschland Anfang des 20. Jahrhunderts populär. Die mit Abstand beliebteste Sportart bei Kindern, Jugendlichen und Erwachsenen ist Fußball. Gespielt wird überall: spontan in Parks und Hinterhöfen oder auf dem Fußballplatz des örtlichen Sportvereins. Die Spiele der Bundesliga, Länderspiele und Meisterschaften werden im Fernsehen übertragen und sind allgemeiner Gesprächsstoff.   Der Frauenfußball wurde erst Ende 1971 zugelassen. Ab 1985 gibt es auch eine Bundesliga für Frauen. Mitte der 1980er Jahre wurde unter deutschen Jugendlichen eine zweite Sportart besonders beliebt: Tennis. Denn 1985 ging mit Boris Becker in Wimbledon erstmals ein siebzehnjähriger Deutscher als Sieger vom Platz. Es folgten weitere Ausnahmespieler: Steffi Graf und Michael Stich. Seitdem wurde Tennis zum Volkssport und die Zahl der Tennisvereine nahm zu.

Das Ehrenamt – Gutes für andere tun
Jeder dritte Deutsche von Jung bis Alt übernimmt in seiner Freizeit ein Ehrenamt in gemeinnützigen Organisationen, Vereinen und privaten Initiativen. Nicht nur Ältere, auch junge Leute machen mit.

„Ehrenamt" bedeutet: Man hilft anderen, ohne dafür Geld zu nehmen. „Gemeinnützig" ist eine Organisation, wenn sie mit ihrer Arbeit keinen Gewinn erzielen will, sondern zum Wohl aller tätig ist. Finanziert werden solche gemeinnützigen Organisationen durch private Spenden, Zuschüsse vom Staat, vom Land oder von der Stadt und durch die Beiträge der Mitglieder. Ziemlich bekannt sind „Die Tafel", die Bedürftige mit Lebensmitteln und warmem Essen versorgt und „Die Arche", das christliche Kinder- und Jugendwerk, das Kinderarmut bekämpft. Es gibt aber viel mehr Organisationen und Initiativen. Ungefähr 240 Organisationen in einem „Bundesnetzwerk Bürgerschaftliches Engagement" (BBE) zusammengeschlossen. Über die Gemeindeverwaltung und im Internet sind Organisationen, Vereine und lokale Initiativen leicht zu finden.

Umweltschutz und Mülltrennung? Ja bitte!
Die meisten Deutschen sind sehr umweltbewusst. Sie versuchen in ihrem täglichen Leben Energie zu sparen. Sie achten darauf, kein Wasser zu verschwenden, schalten die Heizung nachts aus und lassen das Licht im Zimmer nicht brennen, wenn sie den Raum verlassen. Unterwegs werfen sie den Abfall nicht einfach auf den Boden, weder in der Stadt noch in der Natur. Sie suchen einen Mülleimer, auch wenn das bedeutet, den Müll in der Hand zu behalten oder mitzunehmen. Für Getränkedosen, Plastikflaschen und für viele Glasflaschen gibt es ein Pfand. Das bedeutet, man bekommt bis zu 25 Cent, wenn man sie zum Händler zurückbringt. Die Deutschen trennen auch ihren Hausmüll. Denn sie wissen, dass ein großer Teil des Abfalls wiederverwertet werden kann. „Recycling" heißt das Konzept. Abfall ist wertvoll, das lernt schon jedes Kind im Kindergarten. Aus Biomüll wird frische Erde für die Landwirtschaft und den Garten gewonnen, aus Altglas wird neues Glas gemacht, aus Altpapier neues Papier, und aus altem Plastik entsteht wieder Kunststoff. Die Mülltrennung ist für Fremde ungewohnt. Und die Küche eines umweltfreundlichen Haushalts ist ein Anblick, an den man sich erst gewöhnen muss. Denn mit einem einzigen Mülleimer ist es nicht mehr getan. Es gibt den „Bio-Eimer" für den organischen Abfall, den Eimer für die „Wertstoffe", das sind alle Verpackungen

mit einem grünen Punkt, und den Eimer für den Restmüll. Irgendwo steht noch ein Korb für die leeren Glasflaschen. Ach ja, und dann gibt es noch die Kiste für das Altpapier. Im Hof oder im Garten geht es weiter. Wo früher nur eine einzige Mülltonne stand, sind inzwischen drei Tonnen aufgereiht: die schwarze Restmülltonne, die blaue Papiertonne und die grüne Biotonne. Dazu gibt es noch ein Behältnis, in welches ein gelber Sack für die Wertstoffe eingespannt wird. Die einzelnen Müllsorten werden zu festen Terminen im Monat von der städtischen Müllabfuhr abgeholt. Zur Information werden besondere Kalender an alle Haushalte verteilt. Glasflaschen bringt man selbst zu den Containern, die an zentralen Plätzen aufgestellt sind. Dort wird das Glas nach Farben sortiert: Grün, Braun, Weiß. Leere Batterien, kaputte Energiesparlampen oder Spraydosen werden als „Sondermüll" entsorgt. Die Deutschen sind stolz auf ihr System der Mülltrennung, auch wenn Komiker anfangs behaupteten, dass der ganze Müll am Ende doch wieder zusammengekippt wird.

Tipps für alle, die neu in Deutschland sind
<u>In Kontakt kommen auf die altmodische Art.</u>
Natürlich können Sie auf Facebook und Twitter jederzeit viele „Freunde" finden. Aber vielleicht wollen Sie auch im wirklichen Leben ein paar Leute kennenlernen und Freundschaften schließen.

1. Am einfachsten kommen Sie in den Sprach- und Integrationskursen, die Sie besuchen, in Kontakt zu Leuten aus anderen Ländern. Gemeinsames Lernen verbindet. Vielleicht entstehen hier Freundschaften fürs Leben.

2. Kontakte zu deutschen und ausländischen Kolleginnen und Kollegen ergeben sich ziemlich schnell in der Ausbildung, im Studium und am Arbeitsplatz. Wenn es gut läuft, stiftet die gemeinsame Arbeit im Team einen starken Zusammenhalt.

3. Wenn Sie Kinder haben, kommen die ersten Kontakte zu anderen Müttern, Vätern und Eltern sehr oft über die Kinder zustande, die sich auf dem Spielplatz, im Kindergarten oder in der Schule anfreunden.

4. Werden Sie Mitglied des örtlichen Sportvereins! Das Angebot für Kinder und Jugendliche (Mädchen und Jungen) und für Erwachsene (Frauen und Männer) ist riesig. Es geht in erster Linie um sportliche Betätigung für alle. Je mehr Familienmitglieder beitreten, desto günstiger sind die Beiträge. Und wer weiß, vielleicht ist ihr Sohn oder ihre Tochter ein echtes Sporttalent? Über den Sport kommt man schnell in Kontakt zu anderen. Besonders der Mannschaftssport, wie Fußball oder Handball, ist eine gute Schule des Fair Play – auch für das Zusammenleben allgemein: Fair Play bedeutet, dass man als Spieler die Regeln des Spiels einhält und die Spieler der Gegenmannschaft achtet. Der sportliche Wettkampf um den Sieg verbietet es, den Gegner absichtlich zu verletzen. Wer verliert, gratuliert dem Sieger zu seinem Erfolg und erweist sich als guter Verlierer.

5. Wenn Sie etwas Zeit übrig haben, engagieren Sie sich ehrenamtlich in einem Verein oder einer Initiative. Ein gemeinsames Ziel oder eine gemeinsame Aufgabe verbindet die Ehrenamtlichen. Unter Gleichgesinnten kommt man schnell in privaten Kontakt. In der Regel müssen Sie sich um eine Mitgliedschaft bewerben. Deshalb ist Vorsicht angebracht, wenn es andersherum läuft: wenn nämlich eine Organisation auf S i e zukommt, wenn sie eine besonders aktive Werbung für sich betreibt, großzügige Geschenke oder Hilfsangebote macht und Sie sogar offen vor dem Leben im Westen warnen will: Auch wenn religiöse Fragen anfangs vielleicht nicht im Vordergrund stehen, kann es sich um eine salafistische Organisation handeln. Inzwischen gibt es einige radikale islamistische Vereine, die sich als gemeinnützige Hilfsorganisationen tarnen und den Kontakt zu Neuankömmlingen in Deutschland suchen, wie z.B. der Verein „Medizin mit Herz". Deshalb informieren Sie sich, ob der Verein, dem Sie beitreten wollen, vertrauenswürdig ist.

6. Wenn Sie keine Zeit haben, kein Interesse an Sport, nur wenig Lust auf ein soziales Engagement und wenn Sie Hunde mögen, hier noch ein Tipp, der nur halb ernst gemeint ist: Schaffen Sie

sich einen niedlichen kleinen Hund an, aber bloß keinen gefährlichen großen! Sie werden feststellen, dass beim Spazie-
rengehen mit dem Hund viele Menschen mit Ihnen ins Ge-
spräch kommen wollen – nicht nur Hundebesitzer. Denn die
Deutschen sind für ihre große Tierliebe bekannt.

<u>Was man tun soll</u>
Immer pünktlich sein – n u r bei privaten Einladungen aus
Höflichkeit einige Minuten später kommen,aber höchstens 15
Minuten - bei der Begrüßung und beim Abschied: Hände schütteln
– Fremde und Ältere mit „Sie" ansprechen; das „Du" ist für
Bekannte undn Freunde– Frauen, egal ob verheiratet oder
unverheiratet,mit „Frau …" ansprechen - fragen, ob man die Schuhe
ausziehen oder anbehalten soll, wenn man eine private Wohnung
betritt (meistens behält man sie an) – bei einer privaten Einladung
einen Blumenstrauß für die Gastgeberin mitbringen, aber keine
Lilien oder Chrysanthemen, die sind für Begräbnisse – vor dem
Essen in privater runde „guten Appetit" sagen – „Prost" oder „zum
Wohl" sagen mit dem ersten Glas Bier oder Wein – bei offiziellen
Einladungen als Gast nur das Glas heben und bedeutungsvoll in die
Runde blicken - beim Essen die Hände auf dem Tisch halten, nicht
unter dem Tisch! - vorsichtig sein mit Alkohol, besonders mit
Schnaps - angebotenen Alkohol höflich ablehnen, wenn man
keinen trinkt - jemanden fragen, wenn man Hilfe braucht ,die
Deutschen sind hiflsbereit – als Fußgänger an der Ampel nur bei
grün oder am Zebrastreifen die Straße überqueren – als Autofahrer
am Zebrastreifen anhalten, wenn ein Fußgänger über die Straße
gehen will - als Radfahrer und Autofahrer an der Ampel bei rot
anhalten – nicht rücksichtslos fahren – die vorgeschriebene
Geschwindigkeit und die Verkehrsregeln einhalten

<u>Was man lassen soll</u>
Nicht zu spät kommen, außer bei privaten Einladungen (siehe oben)
- anrufen, wenn man nicht pünktlich sein kann – sich in der Öffentlichkeit nicht betrunken zeigen (außer bei Volksfesten) – nicht auf
den Boden Spucken - nicht mit den Fingern essen , außer Fast Food

– nach 22 Uhr nur noch gute Freunde anrufen - ohne Zustimmung der Eltern Kinder nicht ansprechen oder berühren – Frauen nicht anstarren , belästigen oder berühren, ganz gleich wie sie gekleidet sind oder sich benehmen – sich durch fremde Sitten nicht aus der Fassung bringen lassen.

9. Wirtschaft und Arbeitswelt

„Made in Germany"

Ursprünglich waren die drei Worte als Warnung vor schlechten und billigen Nachahmungen gemeint. 1887 hatte Großbritannien beschlossen, dass Deutschland seine Waren und Erzeugnisse, die auf den britischen Markt drängten, kennzeichnen muss. „Made in Germany" sollte die Kundschaft vom Kauf abschrecken. Doch die Produkte aus Deutschland wurden immer besser. 1914 hatte der „Deutsche Werkbund" das Gütesiegel „Deutsche Wertarbeit" für den inländischen Markt erfunden, um die Qualität zu heben. Auch das englische „Made in Germany" bewirkte das genaue Gegenteil: Es wurde zum internationalen Qualitätssiegel. Denn es stand für solides Handwerk, Erfindergeist und Spitzenleistungen der Ingenieure, für technische Genauigkeit und für eine hohe Arbeitsmoral der Beschäftigten in den Betrieben.

Denn Deutschland setzte im 19. Jahrhundert in Naturwissenschaft, Technik und Ingenieurwesen zum Sprung auf die Spitzenplätze an. Es war das Jahrhundert der deutschen Chemie. Die großen Chemiekonzerne BASF, Bayer und die AGFA wurden gegründet und brachten segensreiche Medikamente wie das Aspirin (Bayer), Negativfilme für die Fotoindustrie (AGFA), Anilinfarben (BASF) und neue Lebensmittel wie Liebigs Fleischextrakt auf den Markt. Sie entwickelten aber auch das berüchtigte Giftgas (BASF), das erstmals im Ersten Weltkrieg an der Westfront in Ypern zum Einsatz kam. Carl Zeiss begründete die optische Industrie in Jena. Werner von Siemens wurde zum Pionier der Elektrotechnik. Bedeutende Erfindungen im Bereich der Kommunikation und der Rundfunktechnik – der Telegraf, das Telefon, das Radio – veränderten das Leben der

Menschen ebenso wie die Entwicklung neuer Kraftmaschinen: der Otto-Motor und der Dieselmotor waren die Voraussetzung für die Konstruktion des Automobils. Auch die zivile und militärische Luftfahrt erhielt aus Deutschland wichtige Impulse durch Otto Lilienthal und Graf Ferdinand von Zeppelin.

Nach dem Zweiten Weltkrieg war es wieder soweit: Niemand wollte deutsche Produkte kaufen, diesmal aus politischen Gründen. Aber bald wurden deutsche Produkten und Dienstleistungen im Ausland wieder geschätzt. Sie gelten als besonders zuverlässig, wertbeständig und von guter Qualität – als „deutsche Wertarbeit" eben.

Heute ist Deutschlands Wirtschaft die größte Volkswirtschaft Europas und die viertgrößte der Welt. Und Deutschland ist „Export-Weltmeister". Das bedeutet, dass deutlich mehr Produkte und Waren in andere Länder ausgeführt werden als von dort nach Deutschland kommen. Automobile, Nutzfahrzeuge, die Elektrotechnik, die Maschinenbau- und Chemieindustrie, die Medizin- und die Informationstechnik genießen einen guten Ruf. An der Spitze der größten Unternehmen in Deutschland stehen: Volkswagen, Daimler, EON (Energie), Siemens (Elektrotechnik), Metro (Handel), Deutsche Post, Deutsche Telekom (Kommunikation), BASF (Chemie), BMW und ThyssenKrupp (Stahl).

Auch als internationaler Messestandort ist Deutschland gefragt. In Hannover, München, Frankfurt, Köln, Düsseldorf, Berlin und Nürnberg finden wichtige Fachmessen statt. Viele sind an bestimmten Tagen auch für das interessierte Publikum geöffnet. Besonders beliebt sind:

Anuga, Köln. Allgemeine Nahrungs- und Genussmittelausstellung
CeBit, Hannover. Weltweit größte Messe für Informationstechnik
FBM, Frankfurt am Main. Frankfurter Buchmesse
Hannover Messe, Hannover. Größte Industriemesse der Welt
IAA, Frankfurt am Main. Internationale Automobilausstellung
ITB, Berlin. Internationale Tourismusbörse

Photokina, Köln. Größte Messe der Foto- und Imaging-Branche
International Toy Fair, Nürnberg. Größte Spielwarenmesse der Welt

Aber Deutschland ist nicht nur eine Industrienation, sondern vor allem eine Dienstleistungsgesellschaft. Dienstleistungen sind Güter, die man mit den Händen nicht greifen kann (immaterielle Güter). Es handelt sich um Dienste, die man anderen Menschen erweist oder um Arbeiten, die man ihnen abnimmt: jemanden behandeln (Ärzte, Krankenhäuser) jemanden unterrichten (Schulen), etwas verkaufen (Handel), etwas oder jemanden transportieren (Post, Bahn), etwas entsorgen (Müllabfuhr). Die allermeisten Menschen (73,53 Prozent) sind hierzulande im Dienstleistungsbereich beschäftigt, vor allem im Verkehrswesen, in Gaststätten und Hotels, in der Finanz- und Versicherungswirtschaft, im Handel, aber auch in sozialen Berufen und im Gesundheitswesen und nicht zu vergessen in der öffentlichen Verwaltung. Im Handwerk und in der Industrie arbeitet dagegen nur jeder vierte Beschäftigte. Und in der Landwirtschaft kaum mehr jemand. Das war vor hundert Jahren noch ganz anders. Vor dem Ersten Weltkrieg (1914-1918) hatte Deutschland zwar schon eine starke Industrie, aber es war zugleich noch immer ein bedeutendes Agrarland. Der Dienstleistungssektor begann gerade erst, sich zu entwickeln.

„Deutscher Mittelstand"

Eine Besonderheit der deutschen Wirtschaft sind nicht so sehr die Großen Aktiengesellschaften mit Tausenden von Beschäftigten, sondern der „deutsche Mittelstand". Damit sind Unternehmen gemeint, die maximal 500 Mitarbeiterinnen und Mitarbeitern haben. Das trifft auf die allermeisten Unternehmen zu (rund 99,6 Prozent). Ihnen allen gemeinsam ist, dass Eigentum, Leitung, Verantwortung und Risiko in einer Hand liegen. Viele dieser Betriebe sind Familienunternehmen, und gar nicht so selten haben sie keinen Chef, sondern eine Chefin.

Mittelständische Unternehmen gibt es in allen Branchen der deutschen Wirtschaft: im Handwerk und in der Industrie, in der Landwirtschaft, in den neuen Technologien und im Dienstleistungssektor. Die meisten Beschäftigten arbeiten in mittelständischen Unternehmen. Dort werden auch die allermeisten Lehrlinge zu Fachkräften von morgen ausgebildet. Dazu kommen die jungen Start Ups. Mit neuen Geschäftsideen und Mut zum Risiko sind sie der neue Mittelstand. In keiner anderen Industrienation ist der Mittelstand so ausgeprägt wie in Deutschland. Viele kleinere und mittlere Unternehmen, die in der Öffentlichkeit nicht so bekannt sind, zählen in ihrem Marktsegment zu den Weltmarktführern und exportieren ihre Produkte in viele Länder. Man nennt sie „Hidden Champions", Sie werden nicht an der Börse gehandelt, sondern finanzieren sich über Jahrzehnte bei derselben Bank (Hausbank). Von diesen „Hidden Champions" gibt es in Deutschland besonders viele. Die besten zehn waren 2014: Avira (Software), Hark Orchideen (Pflanzenzucht), Brita (Trinkwasserfilter, Wasserspender), Mennekes (Industriestecker für Ladestationen in Elektroautos), Siltronic (Silizium Wafer), Ravensburger (Spiele), Haribo (Süßigkeiten), Sennheiser (Kopfhörer und Mikrophone), Kärcher (Reinigungssysteme) und an erster Stelle Miele (Haushaltsgeräte und medizinische Desinfektion).

Das „duale System"

Jedes Jahr am 1. September beginnt das neue Lehrjahr für alle, die sich für eine berufliche Ausbildung entscheiden und die einen Lehrvertrag mit einem staatlich anerkannten Ausbildungsbetrieb abgeschlossen haben. Die Anforderungen für die einzelnen Berufe sind unterschiedlich, aber ein Schulabschluss mit guten Noten ist die Voraussetzung für eine Lehrstelle.

In der beruflichen Ausbildung ist das „duale System" zum Erfolgsmodell geworden, das inzwischen in vielen Ländern ein Vorbild ist. Im Unternehmen lernt der Auszubildende („Azubi") alle praktischen Fertigkeiten und Techniken, die er benötigt. Begleitend besucht er den allgemeinen und berufsbezogenen Unterricht an der Berufsschule. Die Ausbildung dauert in der Regel drei Jahre und wird mit einer Prüfung abgeschlossen. In Handwerksberufen (z.B. Bäcker,

Schneider, Friseur, Koch, Tischler, Maler und Lackierer, Metallbauer, Fahrzeugbauer, Mechaniker, Uhrmacher) nennt man sie Gesellenprüfung. Wer seinen eigenen Betrieb, seine eigene Werkstatt oder sein eigenes Atelier eröffnen will, muss in vielen Berufen eine weitere Ausbildung durchlaufen und die Prüfung zum Meister ablegen.

Zurzeit gibt es in Deutschland mehrere Hundert anerkannte Ausbildungsberufe. Aber längst nicht alle sind unter jungen Frauen und jungen Männern gleich beliebt. Die Berufswünsche junger Leute konzentrieren sich auf nur wenige Berufe. Und sie unterscheiden sich bei Mädchen und Jungen. So wählten 2014 die meisten jungen Frauen eine Lehre im Büro oder Handel, im medizinischen oder zahnmedizinischen Bereich oder als Friseurin. Die jungen Männer dagegen wählten am liebsten eine Ausbildung zum Kraftfahrzeugmechatroniker, Einzelhandelskaufmann, Industriemechaniker, Elektroniker oder Anlagenmechaniker für Sanitär-, Heizungs- und Klimatechnik. Um Mädchen für naturwissenschaftlich-technische Berufe zu begeistern, gibt es seit einigen Jahren den „Girls Day", den viele Firmen unterstützen: Für einen Tag kommen die Schülerinnen in die Betriebe, um „Männerberufe" kennenzulernen und zu testen. In vielen Berufen werden „Azubis" heute dringend gesucht. In jedem Fall zahlt sich eine solide berufliche Ausbildung für Mädchen und Jungen aus, auch wenn Lehrlinge anfangs weniger verdienen als ungelernte Arbeitskräfte und Aushilfen. Als Fachkräfte überholen sie die Ungelernten bald. Eine abgeschlossene Berufsausbildung ist eine Investition in die Zukunft. Jungen und Mädchen und auch ihre Eltern wissen das. Nur sehr wenige junge Leute betrachten eine Berufsausbildung als Zeitverschwendung.

Warum arbeiten?

Warum arbeitet man? Manchen Menschen macht ihr Beruf richtig Spaß. Sie arbeiten gerne. Sie leben für ihre Arbeit. Die Arbeit ist ihr Leben. Dabei sind sie nicht unbedingt besonders ehrgeizig. Ihnen geht es nicht um die Karriere im Beruf, sondern um ein erfülltes Leben. Man kann diese Einstellung nicht nur bei Ärzten, in anderen freien Berufen oder bei Künstlern finden, sondern in allen Berufen.

Andere betrachten die Arbeit als notwendiges Übel. Viele denken schon während der Arbeit daran, was sie alles unternehmen werden, wenn sie endlich nach Hause gehen können. „Arbeiten, um zu leben" ist ihr Motto. Ihr Lebensmittelpunkt liegt außerhalb der Arbeit, in der Familie, bei den Freunden oder bei ihren Hobbys. Solange sie ihren Job erledigen, ist daran nichts auszusetzen. Obwohl dem Chef motivierte Mitarbeiterinnen und Mitarbeiter natürlich lieber sind.

Und was ist den Beschäftigten am wichtigsten? An erster Stelle steht die Sicherheit des Jobs, also ein unbefristeter Arbeitsvertrag. Dann kommt ein gutes Gehalt. Gut informiert zu werden, um alle Aufgaben erledigen zu können, wird ebenfalls als sehr wichtig erachtet. Sehr groß ist der Wunsch, persönlich respektiert zu werden. Man will stolz auf die eigene Leistung sein und vermisst ein Lob des Vorgesetzten, wenn man gute Arbeit geleistet hat. Weniger wichtig sind die Aufstiegschancen im Unternehmen.

Die allermeisten Menschen in Deutschland bestreiten ihren Lebensunterhalt durch eine Arbeit, für die sie einen Lohn oder ein Gehalt bekommen (44 Prozent der Deutschen). Von dem Geld leben nicht nur sie selbst, sondern auch Angehörige, also Kinder und Ehepartner. Das ist noch einmal gut ein Viertel der Bevölkerung (25,7 Prozent). Knapp fünf Prozent leben von Arbeitslosengeld oder Harz IV. Und etwa ein Viertel der Deutschen lebt von einer Pension oder Rente oder von anderen Einkünften, z.B. von Vermietungen oder eigenem Vermögen, aber auch von Sozialhilfe. In dieser Gruppe machen die Rentner und Pensionäre bei weitem die Mehrheit aus (ungefähr 23 Prozent). Nur ganz wenige Menschen können ausschließlich von ihrem Vermögen oder von Einkünften aus Vermietungen leben.

Deutschland ist eine also Arbeitsgesellschaft. Die Erwerbsarbeit sichert das monatliche Einkommen. Sie ermöglicht einen bestimmten Lebensstandard. Arbeiten, sein eigenes Geld verdienen, erfolgreich sein, eine berufliche Karriere machen sind hohe Werte in der Gesellschaft. Bezahlte Arbeit bedeutet Teilhabe am sozialen Leben und am Konsum, gesellschaftliche Anerkennung und die Aussicht auf Wohlstand für sich selbst und für die nächste Generation. Auch dafür arbeitet man.

Spielregeln im Betrieb

Wer in einem Betrieb angestellt ist, muss sich auf die Spielregeln des Unternehmens einstellen. Manche Unternehmen haben neben den allgemeinen Verhaltensregeln eigene Symbole und Rituale. Manchmal wird erwartet, dass die Beschäftigten bei der Arbeit eine besondere Kleidung mit dem Logo des Unternehmens tragen. Manche Unternehmen haben eigene Lieder (Corporate Songs), die zu bestimmten Anlassen von den Mitarbeitern gesungen werden. Wenn es sich um ein ausländisches Unternehmen handelt, das in Deutschland tätig ist, gibt es möglicherweise Unterschiede, die aus der Kultur des Landes stammen. Japaner z.B. sind viel stärker auf die betriebliche Gemeinschaft hin orientiert als Europäer oder Amerikaner. Deshalb beziehen sich die Regeln in japanischen Unternehmen weniger auf die einzelnen Beschäftigten und viel stärker auf die ganze Gruppe. Ein wichtiger Grundsatz ist neben der Zuverlässigkeit und Aufrichtigkeit die Harmonie.

In internationalen Konzernen kann es passieren, dass unterschiedliche nationale Kulturen beim Führungsstil - autoritär oder konsensorientiert -, zu Konflikten zwischen Chefs und Mitarbeitern führen, wie das folgende Beispiel zeigt: Ein französischer Manager übernimmt die Leitung des Vertriebs für Skandinavien. An seinem ersten Arbeitstag erlebt er gleich einen Kulturschock, als er seiner Sekretärin einen Auftrag erteilt. Statt sich mit einer kurzen Bestätigung zu entfernen um den Auftrag auszuführen, fragt sie ihn: "Und warum soll ich das machen?"

Auch die Vorstellungen über die Disziplin im Arbeitsleben sind unterschiedlich. In Deutschland wird großen Wert gelegt auf Ordnung und Sauberkeit am Arbeitsplatz, in den Pausenräumen und Kantinen, in den Waschräumen und Umkleiden. Pünktlichkeit ist ebenfalls sehr wichtig. Rechtzeitig zur Arbeit zu erscheinen, erwarten nicht nur die Chefs, sondern auch die Kolleginnen und Kollegen. Schließlich haben die es morgens auch geschafft. Wer häufig zu spät kommt, und am Abend vielleicht sogar früher nach Hause geht, macht sich nicht gerade beliebt. Auch festgelegte Pausenzeiten sollte man einhalten. Während der Arbeit ist es nicht gestattet, privat zu telefonieren, private E-Mails zu schreiben oder privat im Internet zu surfen, auf dem eigenen Smartphone nicht und schon gar nicht auf dem Computer der Firma. Es sei denn, es ist ausdrücklich erlaubt. Das kommt aber sehr selten vor. Wer es mit den Zeiten und mit der Trennung zwischen Arbeit und Privatleben nicht allzu genau nimmt, riskiert eine Abmahnung vom Chef, also eine Verwarnung und sogar die Kündigung. Materialien, Werkzeuge, Möbel, Bürotechnik oder andere Dinge aus dem Unternehmen nach Hause mitzunehmen, wird von den meisten Vorgesetzten als Diebstahl betrachtet.

Multikulti – Leitsprache und Vorbilder
Die naturwissenschaftliche und medizinische Forschung, aber auch Wirtschaft und Industrie sind in Deutschland international, und sie sind global vernetzt. Daher ist Englisch in der Kommunikation und vor allem in der Wissenschaft sehr wichtig, auch wenn die offizielle Sprache in Deutschland natürlich Deutsch ist. Manche größeren Unternehmen und Einrichtungen orientieren sich auch sonst an amerikanischen Vorbildern, die typischerweise so zu charakterisieren sind: Flache Hierarchien, geteilte Verantwortlichkeiten, ein hoher Grad von Planung, ein hoher Anteil ausländischer Mitarbeiter, keine Diskriminierung nach Hautfarbe, Geschlecht und Alter sowie eine hohe Wertschätzung von Teamarbeit.
Aber nicht alle Unternehmen folgen diesem Leitbild. Es gibt auch Großunternehmen mit starken Hierarchien, in denen sich der Chef oder die Chefin für alle Entscheidungen zuständig fühlt. Familienunternehmen, die seit mehreren Generationen bestehen, fällt es manchmal schwer, die Leitung einem angestellten Manager, der von außen kommt, zu übertragen. Nicht selten sind in solchen Unternehmen scharfe Hierarchien zwischen Mitarbeitern und Chefs anzutreffen. Andererseits werden Entfaltungsmöglichkeiten geboten, die auf persönliches Vertrauen und nicht nur auf formale Qualifikation aufbauen. Traditionsunternehmen mit einer langen und

vielleicht auch wechselvollen Geschichte halten in der Regel stärker an gewachsenen Strukturen fest als jüngere Unternehmen.

Betriebe und Unternehmen, die von zugewanderten Ausländerinnen und Ausländern gegründet werden, folgen in ihrer Unternehmenskultur oft den Vorbildern des Heimatlandes. Nicht selten handelt es sich um Familienunternehmen: Sie werden vom Inhaber geführt und die Leitung wird an die nächste Generation weitervererbt. Viele oder alle Familienmitglieder arbeiten im Unternehmen mit. Besonders häufig trifft dies auf türkische Betriebe oder auf Restaurants und Hotels aller Nationalitäten zu.

Höflichkeit und korrektes Verhalten – auch im Beruf

Schon vor über 200 Jahren machte sich Freiherr Adolf Knigge, ein deutscher Aristokrat, Gedanken über die richtigen Umgangsformen. 1788 fasste er sie in einem Buch zusammen, das berühmt werden sollte. Eigentlich hieß es: „Über den Umgang mit Menschen." Aber jeder sagte nur „der Knigge". Seitdem sind viele Schriften über Taktgefühl, Höflichkeit und gutes Benehmen und korrektes Verhalten erschienen. Auch sie werden oft „Knigge" genannt. Es gibt Reise-Knigge, Chat-Knigge und sogar Business-Knigge. Schließlich kann man im Berufsleben viele Fehler machen, die gar nichts mit der eigentlichen Arbeit zu tun haben. Wer gut im Job ist, aber die richtigen Umgangsformen vermissen lässt, wird es schwer haben. Es geht um das angemessene Verhalten gegenüber den Mitmenschen, um das, was „man tut" und um das, was man lieber bleiben lässt. Wer sich benehmen kann, ist im Vorteil. Hier einige Tipps:

Bei wichtigen Besprechungen mit Vorgesetzten oder beim Bewerbungsgespräch sollten sie ihr Smartphone ausschalten, allerspätestens, wenn es klingelt. Es sei denn Sie erwarten einen wirklich wichtigen Anruf, der mit der Arbeit zu tun hat. Das sollten Sie dann vorab mitteilen.

Wenn Sie von ihrem Chef / Ihrer Chefin zu einem Essen eingeladen werden, setzen Sie sich erst, wenn man Sie dazu auffordert. Bei der Bestellung des Essens im Restaurant sollten Sie das Gericht nehmen, das der Gastgeber / die Gastgeberin empfiehlt oder eines, das auf keinen Fall teurer ist.

Bei der Begrüßung und Verabschiedung ist es in formellen Situationen üblich, allen anderen ohne Unterschied (Frauen und Männern!) die Hand zu geben. Es sei denn, Sie sind stark erkältet. Dann entschuldigen Sie ihr Benehmen. Wer die höhere berufliche Position hat, gibt als erster die Hand. Die linke Hand in der Hosentasche stecken zu lassen, gilt dabei als unhöflich. Man sagt nicht Hallo, Hallöchen, Servus, Salve oder Hi. Und wenn man geht, auch nicht Tschüss, Tschö, Ade, Adieu, Ciao oder Bye-bye. Die angemessene Begrüßung ist: Guten Tag, guten Morgen, guten Abend, am besten mit dem Zusatz „Herr / Frau …". Die korrekte Verabschiedung lautet: Auf Wiedersehen!

Ein wichtiger Teil der Kommunikation ist der Augenkontakt. Sehen Sie Ihr Gegenüber an, wenn Sie mit ihr / mit ihm sprechen. Die Vermeidung des Augenkontaktes gilt als extrem unhöflich und irritierend. Man könnte Sie leicht für unkonzentriert oder sogar für unehrlich halten.

Der Umgang unter Kolleginnen und Kollegen sollte stets freundlich, aber sachlich sein. Das Privatleben hat im Betrieb nichts verloren.

Wenn Sie bei der Arbeit keine Berufskleidung tragen müssen, passen Sie Ihr Outfit den Gewohnheiten und Regeln der Branche, des Unternehmens und ihrer Stellung im Betrieb an. Wenn Sie unsicher sind, gilt der Grundsatz: lieber etwas konservativer als zu flippig, locker oder unkonventionell. Die Devise lautet in den meisten Branchen und Unternehmen: Bitte nicht durch Kleidung, Schmuck oder Schminke auf unangenehme Weise auffallen! Andererseits sollten Sie sich auch nicht „verkleidet" vorkommen.

In den allermeisten Unternehmen arbeiten Frauen und Männer zusammen. Manche Abteilungen oder Betriebe werden von Frauen geführt. Kolleginnen oder sogar eine Chefin zu haben, ist für manche Männer ein Problem. Für Muslime, die aus besonders autoritären, männlich beherrschten Gesellschaften kommen, ist es mit Sicherheit eine ungewohnte Situation. Wie im allgemeinen Umgang gelten auch zwischen Männern und Frauen im Berufsleben die Regeln der Höflichkeit. In der alltäglichen Kommunikation im Unternehmen gibt es kein „Blickverbot" zwischen den Geschlechtern.

Auch von Männern und Frauen wird erwartet, dass sie sich in die Augen sehen.

Versuche, am Arbeitsplatz zu flirten oder eine sexuelle Beziehung zu beginnen, werden jedoch als unangemessen empfunden. Anzügliche Blicke, beschämende und entwürdigende Bemerkungen oder Handlungen und unerwünschte körperliche Annäherungen können als sexuelle Belästigung wahrgenommen werden. Die Tatsache, dass Frauen und Männer zusammen arbeiten, macht sie zu nichts anderem als zu Kollegen. Diese Grenze zu wahren, ist für manche Menschen eine Herausforderung. Ihre Überschreitung kann Sie den Job kosten.

Willkommenskultur im Unternehmen

Das Feingefühl für andere Kulturen und Religionen ist in vielen Betrieben gewachsen. Deutsche Unternehmen, die ausländische Fachkräfte suchen, bemühen sich im Wettbewerb um die klügsten Köpfe um eine Willkommenskultur. Sie haben erkannt: Gut ausgebildete Mitarbeiter aus nichteuropäischen können eine Chance für den Betrieb sein. Sie sprechen Sprachen, die in der globalisierten Wirtschaft nützlich sind, die aber Deutsche nur wenig gelernt haben. Sie sind oft mobiler, belastbarer und risikofreudiger als deutsche Mitarbeiter. Und manchmal sind sie als Zuwanderer aus eigener Erfahrung sensibel für kulturelle Unterschiede. Unternehmen mit ausländischen Mitarbeitern fällt es leichter, neue Märkte oder neue Kunden im Ausland zu erschließen. Außerdem ist eine national gemischte Belegschaft positiv fürs Image: Das öffentliche Ansehen eines global oder europäisch agierenden Unternehmens erhöht sich.

Eine betriebliche Willkommenskultur kann dazu beitragen, dass sich ausländische Beschäftigte besser in die Arbeitsprozesse eingliedern können und dass sie sich mit dem Unternehmen enger verbunden fühlen. Intensivsprachkurse in Deutsch und Englisch, die im Unternehmen selbst stattfinden oder vom Unternehmen gebucht werden, gehören zu den häufigsten Programmen für die Neuankommenden. Manche Betriebe führen Quoten ein, um den Ausbildungsanteil von Mädchen und Jungen mit Migrationshintergrund zu erhöhen. Andere veranstalten für alle Mitarbeiter regelmäßig Workcamps zur „interkulturellen Sensibilisierung", nach dem deutschen Sprichwort „andere Länder, andere Sitten". Manche Unternehmen organisieren den kulturellen Austausch durch Projekte wie „Cook Your Culture" oder Lesezirkel, in denen die Literaturen der Nationen, die im Unternehmen vertreten sind, gemeinsam gelesen werden. Große Unternehmen mit Standorten in verschiedenen Ländern organisieren Austauschprogramme zwischen den einzelnen Niederlassungen. In vielen Unternehmen begleiten „Mentoren" oder „Paten" die neuen Mitarbeiter in ihrer ersten Zeit in Deutschland. Willkommensmappen mit allen Informationen über das Unternehmen und mit den Kontaktdaten wichtiger Ansprechpartner am neuen Wohnort geben den neuen Mitarbeitern und ihren Familien ein Gefühl der Wertschätzung. Soweit es möglich ist, berücksichtigen die Unternehmen die Urlaubswünsche für jüdische und muslimische Mitarbeiter an den religiösen Feiertagen. Wenn eine Betriebskantine vorhanden ist, geht sie in der Regel im Speisenplan und beim Getränkeangebot auf die Gewohnheiten aller Mitarbeiter ein.

Die Arbeitswelt

Die Arbeit selbst hat sich in den letzten Jahrzehnten sehr verändert. Früher war Arbeit häufig körperlich anstrengend, schmutzig und auch gefährlich. Oft war es am Arbeitsplatz sehr laut. Besonders die Arbeit in der Industrie war harte Schufterei. Man sagte auch „Maloche" dazu. Heute werden viele Arbeiten nicht mehr von Menschen, sondern vollautomatisch von Maschinen oder Computern erledigt.

Auch im Handel und in der Verwaltung wurden die Arbeitsabläufe computerisiert. Der Stress für die Beschäftigten liegt bei vielen Tätigkeiten nicht mehr so sehr in der körperlich anstrengenden Arbeit, sondern in der Beschleunigung aller Vorgänge und in der Globalisierung der Kommunikation. Alles ist rund um die Uhr verfügbar, alle sind erreichbar. Das Smartphone und das Internet, E-Mail und Skype machen es möglich. Sie verändern nicht nur die private, sondern auch die berufliche Kommunikation. Andauernd erreichbar zu sein, löst die klare Trennung zwischen Arbeit und Freizeit unmerklich auf. Mitarbeiter werden auch außerhalb der Arbeitszeit von ihren Chefs angerufen, Telefonkonferenzen oder Meetings finden spät abends statt, und viele Beschäftigte lesen und beantworten auch in der Freizeit oder am Wochenende ihre beruflichen E-Mails. Manche Unternehmen haben die Gefahr der Überforderung erkannt und schalten den Server des Unternehmens am Wochenende ab.

Auch wenn sich die Arbeitswelt in den letzten Jahrzehnten durch Home-Office, mehr Schichtarbeit oder Arbeit „auf Abruf" stark verändert hat und die Arbeitszeiten flexibel geworden sind, gilt für die meisten Arbeiter, Angestellten und Beamten noch immer die Fünftagewoche. Dafür haben die Gewerkschaften 1955 gekämpft. Außer im Handel dauert die klassische Arbeitswoche von Montag bis Freitag.

Trotzdem arbeiten viele Menschen am Samstag. Dann haben sie während der Woche einen Tag frei. Doch inzwischen fragen sich viele, ob die Sonntagsruhe noch in unsere Zeit passt. Das Gesetz sagt, dass am Sonntag nur Arbeiten gemacht werden dürfen, die nicht auf einen anderen Tag verschoben werden können. Das sind zum Beispiel Notdienste im Krankenhaus oder bei Handwerkern und Technikern. Auch die Feuerwehr und die Polizei müssen am Sonntag zur Stelle sein. Taxis, Busse und Bahnen fahren, Flugzeuge fliegen, Bauern und Landarbeiter versorgen auch sonntags die Tiere. Museen, Restaurants, Zoos, Kinos und Theater haben geöffnet. Rundfunk und Fernsehen senden ihr Programm. Inzwischen arbeiten schon zehn Millionen Menschen am Sonntag. Es gibt eigentlich keine allgemeine Sonntagsruhe mehr. Seit einiger Zeit wird in Deutschland darüber diskutiert, ob die Geschäfte auch am Sonntag geöffnet sein sollten. Denn immer mehr Menschen wollen auch am Sonntag einkaufen gehen. Die christlichen Kirchen und die Gewerkschaften sind dagegen. Sie befürchten, dass die Sonntagsruhe damit ganz verschwindet und dass auch am Sonntag der Konsum regiert. Bis jetzt konnten sie sich durchsetzen. Die Geschäfte bleiben am Sonntag geschlossen. Je nach Bundesland dürfen sie nur wenige Male im Jahr öffnen.

Der Arbeitsmarkt

Unternehmen, Betriebe und Institutionen bieten offene Stellen in den Zeitungen, in sozialen Netzwerken (z.B. Job, Xing oder Monster) oder über die Agentur für Arbeit an, wenn sie nach neuen Mitarbeitern Ausschau halten. Menschen, die Arbeit suchen, sehen diese Angebote durch und bewerben sich. Manche schalten in denselben Medien und in Job-Suchmaschinen ein Stellengesuch, in dem sie sich mit ihrer Ausbildung und ihren beruflichen Erfahrungen vorstellen. Sie melden sich bei der Agentur für Arbeit als arbeitsuchend. Oder sie ergreifen die Initiative und bewerben sich dort, wo sie gerne arbeiten würden, direkt, ohne dass ein Job ausgeschrieben war. Manchmal erfährt man von Verwandten oder Freunden, dass eine Stelle frei ist. Oder man wird durch jemanden empfohlen.

Die bezahlte Arbeit und die Arbeitskraft der Menschen sind eine Ware. Und der Markt, auf dem beide „gehandelt" werden, ist ein Markt der besonderen Art. Die meisten Jobs werden auf dem „Ersten Arbeitsmarkt" angeboten und gesucht. Das ist der reguläre Arbeitsmarkt. Hier kommen Beschäftigungsverhältnisse allein auf der Grundlage von Angebot und Nachfrage nach den Prinzipien der freien Wirtschaft zu Stande. Dabei geht es um ganz unterschiedliche Stellen: Arbeit auf Zeit, Saisonarbeit (z.B. auf dem Bau oder bei der Ernte), unbefristete Stellen, Arbeit in Vollzeit, also mit einer Wochenarbeitszeit von 40 Stunden oder Arbeit in Teilzeit, mit 20 oder 30 Stunden in der Woche oder nur stundenweise. Alle diese Arbeitsverhältnisse haben eine Gemeinsamkeit: Es werden keine staatlichen Leistungen als Subventionen oder Zuschüsse an die Arbeitgeber oder die Arbeitnehmer gezahlt. Die Arbeitsbedingungen sind im Arbeitsrecht festgelegt. Außerdem gibt es bei den Löhnen seit 2015 eine Untergrenze. In Deutschland gilt ein allgemeiner gesetzlicher Mindestlohn von 8,50 Euro pro Arbeitsstunde. In manchen Branchen liegt der Mindestlohn darüber.

Anders sieht es auf dem „zweiten Arbeitsmarkt" aus. Der ist streng genommen kein Markt. Er umfasst alle Beschäftigungsverhältnisse, die vom Staat subventioniert, also finanziell unterstützt werden und solche, die überhaupt erst vom Staat geschaffen werden. Das sind z.B. die „Arbeitsgelegenheiten", auch 1-Euro-Jobs genannt, die Mini-Jobs (bis 450 Euro im Monat), die Midi-Jobs (450,01-850 Euro im Monat) jeweils mit Vorteilen bei der Steuer und Sozialversicherung oder auch Jobs mit „Kombi-Löhnen" (also einem staatlichen Zuschuss zum Lohn, der an den Arbeitgeber geht). Auch Menschen, die arbeiten, aber so wenig verdienen, dass es zum Leben nicht reicht und die deshalb einen Zuschuss bekommen („die Auf-stocker") werden dem „zweiten Arbeitsmarkt" zugerechnet. Die Politik hat in den letzten Jahren viel getan, um die Arbeitslosigkeit zu senken, aber auch um die Schwarzarbeit (die Arbeit an der Steuer vorbei) zu beseitigen. Vor allem Menschen, die länger arbeitslos gewesen sind und nur schlecht qualifiziert sind, aber auch Menschen mit Behinderungen bekommen im „zweiten Arbeitsmarkt" eine Chance. Arbeitslose werden mit Umschulungen und Weiterbildungen fit gemacht für den „ersten Arbeitsmarkt". Man hofft, dass der „zweite Arbeitsmarkt" wie ein Sprungbrett in den „ersten Arbeitsmarkt" wirkt. Der Erfolg vieler Maßnahmen ist aber nicht sicher. Dafür sind die Kosten beträchtlich. In Regionen und in Bundesländern mit hoher Arbeitslosigkeit hat der „zweite Arbeitsmarkt" trotzdem eine große Bedeutung. Vor allem in den neuen Ländern wird er genutzt, um die darin Beschäftigten beruflich und sozial zu integrieren. Er dient dem sozialen Frieden.

Der „dritte Arbeitsmarkt" soll Menschen helfen, die schon sehr lange arbeitslos sind. Meistens sind sie ohne Schulabschluss und ohne Ausbildung. Oft haben sie gesundheitliche Probleme oder sind schon älter. Viele haben sich eine Zeit lang mit Aushilfsjobs und Gelegenheitsarbeit durchgeschlagen oder waren als ungelernte, schlecht bezahlte Arbeitskräfte angestellt. Andere hat ein unvorhergesehenes Ereignis aus der Bahn geworfen: die Pleite der eigenen Firma oder die Insolvenz des Arbeitgebers, eine späte Kündigung mit über fünfzig, eine Ehescheidung, eine schwere Krankheit oder der finanzielle Ruin. Als Langzeitarbeitslose leben sie von Hartz IV. Das bedeutet, eine Existenz in Armut am Rand der Gesellschaft. Ihre Chance, einen regulären Job zu finden ist minimal. Viele könnten einen normalen Arbeitsalltag nicht mehr durchzuhalten, selbst wenn sie es wollten. Deshalb zielt der „dritte Arbeitsmarkt" nicht darauf, die Menschen weiterzubilden oder umzuschulen. Im Mittelpunkt stehen soziale Tätigkeiten, die vom Staat finanziert werden, um Langzeitarbeitslose zumindest stundenweise zu beschäftigen. Sie kommen raus aus der Isolation, haben eine Aufgabe und soziale Kontakte, erfahren Anerkennung und werden auf diese Weise gestärkt. Die Hoffnung ist, dass es einige von ihnen doch noch in die reguläre Arbeitswelt schaffen.

10.   Kunst und Kultur

Deutschland besitzt ein reiches kulturelles Erbe. Die UNESCO-Liste des Welterbes, die weltweit etwa 1.000 Kultur- und Naturdenkmäler ausweist, enthält auch 40 Stätten in Deutschland (2015). Darunter sind Naturdenkmäler, aber auch bedeutende Bauwerke aus allen Epochen. Über das UNESCO-Welterbe hinaus gibt es eine Vielzahl weiterer Bauwerke, die berühmt sind. Außerdem ist Deutschland bekannt für seine Maler und Bildhauer, für seine Designer und für seine Komponisten. Deutschland gilt als Land der Dichter und Denker. Es ist ein Pionier des Kinos und es hat viele aufregende Museen.

Kunst aus Deutschland
<u>Architektur</u>

Die frühesten Bauwerke, die sich in Deutschland erhalten haben, stammen aus der Zeit Karls des Großen um 800. Es sind nur ganz wenige. Die Pfalzkapelle Karls des Großen in Aachen gehört dazu. Aus der Zeit der Romanik (1000-1200) sind viele Kirchen erhalten. Riesige Dombauten entstanden in Köln, Hildesheim, Limburg, Speyer, Worms, Mainz und Bamberg. Die komplett erhaltene Klosteranlage in Maulbronn wurde ebenfalls im romanischen Stil begonnen. Ein bedeutendes weltliches Bauwerk ist die Kaiserpfalz in Goslar. Die Gotik, die Architektur der französischen Kathedralen, kam im 13. Jahrhundert nach Deutschland. Dieser Baustil wurde für die nächsten zweihundert Jahre bestimmend. Große gotische Kirchen sind das Münster in Straßburg, Ulm und Freiburger, der Kölner Dom und die Dome in Regensburg und Halberstadt und Paderborn.

In der Zeit der Renaissance machte sich der italienische Einfluss bemerkbar. Es entstanden viele kostbar verzierte Profanbauten (Bauwerke für weltliche Zwecke) wie das Heidelberger Schloss oder das Rathaus von Rothenburg ob der Tauber.

Eine besonders kreative Phase erlebte die Architektur überall in Deutschland am Ende des 17. Jahrhunderts. Schlösser, Bischofsresidenzen und Kirchen wurden im Stil des Barock und Rokoko errichtet. Besonders einflussreich wurde ein Jahrhundert später der Klassizismus, der sich an griechischen und römischen Vorbildern orientierte. Die deutschen Architekten waren im Antiken-Fieber. Klare Proportionen und Symmetrie waren gefragt, wie beim Brandenburger Tor oder bei den Bauten des neuen Berlin, die Karl Friedrich Schinkel errichtete: die Neue Wache, das Schauspielhaus oder das Alte Museum.

Nach einer Zeit des Historismus, in der viele Baustile der Vergangenheit imitiert und miteinander kombiniert wurden, setzte um 1900 mit dem Jugendstil eine Erneuerung der Architektur ein. Ein Zentrum des Jugendstils war die Darmstädter Künstlerkolonie Mathildenhöhe, mit den Architekten Peter Behrens und Joseph M. Olbrich.

Unter dem Begriff des Funktionalismus wurde nach dem Ersten Weltkrieg eine neue Formenstrenge eingeführt. Es galt das Motto: „Form Follows Function." Baustoffe wie Stahlbeton und Glas passten gut zum „Neuen Bauen", das vom „bauhaus" in Weimar und später in Dessau und Berlin vertreten wurde. Seine Architekten waren Walter Gropius und Ludwig Mies van der Rohe. Sie mussten nach 1933 emigrieren. Gropius ging in die USA, van der Rohe in die Sowjetunion.

In der Zeit der nationalsozialistischen Diktatur schufen Paul Ludwig Troost und Albert Speer einen monumentalen Klassizismus, der die Macht des Staates feierte. Auch im Wohnungsbau fand eine Abwendung von der Moderne statt. Hier wurde ein Stil bevorzugt, den man „Heimatschutzarchitektur" nannte.

Die Architektur in der Bundesrepublik und in Westberlin suchte beim Wiederaufbau nach dem Zweiten Weltkrieg Anschluss an die internationale Moderne. Die ersten Hochhäuser entstanden. Einige Bauten wurden zu Wahrzeichen der neuen Moderne, z.B. das Münchener Olympiastadion von Günter Behnisch.

Als Gegenbewegung zur strengen Geometrie und kühlen Funktionalität setzte die Postmoderne in den 1980er Jahren auf einen spielerischen Umgang mit den Formen der Architektur. Sie mixte Stile und setzte in witzigen Details auch ironische Akzente. Es galt der Grundsatz: „Form Follows Fiction." Erst in den 1980er Jahren wurden große Anstrengungen unternommen, die Altstädte und ihre historischen Bauten zu erhalten.

In der DDR und in Ostberlin begann man die Neugestaltung der Städte mit ihren breiten Hauptstraßen und Aufmarschplätzen und ihren Staats- und Kulturbauten zunächst im Stil eines monumentalen, sozialistischen Klassizismus begonnen. Dieser Stil war auch in anderen Ländern des Ostblocks verbreitet. Man nannte ihn „Stalinistischer Zuckerbäckerstil".

Aber bald orientierte sich die Architektur in der DDR ebenfalls an der internationalen Moderne. Für die großen Projekte des Wohnungsbaus am Rande der Großstädte nahm man sich Anfang der 1970er Jahren Frankreich zum Vorbild. Damals galten die modernen „Banlieus" als fortschrittlich. Mit der Wiedervereinigung eröffnete sich ein weites Feld der Stadterneuerung und der Stadtentwicklung. Viele repräsentative Neubauten entstanden. In Berlin wurde das Niemandsland an der Mauer, der tote Winkel der deutschen Geschichte, ganz neu gestaltet. Der Potsdamer Platz wurde wieder zu einem Verkehrsknotenpunkt der City.

<u>Plastik</u>

Plastik hat nichts mit Kunststoff zu tun, wenn es um die Kunst geht. Unter dem Begriff Plastik werden dreidimensionale Objekte und Skulpturen aus den unterschiedlichsten Materialien verstanden: z.B. Kelche und Pokale aus Gold oder Figuren und Statuen aus Holz, Bronze oder Marmor. Zu den ältesten Plastiken gehört der Braunschweiger Löwe (1166), der in der Zeit der Romanik aus Bronze gefertigt wurde. Ekkehart und Uta, die Auftraggeber des Doms in Naumburg, wurden im 13. Jahrhundert als Statuen in Stein gehauen und auf diese Weise als Stifterfiguren geehrt.

Einer der berühmtesten Holzschnitzer des späten 15. Jahrhunderts war Tilmann Riemenschneider, der in Süddeutschland sakrale Kunst, also Kunstwerke für Kirchen schuf.

Ebenfalls aus Süddeutschland kamen die Brüder Cosmas Damian und Egid Quirin Asam. Für die von ihnen erbauten Kirchen schufen sie bewegte Plastiken im Stil des Barock.

Als bedeutendster Bildhauer des 18. und frühen 19. Jahrhunderts gilt Johann Gottfried Schadow, der vor allem in Berlin für den preußischen Hof tätig war. Seine „Prinzessinnengruppe" (1796/97) - die Skulpturen der beiden Prinzessinnen Luise und Friederike - definierte das Ideal weiblicher Schönheit. Seine Quadriga aus Bronze auf dem Brandenburger Tor (1789-1793) verkörpert den Triumph des Friedens. In späterer Zeit wurden vor allem Standbilder und riesige Denkmäler für öffentliche Plätze geschaffen. Nach 1871 errichte man sie besonders häufig für die deutschen Kaiser und für den Reichskanzler, Otto von Bismarck.

Der Jugendstil und der Expressionismus entwickelten eine neue dramatisch-bewegte Formensprache für die Darstellung von Tieren und für menschliche Figuren, wie sie in der Skulptur „Der Sturm" (1901) von Bernhard Hoetger zum Ausdruck kommt. Auch abstrakte Kunst entstand bereits um 1920.

Viele Bildhauer der Moderne wurden während der nationalsozialistischen Diktatur als „entartet" verboten. Als „Staatskünstler" feierte das Regime dagegen andere. Sie schufen die kriegerischen Heldenstatuen für monumentale Plätze und Gebäude des Diktators.

Nach 1945 dominierte in der Bundesrepublik für mehrere Jahrzehnte die abstrakte Plastik. Es ging nicht mehr um eine naturalistische, maßstabsgetreue Nachbildung von Körpern, sondern um die Form und das Material. In den 1970er Jahren prägte Josef Beuys einen neuen Begriff: die „soziale Plastik". Sie entsteht und verändert sich durch die Menschen, und sie ist nie abgeschlossen. Beuys' Motto lautete: „Jeder Mensch ist ein Künstler." Beuys arbeitete mit Alltagsobjekten, aber auch mit organischen Stoffen wie Filz, Fett und Öl.

Spätere Künstlerinnen und Künstler definierten die Plastik neu. Sie schufen bewegliche Installationen im Raum wie Rebecca Horn. Performance-Künstler schufen in der Aktion vergängliche Kunstwerke, von denen wir heute nur wissen, weil die Aktion gefilmt wurde. Die Video-Kunst entstand zum Teil aus der Performance-Kunst. Künstler wie Hermann Nitsch machten den menschlichen Körper zur lebenden Skulptur. Einige setzen für die Körperkunst den eigenen Körper ein.

Malerei

Wie die Baukunst und die Plastik stand auch die Malerei im Dienst der Religion. Es begann mit der Buchmalerei, einer Kunst, die in den mittelalterlichen Klöstern, z.B. auf der Insel Reichenau gepflegt wurde. Heilige Schriften (Evangeliarien) wurden mit farbigen Illustrationen und Blattgold verziert. Die ersten Glasmalereien für Fenster und Tafelbilder für Innenräume entstanden in der Epoche der Gotik ebenfalls als Auftragsarbeiten für die Kirche.

Die bedeutendsten Maler der deutschen Renaissance waren Albrecht Dürer, Lucas Cranach und Matthias Grünewald. Tief verwurzelt in der Religion, ausgestattet mit anatomischem Wissen und präzise in der Beobachtung von Gemütszuständen stellten sie den Menschen auf eine bis dahin unbekannte Weise dar: realistisch, emotional, leidend, melancholisch. Nicht nur das Menschenbild, auch das Bild von der Natur hatte sich verändert.

Zur Malerei trat nach der Erfindung des Buchdrucks als neues Medium der Kunst die Druckgrafik. Kupferstiche und Holzschnitte fanden nun größere Verbreitung als Gemälde. So wurde der Maler Albrecht Dürer wurde durch sein grafisches Werk bereits zu Lebzeiten sehr bekannt.

Im 19. Jahrhundert erlebten der Klassizismus, die Romantik, der Realismus und der Impressionismus, der in Frankreich entstanden war, eine Blütezeit. Einflussreich war auch die Malerei der „Deutsch-Römer". Zu ihnen zählten Maler wie Anselm Feuerbach, Arnold Böcklin oder Hans von Marées, die in Rom lebten und ihre Themen in der Antike fanden. Zu den bekannten deutschen Malern des Realismus gehört Adolf Menzel. Er malte die höfische Gesellschaft, bürgerliche Wohnzimmer, aber als einer der ersten auch die Industrie.

Max Liebermann, Max Slevogt und Lovis Corinth zählen zu den führenden Vertretern des deutschen Impressionismus.

Einen revolutionären Bruch mit allen bisherigen Malstilen, die an den Kunstakademien gelehrt worden waren, vollzog der Expressionismus. Er läutete den Beginn der Moderne in der Malerei ein. Künstlergruppen wie „Die Brücke" in Dresden (1905) oder „Der Blaue Reiter" in München (1911) entwickelten eine neue Sicht auf die Dinge und die Welt. Kunst wurde zum seelischen Ausdruck, zur Rebellion der Farbe und der Komposition über die Wirklichkeit.

Während der Impressionismus als französische Kunst des schönen Augenblicks bezeichnet und seine Malweise als leicht, heiter, luftig beschrieben wird, gilt der Expressionismus als deutsche Kunst. Er will die Welt, die nicht mehr als schön empfunden wird, in der Malerei neu erschaffen. Aus dem Expressionismus entwickelte sich in Deutschland die abstrakte Malerei mit Kandinsky und Oskar Schlemmer und Karl Röhl, aber mit George Grosz und Otto Dix auch der sozialkritische Realismus. Als Reaktion auf den Ersten Weltkrieg und den Untergang der alten Welt des Adels und des Bürgertums entstanden der Dadaismus, der Futurismus und in den 1920er Jahren die Neue Sachlichkeit. Der Surrealismus, der in Frankreich und später in den USA überaus einflussreich wurde, entwickelte sich in Deutschland nur schwach, obwohl einer seiner bedeutendsten Vertreter, Max Ernst, als Künstler in Deutschland begann.

Während der nationalsozialistischen Diktatur wurde die moderne und abstrakte Kunst abgelehnt. Viele Künstler galten als „entartet", hatten Malverbot und wurden verfolgt. Man wollte das Rad der Entwicklung zurückdrehen. Besonders geschätzt wurden nun die akademische Malerei des 19. Jahrhunderts und die Kunst der deutschen Renaissance. Von den „Staatskünstlern" des Dritten Reiches wurde eine monumentale und heroische Malerei nach dem Vorbild der Antike erwartet, aber auch naturalistische Landschaftsbilder, Porträts, Familienbilder und im Zweiten Weltkrieg zunehmend Kriegsbilder, die sich zur Propaganda eigneten.

Nach 1945 ging die Malerei im geteilten Deutschland zwei unterschiedliche Wege. In der Bundesrepublik genossen die klassische Moderne und die abstrakte Malerei wieder eine hohe Wertschätzung. Auch die aktiven Künstler malten abstrakt. Erst spät wandte man sich im Westen der figurativen (gegenständlichen) Malerei zu. Zu den wichtigsten Malern der Bundesrepublik gehören Sigmar Polke, Anselm Kiefer, Georg Baselitz, und Gerhard Richter. Anders in der DDR. Dort war die gegenständliche Malerei von Anfang an bestimmend. Die Künstler wurden auf einen „sozialistischen Realismus" verpflichtet. Unter diesem Schlagwort der Kunstpolitik konnten sich aber bis 1989 vielfältige Strömungen entwickeln. Bestimmend für die Malerei in der DDR war die „Leipziger Schule". Aus ihr sind Maler wie Werner Tübke, Wolfgang Mattheuer und Bernhard Heisig hervorgegangen, aber auch Neo Rauch, ein international bekannter Künstler der Gegenwart.

Design: „Gute Form", „deutsche Wertarbeit" und „bauhaus"
Bevor die Industrialisierung im 19. Jahrhundert die Welt der Dinge radikal veränderte, gab es kein Design. Handwerker fertigten kleine Serien einfacher Gebrauchsgegenstände oder luxuriöse Einzelstücke in Handarbeit mit Werkzeugen oder einfachen Maschinen an. Für die Gestaltung der Luxusgüter waren die Tradition, Erfahrung und Handwerkskunst maßgeblich. Erst die Umstellung zur industriellen Produktion brachte eine grundlegende Veränderung. Der Entwurf und die Gestaltung von Waren wurden getrennt von der Herstellung. In großen Mengen konnte viel günstiger produziert

werden. Bald machte die Erfindung des Kunststoffs alles noch billiger. Aber den Erzeugnissen sollte man das nicht ansehen. Sie sollten „etwas hermachen" und wertvoller erscheinen als sie sein konnten. Daher wurden sie überladen mit Verzierungen. Fast jeder konnte sie sich leisten, aber sie mussten auch öfter ersetzt werden. Die Massenartikel waren billig, aber von schlechter Qualität.

Die Kritik am Massenkonsum war ein wichtiger Impuls für den Beginn des Designs. In England ging die Reformbewegung vom „Arts and Crafts Movement" aus. In Deutschland waren es die Kunstgewerbeschulen und Ateliers in der Zeit des Jugendstils (vor 1900). Aber die Rückbesinnung auf das Handwerk, auf „ehrliche" Materialien, auf natürliche Formen und der Verzicht auf Kitsch waren nur die eine Seite. Es ging auch darum, industriell hergestellte Produkte funktional, ergonomisch und zweckmäßig zu gestalten, also die „gute Form" zu finden. Zu den ersten Unternehmen, die sich auf eine moderne Gestaltung ihrer Produkte konzentrierten, gehörte AEG mit seinen Elektrogeräten und der Möbelhersteller Thonet, der als erster preiswerte und zweckmäßige Möbel für breite Bevölkerungsschichten herstellte. Besonders wichtig für die Entwicklung des Designs wurden der Deutsche Werkbund (1907-1938) und das „bauhaus" (1919-1933).

Der Deutsche Werkbund war keine Schule, sondern ein Zusammenschluss von künstlerischen Entwerfern und Architekten einerseits und Vertretern der Industrie andererseits. Unter den Designern der Jahrhundertwende waren Moderne wie Hermann Muthesius, Peter Behrens Henry van de Velde, Walter Gropius und Bruno Taut, aber auch Konservative wie Paul Ludwig Troost, Paul Schultze-Naumburg oder Emil Fahrenkamp. 1907 taten sie sich mit Vertretern der deutschen Industrie zusammen. Viele Unternehmen aus der Chemie- und Elektroindustrie, z.B. Bosch, Siemens, Bayer oder BASF waren beteiligt, aber auch Hersteller von Bestecken und Porzellan, Spielzeughersteller und Möbelwerkstätten. Es ging um die Qualität der Produkte und gleichzeitig um die Schaffung bekannter Marken, die für diese Qualität standen. Dafür prägte der Werkbund 1914 den Begriff der „deutschen Wertarbeit" als Gütesiegel.

1919 wurde von Walter Gropius in Weimar das „bauhaus" gegründet. In nur vierzehn Jahren entwickelte es sich zum kreativen Zentrum für einen neuen Stil in der Architektur und für ein modernes
Produktdesign der „Neuen Sachlichkeit". Möbel, Lampen, Glas und
Keramik, Teppiche entstanden, die unverwechselbar „bauhaus"
waren.

Der Gedanke des Deutschen Werkbundes und die Tradition des
Bauhauses wurden nach dem Zweiten Weltkrieg wieder aufgenommen. Sie verdrängten bald die spielerische und bunte Ästhetik
von Nierentisch und Cocktailsessel der 1950er Jahren.

Strenge Linien, klare Kanten und der rechte Winkel kehrten mit den
Klassikern zurück. Die „Gute Form", die „Linie der Vernunft" und
die Prinzipien des sachlichen Funktionalismus blieben lange Zeit
ohne Widerspruch. Wer als modern gelten wollte, verehrte das
„bauhaus" und stellte sich in seine Nachfolge. Deutsche Unternehmen wie AEG, Rosenthal (Porzellan) und Braun (Elektrogeräte)
waren in Deutschland führend bei einem betont sachlichen Design.
In den 1980er Jahren entstand eine Gegenbewegung. Sie war stark
vom italienischen Design beeinflusst. Das „Neue Deutsche Design"
spielt mit Formen und Materialien. Stahl und Stoff, Holz, Plastik,
Gummi und Plüsch werden hier zusammengebracht. Nicht alle
Objekte waren für die industrielle Serienproduktion geeignet. Und
gelegentlich sind die Grenzen zwischen einem Gebrauchsgegen-
stand oder Möbelstück und einem Kunstobjekt fließend.

Deutsche Mode

In den Goldenen Zwanziger Jahren des vergangenen Jahrhunderts
war Berlin nicht nur die Hauptstadt der Republik, sondern auch die
Metropole der deutschen Mode, obwohl die wahre Haute Couture
natürlich noch immer aus Paris kam. Nach Versuchen von Mode-
schöpfern wie Heinz Oestergaard und Uli Richter, Westberlin als
Zentrum der Mode dauerhaft wiederzubeleben, herrschte seit den
1950er Jahren Standortvielfalt. Den Führungsanspruch meldete
Düsseldorf an, wo seit 1949 die internationale Fachmesse für Mode
„Collection Première Düsseldorf" (CPD) stattfand. An den deutschen Modeschulen in München, Hamburg, Frankfurt, Bielefeld und

anderswo wurde und wird dem Designernachwuchs eine solide Ausbildung vermittelt. Andererseits lebt auch die deutsche Mode-branche von kreativen Quereinsteigern. Entworfen und geschnei-dert wurde immer auch anderswo. In den 1980er Jahren erregten deutsche Designer wie Wolfgang Joop, Jil Sander, die ihre eigenen Modeunternehmen aufbauten, Aufsehen. In der Folge konnten sich deutsche Modelabels wie Windsor, Escada, Hugo Boss, oder Stren-esse auch international behaupten. Bekannte deutsche Modede-signer sind neben Joop und Sander, Michael Michalsky, Harald Glööckler, Jette Joop oder Alexandra Fischer-Roehler und Talbot Runhof.

Spätestens um die Jahrtausendwende avancierte Berlin wieder zur Stadt der Mode. Mit der Fashion Week (seit 2007) und der Street-wear-Messe „Bread and Butter" bietet Berlin vor allem jungen Designern eine große Chance. 2012 zog auch die altehrwürdige CPD von Düsseldorf in die Hauptstadt nach.

Der Größte deutsche Modedesigner ist Karl Lagerfeld, der seit Jahren in Paris das modische Profil des Hauses Chanel bestimmt.

Wenn man über Mode spricht, kann man von den Models aus Deutschland nicht schweigen. In den 1950er Jahren nannte man sie noch Mannequins. Susanne Erichsen und andere begründeten als „Botschafterinnen der Mode" das deutsche „Fräuleinwunder" im Ausland und trugen entscheidend dazu bei, dass die Deutschen in der öffentlichen Meinung allmählich ihr hässliches Gesicht verlo-ren. Zur international gefeierten Modeikone der 1960er Jahre wur-de „Veruschka", Vera Anna Gottliebe Gräfin Lehndorff, die später Künstlerin wurde. Claudia Schiffer und Nadja Auermann gehörten zu den Topmodells der 1980er und 1990er Jahre. Und Eva Padberg eroberte 1995 als erstes Model aus der EX- DDR den Laufsteg.

Musik von „E" bis „U"
Klassische Musik entspricht zwar nicht dem Massengeschmack, ist aber seit einigen Jahrzehnten immer populärer. Sie spielt im deut-schen Musikleben mit seinen vielen Orchestern und Chören, seinen Opern- und Konzerthäusern und den zahlreichen Musikfestivals eine wichtige Rolle. Manche Musikerinnen und Musiker werden als

Virtuosen verehrt, Opernsängerinnen und -sänger werden ein bisschen wie Popstars gefeiert. Kinder lernen schon in frühen Jahren an einer der vielen Musikschulen oder bei einem privaten Musiklehrer ein Instrument: Gitarre, Blockflöte, Trompete oder Posaune, Klavier oder Geige. Manche Schulen haben ein Schülerorchester oder einen Chor. Um schon die Kleinen mit der Welt der Musik vertraut zu machen, haben die Bundesländer Nordrhein-Westfalen, Hessen und Hamburg das Programm „Jedem Kind ein Instrument" (JeKi) für Grundschulen gestartet. Es wird gerade erweitert zu: „Jedem Kind Instrumente, tanzen, singen" (JKits). Alle Kinder haben die Chance, an diesem Programm teilzunehmen, auch wenn die Familien wenig Geld haben. Denn Musikmachen ist eine Bereicherung des Lebens. Es stiftet neue Erfahrungen: sich mit der Umgebung verbunden zu fühlen und Gefühle mit anderen teilen zu können.

Man kann vermuten, dass es Musik schon immer und überall gab, wo Menschen lebten. Denn Musik gehört zu den grundlegenden Fähigkeiten des Menschen. Als Mittel der Verständigung hängt sie eng mit der Sprache zusammen. Wir wissen aber wenig über die Musik der alten Germanen. Erst mit der Verbreitung des christlichen Glaubens ist bezeugt, dass die Ureinwohner auf dem Gebiet des heutigen Deutschland, Musik machten und sangen. Über die großen Klöster kam der gregorianische Gesang aus dem Mittelmeerraum nach Norden. Hildegard von Bingen, eine Nonne vom Orden der Benediktiner, komponierte zahlreiche Gesänge von großer mystischer Ausdruckskraft. Später im Mittelalter entwickelte sich neben der sakralen Musik eine neue Form der weltlichen Musik: der Minnesang. Das waren die Liebeslieder, welche die Ritter ihren angebeteten Frauen sangen. Bekannt wurden als Dichter und Musiker Walther von der Vogelweide (um 1200) und Oswald von Wolkenstein im 15. Jahrhundert.

In der Zeit der Reformation entstand der Choral als Gesang mehrerer Stimmen in der protestantischen Kirchenmusik. Die wichtigsten Komponisten der Barockzeit waren Johann Sebastian Bach (1685-1750) und Georg Friedrich Händel (1685-1759). Bach wirkte lange in Leipzig und schuf ein riesiges Werk für Klavier, Orchester und Orgel und für Chor- und Einzelstimmen. Händel komponierte zahlreiche Opern und Oratorien (geistliche Gesänge) am englischen Hof in London. Dann kam die große Zeit der Sinfonien, Streichquartette, Sonaten und Opern. Man nennt sie die „Wiener Klassik", weil Wien zum Zentrum des musikalischen Lebens wurde. Franz Schubert schuf das „Kunstlied" als neue Form des Gesangs. Hier oder von hier aus wirkten Komponisten wie Josef Haydn, Wolfgang Amadeus Mozart und Ludwig van Beethoven nach Ungarn, Frankreich, Italien und Deutschland. Musik war mehr noch als die bildende Kunst eine europäische Kunst. Noch immer waren die großen Auftraggeber für musikalische Werke die Kirche und die europäische Aristokratie in Gestalt von Bischöfen und weltlichen Fürsten.

Im späten 19. Und frühen 20. Jahrhundert standen die Komponisten Anton Bruckner, Johannes Brahms, Richard Strauss, Gustav Mahler, Alban Berg und Arnold Schönberg für das Wiener Musikleben. Doch in der Epoche der Romantik wurde erneut Leipzig zu einem Mittelpunkt des musikalischen Schaffens. Dort wirkten der Komponist und Orchesterdirektor Felix Mendelssohn Bartholdy, der Komponist Robert Schumann und seine Frau, die Pianistin und Komponistin Clara Schumann. Auch Richard Wagner begann in Leipzig bevor der Komponist großer Opern nach München an den Hof des „Märchenkönigs" Ludwig II ging und schließlich seine Wirkungsstätte in Bayreuth fand. Dort finden „auf dem grünen Hügel" alljährlich im Sommer die Bayreuther Festspiele statt, die den Opern Richard Wagners gewidmet sind. Andere Festivals der europäischen klassischen Musik sind die „Salzburger Festspiele", die „Bregenzer Festspiele" auf der Seebühne am Bodensee, das „Schleswig-Holstein-Festival", das „Rheingau-Musikfestival" und der „Bad Kissinger Sommer". Dazu finden viele kleinere Musiktage und Festivals statt.

Viele Menschen hören klassische Musik nur ausnahmsweise oder zu besonderen Anlässen. Sie gilt als „E-Musik", als „ernste" Musik. Stattdessen bevorzugen sie Schlager, Pop, Rock, Blues, Soul, Folk, Punk, Grunge oder Metal und was es sonst noch gibt. Alle diese Musikstile werden in Deutschland meistens als „U-Musik", als Unterhaltungsmusik bezeichnet. Die Trennung zwischen „E-Musik" und „U-Musik" ist schon über 100 Jahre alt. Sie wurde ursprünglich eingeführt, um die Komponisten selten aufgeführter musikalischer Werke der „E-Musik" als Urheber besser zu schützen. Lange war mit der Zweiteilung aber auch eine Abwertung der Unterhaltungsmusik verbunden. Sie galt als kommerziell und oberflächlich, während man die „E-Musik" mit Kunst gleichsetzte. Heute empfinden viele Menschen diese Unterscheidung als künstlich und auch als falsch. Die verschiedenen Musikstile innerhalb der „E-Musik" - Schlager, Pop, Rock und Metal – haben nichts miteinander zu tun. Außerdem geht es für die Fans um weit mehr als um Unterhaltung. Sie empfinden „ihre" Musik als Ausdruck eines Lebensgefühls. Sie gehört zum Lebensstil einer ganzen Generation.

In den 1950er und 1960er Jahren galten Schlager und Pop-Musik aus Deutschland international eher als zweitklassig. Bei den Deutschen waren Stars wie Freddy Quinn, Katharina Valente, Peter Kraus oder Conny Froboess und später Drafi Deutscher, Hildegard Knef, France Gall und Udo Jürgens trotzdem ziemlich beliebt. Ansonsten hörte man auch in Deutschland Elvis Presley, die Beatles und die Rolling Stones. Erst in den 1970er Jahren entstand mit Bands wie „Amon Düül" oder „Kraftwerk" eine neue, experimentelle Musik, die man in England ironisch „Krautrock" nannte. The Krauts, abgeleitet von Sauerkraut, das waren die Deutschen. Gleichzeitig entwickelte sich mit Bands wie „Ton, Steine, Scherben" oder Sängern wie Udo Lindenberg in den 1970er Jahren eine eigene deutsche Rockmusik. Auch die erste deutsche Heavy Metal-Band „The Scorpions" entstand bereits Ende der 1970er Jahre. Und Nina Hagen startete nach ihrer Übersiedlung aus der DDR im Westen den deutschen Punk. Trotzdem blieb der Schlager sehr populär. Einige Sänger wie Peter Maffay versuchten mit Erfolg eine Brücke zur Rockmusik zu schlagen. In den 1980er Jahren entstanden viele neue Bands: „Deutsch-Amerikanische Freundschaft" (D.A.F.), „Der Plan", „Trio", „Nena", „Die Toten Hosen", Ina Deter, die man als „Neue Deutsche Welle" bezeichnete. Auch regionale Bands wie die Kölner "BAP" oder die Münchner „Spider Murphy Gang", die ihre

Texte im regionalen Dialekt sangen, wurden populär. Mit Marius Müller-Westernhagen aus Düsseldorf und Herbert Grönemeyer aus Bochum betraten zwei Sänger die Bühne, die in ihren Songs ebenfalls einen stark regionalen Bezug hatten. Mindestens so erfolgreich wie die „Neue Deutsche Welle" war Ende der 1980er Jahre aber der synthetische Pop von „Modern Talking", auch im Ausland, vor allem in Osteuropa.

In der DDR hatten es Rockbands deutlich schwerer, eine Auftrittserlaubnis, einen staatlichen Plattenvertrag und überhaupt Übungsräume zu bekommen. Manche Rock- und Punkbands gab es nur im Untergrund wie z.B. „Feeling B". Trotzdem schafften einige Bands den Spagat zwischen staatlicher Kontrolle und Popularität, z.B. „Puhdys", „City", „Karat" oder „Silly".

Nach der Wiedervereinigung 1989/90 erlebte die deutsche Rockmusik einen kreativen Schub gerade durch Musiker, die in der DDR aufgewachsen waren. Zu den neuen Bands aus dem Osten gehörte „Rammstein" aus Berlin, „Tokio Hotel" aus Magdeburg oder „Silbermond" aus Bautzen. „Rammstein" wurde zum Markenzeichen einer neuen musikalischen Richtung, die man die „Neue Deutsche Härte" nennt. Ihre Musik wirkt kriegerisch und aggressiv. Und der Frontmann Till Lindemann hat eine Stimme wie Nosferatu. Die Bühnenshow ist extrem martialisch und körperbetont. Die Band „Rammstein", die auch in den USA sehr viele Fans hat, spielt mit rechtsextremen Klischees und einer düsteren Romantik. Gleichzeitig blieb aber ein großes Publikum dem deutschen Schlager von Roy Black, Marianne Rosenberg, Howard Carpendale und Helene Fischer treu. Und auch der volkstümliche Schlager hatte immer seine Fans. In den 1990er Jahren war er besonders erfolgreich: Blasmusik im Sound der „Oberkrainer", die „Fischerchöre", Sängerduos wie „Die Randfichten", „Die Amigos" oder „Die Wildecker Herzbuben" und Sänger wie Stefanie Hertel oder Hansi Hinterseer sprechen vor allem ein älteres Publikum an.

Deutsche Literatur

Im deutschen Sprachraum, also in Deutschland, Österreich und der Schweiz entstanden die ersten Werke der „schönen" Literatur vor Jahrhunderten. Man unterteilt sie in drei Gattungen: Drama, Epik, Lyrik. Beim „Drama" handelt es sich um einen Text, der aus Dialogen besteht. Sie werden von Schauspielern mit verteilten Rollen in Szenen gesprochen und gespielt, meistens in einem Theater. Deshalb nennt man Dramen auch Theaterstücke. Ein Drama kann eine Tragödie oder eine Komödie sein. Unter „Epik" versteht man alle Texte, die erzählt werden, z.B. Romane, Geschichten oder Märchen. Und die „Lyrik"? Das sind Gedichte, Lieder oder Balladen – in der Regel alles, was in kleine Abschnitte (Strophen oder Verse) aufgeteilt ist, einem Rhythmus nach bestimmten Regeln der „Verskunst" folgt und sich reimt. Was am Ende der Zeile ähnlich klingt, reimt sich:

Zwei fremde Augen, ein kurzer Blick,
die Braue, Pupillen, die Lider -
Was war das? Vielleicht dein Lebensglück...
vorbei, verweht, nie wieder.
(„Augen in der Großstadt" von Kurt Tucholsky, 1930)

Im frühen Mittalter wurde noch auf Lateinisch geschrieben. Latein war die Universalsprache der Alten Welt wie es heute Englisch ist. Erst mit dem Minnesang entstand im 11. Jahrhundert eine mittelhochdeutsche Lyrik. Der „Parzival" des Wolfram von Eschenbach und das „Nibelungenlied" eines unbekannten Autors waren die ersten epischen Werke. Darin werden germanische Sagen aus alter Zeit erzählt.
Die Literaturepoche des 17. Jahrhunderts nennt man „Barock". Damals blühten alle Gattungen der Literatur auf. Das Barocke Theater diente nicht allein der höfischen Unterhaltung, sondern auch der Verbreitung des Glaubens. Einer der wichtigsten Autoren dieser Zeit ist Andreas Gryphius. Er erfand das Märtyrerdrama und begründete das neue deutsche Lustspiel. Außerdem schuf er Sonette

(Gedichte, die nach ganz bestimmten Regeln aufgebaut sein müssen) über die Vergänglichkeit des Menschen und seine Angst vor dem Tod. „Der Abentheuerliche Simplizissimus Teutsch", auch genannt „Simplicius Simplizissimus" von Hans Jacob
Christoffel von Grimmelshausen war der erste deutsche Schelmenroman – sein Held war derb, witzig, ungebildet, respektlos und abenteuerlustig, eben ein echter Schelm, wie man ihn vorher nur aus der spanischen Literatur kannte.

Der berühmteste Dichter in Deutschland ist Johann Wolfgang von Goethe (1749 -1832). Er hinterließ ein riesiges Werk: Dramen, Romane, Gedichte und Reiseberichte. Bekannt sind seine „Italienische Reise" und seine späten Gedichte (1814-1827), die er der persischen Kultur und dem Dichter Hafiz (Muhammad Schams ad-Din) widmete. Sie wurden unter dem Titel „West-östlicher Diwan" veröffentlicht. Aber Goethe war auch Naturwissenschaftler und Politiker.

„Hier steh ich nun ich armer Tor! Und bin so klug als wie zuvor ..." sagt der Held in Goethes Theaterstück Faust. Und später, als der schwarze Pudel (ein Hund) sich in den Teufel verwandelt, ruft er aus: „Das also war des Pudels Kern!" Das sind in der deutschen Sprache schon längst allgemeine Redensarten geworden für die eigene Ratlosigkeit und für die Lösung eines Rätsels. Sein Roman „Die Leiden des jungen Werther" löste unter jungen Männern eine Selbstmordwelle aus. Goethes Dramen werden noch heute in deutschen Theatern gespielt, z.B. „Iphigenie auf Tauris" oder „Egmont". Auch Jahrhunderte später inspiriert er Künstler, Regisseure und Autoren. Ulrich Plenzdorf schrieb 1972 eine Neufassung des Werther in der DDR: „Die neuen Leiden des jungen Werther."
Goethes Werke sind Pflicht im Deutschunterricht. Deshalb heißt eine erfolgreiche Filmkomödie über Schüler und Lehrer auch „Fack yu Göhte!" (2013). Auf der ganzen Welt vermitteln die „Goethe-Institute" des Auswärtigen Amts die deutsche Sprache und Kultur.
Der Weltbürger Goethe steht für die Literatur der Klassik. Die Idee des Guten, Wahren und Schönen und die allgemein gültigen Werte

von Menschlichkeit und Harmonie bestimmten die Klassik. Ihr Ideal war die „allseits gebildete Persönlichkeit".

Dagegen ist Friedrich Schiller (1759-1805) der bekannteste Vertreter des „Sturm und Drang". Für den Geschichtsprofessor, Dramatiker und Dichter Schiller waren die Forderung nach Menschenwürde und Meinungsfreiheit über alle Schichten der Gesellschaft hinweg wichtige Themen. Seine bekanntesten Dramen sind „Wilhelm Tell", „Die Räuber" und „Don Carlos". Er schrieb auch Balladen (dramatische Gedichte in erzählender Form). Viele Aussprüche aus seinen Werken sind ebenfalls allgemeine Redensarten geworden: „Drum prüfe, wer sich ewig bindet", wird allen empfohlen, die heiraten wollen. „Geben Sie Gedankenfreiheit, Sire!", ist die Aufforderung an die Mächtigen, Religions-, Meinungs- und Pressefreiheit zu gewähren. Und „Hier wendet sich der Gast mit Grausen" sagt man, wenn die Küche schmutzig oder das Essen ekelhaft ist. Auch Schiller lebte in Weimar. Er war trotz unterschiedlicher Auffassungen über Literatur und Politik mit Goethe befreundet.

Bis zur Mitte des 19. Jahrhunderts entwickelte sich die Literatur in zwei gegensätzliche Richtungen. Sie wurden „Biedermeier" und „Junges Deutschland" genannt. Die Autoren des Biedermeier, z.B. Adalbert Stifter oder Eduard Mörike fanden ihre Themen im privaten Leben, im Freundeskreis und in der Natur. Für die anderen stand die Kritik an der Gesellschaft und an den politischen Verhältnissen im Vordergrund ihrer journalistischen, epischen und dramatischen Arbeiten. Zu ihnen gehörten Heinrich Heine, Ludwig Börne und Georg Büchner. Im Vormärz, also in der Zeit vor der Märzrevolution von 1848, um 1830, erlebte auch die politische Lyrik einen Höhepunkt.

Später als in Frankreich, England oder Russland entwickelte sich in Deutschland der poetische Realismus erst in der zweiten Hälfte des 19. Jahrhundert. Eine genaue Beschreibung der Wirklichkeit wurde verbunden mit einer subjektiven Deutung des Erfahrenen. Der Realismus war die große Zeit des Entwicklungsromans: Er zeigte, wie und warum sich die Hauptfigur zum Ideal einer bestimmten Gesellschaftsschicht entwickelte oder an den Erwartungen scheiterte, und er übte Kritik an den gesellschaftlichen Regeln. Aber auch die Novelle, eine Erzählung, die auf einer wahren Begebenheit (Les Nouvelles, französisch: die Neuigkeiten aus der Zeitung) beruht, war in dieser Zeit eine beliebte Form des Erzählens. Der wichtigste Schriftsteller des Realismus war Theodor Fontane. In seinem Roman „Effi Briest" (1895) geht eine junge Frau eine arrangierte Ehe mit einem deutlich älteren, aber wohlhabenden adligen Offizier ein. Nach einer Liebesaffäre, die entdeckt wird, wird sie von der Familie verstoßen, und man nimmt ihr die Tochter. Der Ehemann fordert den Liebhaber seiner Frau zum Duell. Die junge Frau, die alles verloren hat, stirbt an gebrochenem Herzen. Fontane übte Kritik an den Vorstellungen des Adels über Moral und Ehre und an der Unfähigkeit, die gesellschaftlichen Konventionen zu überwinden. Die Themen änderten sich, aber die realistische Erzählweise hat bis heute eine große Bedeutung.

Um 1880 erreichte der europäische Naturalismus, der sich aus dem Realismus entwickelte auch die deutsche Literatur. Nach dem Vorbild des Franzosen Émile Zola, des Norwegers Henrik Ibsens und des Russen Leonid Tolstois stellten deutsche Autoren soziale Missstände der Unterschichten in den Mittelpunkt ihrer Werke. Die naturalistischen Dramen Gerhard Hauptmanns, z.B. „Die Weber" (1892) eroberten die Bühne.

Die Jahrhundertwende 1900 gilt als Aufbruch in die Moderne. Ein allgemeines Krisenbewusstsein ließ viele literarische Strömungen entstehen, die ebenso schnell wieder verschwanden. Andererseits gab es unter den Autoren, starke Persönlichkeiten, die sich keiner Richtung zuordnen lassen, z. B. Stefan George, Else Lasker-Schüler, Rainer Maria Rilke oder Ricarda Huch. Weiterhin in der Tradition des Realismus schrieben Thomas Mann und Hermann Hesse. Manns Gesellschaftsroman „Die Buddenbrooks" (1901) erzählt die Geschichte vom Untergang einer reichen Kaufmannsfamilie, die man als Kritik am Bürgertum verstehen kann. Auch seine Novelle „Tod in Venedig" (1911) und sein großer Romane „Der Zauberberg" (1924) fanden ein riesiges Lesepublikum.

Sein Bruder Heinrich Mann lieferte mit seinem Roman „Der Untertan" (1918) eine schonungslose Abrechnung mit dem autoritären
Kaiserreich, das von seinen Untertanen unbedingten Gehorsam
forderte. In den 1920er Jahren wurde das Theater politisch und es
entstanden neue dramatische Formen: Bertold Brechts „Dreigro-
schenoper" (1929) als Lehrstück mit Musik und das politische Kaba-
rett von Kurt Tucholsky oder Josef Ringelnatz. Kommunisten wie
Friedrich Wolf sahen „Kunst als Waffe".

<u>Die Erfahrung des Exils</u>
Mit der Machtübernahme der Nationalsozialisten (1933) wurde
vielen Schriftstellern in Deutschland jede Möglichkeit, zu schreiben
entzogen. Ihre Werke wurden aus den öffentlichen Bibliotheken
und Buchhandlungen und am 10. Mai 1933 auf öffentlichen Plätzen verbrannt. Viele Autoren standen auf der schwarzen Liste der
Nazis .Einige wurden in den ersten Konzentrationslagern ermordet,
die gleich nach 1933 errichtet worden waren. Ungefähr 1.500 na-
mentlich bekannte Schriftsteller verließen das Land fluchtartig. Sie
versuchten im Ausland weiterzuarbeiten. Wien und Prag (bis 1938),
Amsterdam und Paris wurden zu Zentren der Exilliteratur. Mit dem
Ausbruch des Zweiten Weltkriegs begann eine zweite Phase. Flüchtlinge wurden im Ausland als „feindliche Ausländer" interniert und
teilweise nach Deutschland zurückgeschickt. Manche überstanden
die Belastungen des Exils nicht und begingen Selbstmord, wie Ernst
Toller, Kurt Tucholsky oder Walter Benjamin. Vielen gelang die
Flucht aus dem besetzten Europa in die USA, nach Großbritannien,
Südamerika, Mexiko oder nach Palästina. Einige der wichtigsten
Werke der deutschen Literatur wurden im Exil geschrieben, darunter z.B.: von Thomas Mann in den USA „Joseph und seine Brüder
(1933-43), von Heinrich Mann ebenfalls in den USA „Henri Quattre"
(1935-38), von Anna Seghers in Mexiko „Das siebte Kreuz (1942)
und von Berthold Brecht in den USA „Mutter Courage und ihre
Kinder" (1941). Die Situation der Emigranten wurde zum Thema
gemacht, z.B. im Roman „Exil" (1940) von Lion Feuchtwanger.
Als einziger Schriftsteller hielt Thomas Mann zwischen 1940 und
1945 im deutschsprachigen Programm der englischen BBC von

Kalifornien aus insgesamt 58 Rundfunkreden an deutsche Hörer. Er wollte auf diese Weise politische Aufklärungsarbeit leisten. Nach dem Krieg siedelte er in die Schweiz über, wo er 1955 starb. Nach Deutschland reiste er nur zu Besuch, zum ersten Mal im Jahr 1949. Anlass war der 200. Geburtstag von Johann Wolfgang von Goethe. Die Stadt Frankfurt verlieh dem Schriftsteller in der Paulskirche den Goethe-Preis. Anschließend fuhr Mann nach Weimar, und hielt im Nationaltheater dieselbe Rede zum Goethejahr noch einmal.

Von den Emigranten kehrten nach dem Krieg nur einige nach Deutschland zurück. Die meisten von ihnen wählten die sowjetisch besetzte Zone, weil sie mit dem Kommunismus sympathisierten und hofften, dass dort ein sozialistisches, ein „besseres" Deutschland aufgebaut würde. Der Stalinismus enttäuschte viele aber. Andererseits wurden sie von den Machthabern der neuen Diktatur umworben und mit Preisen geehrt, und sie erhielten zahlreiche Vergünstigungen.

Literatur im Westen

Nicht nur politisch, auch literarisch ging ab 1949 ein Riss durch Deutschland. Die „Trümmerliteratur", die nach dem Krieg im Westen entstand, unternahm den ehrlichen Versuch, sich Rechenschaft zu geben über die Diktatur und die Vergiftung der Sprache durch Propaganda. Dabei knüpfen die Schriftsteller an die Traditionen vor 1933 an. Sie nahmen aber auch die neueren Strömungen der amerikanischen und europäischen Literatur auf, die in der Diktatur verboten waren. Seit 1947 trafen sich deutschsprachige Schriftsteller jedes Jahr zu gemeinsamen Lesungen und zu einer Tagung über Literatur. Am Ende wurde ein Literaturpreis vergeben. Man nannte sich die „Gruppe 47". Bis in die 1960er Jahre blieb diese Gruppe für die westdeutsche Literatur sehr einflussreich.

Lange war der Zustand der deutschen Nachkriegsgesellschaft das bevorzugte Thema von Erzählungen und Romanen. Wichtige Autoren waren Heinrich Böll und Wolfgang Köppen, Martin Walser und Günter Grass. Mit Grass' Roman „Die Blechtrommel" (1959) gewann die deutsche Literatur auch internationales Ansehen wieder. Alle Autoren der ersten Stunde blieben ungewöhnlich lange produktiv, einige wie Günter Grass sogar über die Jahrtausendwende hinaus. Oder sind es noch immer wie Martin Walser. Deshalb gab es in den 1960er und 1970er Jahren eigentlich keinen Generationenwechsel. Zu den einflussreichen „Übervätern" und Leitfiguren kamen jüngere Autorinnen und Autoren und neue Themen hinzu: die dokumentarische Literatur, die unpolitische Literatur, die man „neue Innerlichkeit" nannte und die „Väterliteratur". So wurde die Auseinandersetzung der Töchter und Söhne mit ihren Vätern über die Zeit der NS-Diktatur bezeichnet. Dazu zählen Romane wie der von Elisabeth Plessen „Mitteilung an den Adel" (1979).

Eine Erneuerung der Sprache fand vor allem in der Lyrik statt. Ganz auf das Individuum konzentriert und in einer starken bildhaften Sprache geschrieben waren die Gedichte von Ingeborg Bachmann, z.B. „Die gestundete Zeit" (1953).

Dass Lyrik auch ziemlich lustig sein kann, hatte schon die Dada-Bewegung (ab 1916) bewiesen. An sie knüpften die Dichter der „experimentellen Poesie" in den 1960er Jahren an. Am bekanntesten wurde der Österreicher Ernst Jandl mit seinen Lautgedichten.

ottos mops (1969)

ottos mops trotzt
otto: fort mops fort
ottos mops hopst fort
otto: soso

otto holt koks
otto holt obst
otto horcht
otto: mops mops
otto hofft

ottos mops klopft
otto: komm mops komm
ottos mops kommt
ottos mops kotzt
otto: ogottogott

<u>Literatur in der DDR</u>

In der jungen DDR veröffentlichte man früh die Werke der Exilliteratur: die Romane von Anna Seghers, Arnold Zweig, Stefan Heym und Heinrich Mann, ebenso die Dramen von Friedrich Wolf und Berthold Brecht. Darüber hinaus konnte man in der DDR viele Werke russischer und osteuropäischer Autoren lesen. Das literarische Programm, auf das die aktiven Schriftsteller in der DDR verpflichtet wurden, lautete „sozialistischer Realismus". Die Literatur sollte die nationalsozialistische Vergangenheit, den Widerstand gegen die Diktatur und vor allem den Aufbau des Sozialismus darstellen. Themen, die abseits lagen oder sprachliche Experimente wurden als „Kosmopolitismus" oder „Formalismus" verleumdet. Die Kritik bedeutete im schlimmsten Fall Ausschluss aus dem Verband der Schriftsteller, keine Papierzuteilung und Verbot der Veröffentlichung. Mit dem „Bitterfelder Weg" sollten Arbeiter und Schriftsteller besser miteinander bekannt gemacht werden. Schriftsteller arbeiteten für einige Zeit in den Fabriken, und Arbeiter wurden zum Schreiben angeregt. „Greif zur Feder, Kumpel", lautete das Motto.

Mit der Ausbürgerung des Lyrikers und Liedermachers Wolf Biermann (1976) wurde deutlich, dass die DDR-Diktatur auf künstlerischer Freiheit, Kritik und Provokation nur autoritär mit Zensur und Ausweisung reagieren konnte. Sie war unfähig zur Auseinandersetzung, aber auch zu einer liberalen Haltung gegenüber den Kritikern des Regimes. Der Konflikt zwischen Künstlern und Machthabern verschärfte sich, als immer mehr Autoren ihre Werke in westdeutschen Verlagen veröffentlichten oder ihre Ausreise in den Westen erzwangen. Eine andere Art von Abrechnung mit den selbstgerechten Vätern entstand in der Auseinandersetzung mit der DDR. Ein Jahr nach der Übersiedlung in den Westen veröffentlichte Thomas Brasch „Vor den Vätern sterben die Söhne" (1977).

Die Zensur im Lande konnte die Entstehung kritischer Literatur nicht verhindern. Auch die etablierten Autoren wie Christa Wolf Christoph Hein, Volker Braun oder Günther de Bruyn setzten sich mit den Problemen der DDR auseinander. Da es keine Pressefreiheit in der DDR gab, übernahmen Romane, Erzählungen und Dramen die Aufgabe der Kritik. Auch kleine Hinweise und Anspielungen wurden von den Lesern und vom Theaterpublikum als politische Kommentare zur Gegenwart verstanden. Einer der wichtigsten deutschen Dramatiker nach Bertold Brecht wurde Heiner Müller, der viele Themen aus der deutschen Geschichte, aber auch aus der DDR-Gegenwart bezog. An der Zensur vorbei entstand eine Untergrundliteratur, die in illegalen Zeitschriften veröffentlicht und in Privatwohnungen gelesen wurde. Die Staatssicherheit (Geheimpolizei) war über diese Aktivitäten durch zahlreiche Spitzel gut unterrichtet.

<u>Literatur nach der Wende</u>
Nach 1990 erlebte die Öffentlichkeit eine heftige Debatte über die Rolle des Schriftstellers in der DDR. Die Frage lautete: Entwertet die politische Loyalität des Autors sein literarisches Werk? Stellvertretend für viele, die zwischen 1949 und 1989 in der DDR geblieben waren, geriet die prominente Schriftstellerin Christa Wolf in die Kritik, auch weil sie sich 1959 von der Staatssicherheit als Informantin anwerben ließ. Drei Jahre lang berichtete sie über andere. Danach wurde sie viele Jahre lang selbst bespitzelt. Gut zehn Jahre später hatte auch die „alte“ westdeutsche Literatur ihren Skandal: Prominente Autoren der „Gruppe 47“ wie Walter Jens und Günter Grass, waren in ihrer Jugend im Dritten Reich Mitglied der NSDAP bzw. Mitglied der Waffen-SS gewesen. Damit wirkte ihr mitunter pathetisch vorgetragener politisch-moralischer Anspruch an die Literatur nach 1945 unehrlich. Aber waren ihre Werke damit entwertet? Nicht nur die deutsche Geschichte ist voller Brüche. Auch die Biografien sind es. Und Schriftsteller sind keine besseren Menschen.
Ironisch und witzig näherten sich die jüngeren ostdeutschen Autoren nach 1995 der späten DDR an. Oder sie thematisierten das Zeitfenster der Wende 1989/90 mit ihrem Vorher und Nachher, den „gewendeten“ und umgedeuteten Biografien der „Ossis“ und mit der Ankunft der „Wessis“ im Osten. Bekannt wurde Thomas Brussig mit „Helden wie wir“ (1995) und Ingo Schulze mit „Simple Storys. Ein Roman aus der ostdeutschen Provinz“ (1998). Uwe Tell-

kamp schuf mit seinem monumentalen Werk „Der Turm" (2008)
den großen Roman über die DDR in ihrem letzten Jahrzehnt. Und er
setzte damit zugleich der Stadt Dresden ein literarisches Denkmal.
In Westdeutschland wandte sich die Generation der Enkel noch
einmal dem Thema Nationalsozialismus zu. Andere machten die
Suche nach Orientierung und sozialen Bindungen zum Thema. Die
„Pop-Literaten" schrieben über eine virtuelle Realität, die nur noch
über das Internet erfahrbar ist. Viele sehr junge Autorinnen und
Autoren bereicherten die literarische Szene durch ihre ersten Romane. Eine Ausnahmepersönlichkeit unter den jüngeren Schriftstellern war Wolfgang Herrndorf mit seinem Jugendroman „Tschick"
(2010) und dem Blog-Tagebuch „Arbeit und Struktur" (2013), das
im Wettlauf mit der Zeit entstand. Herrndorf, der an einem Gehirn-
tumor erkrankt war, beging 2013 Selbstmord. Auch 25 Jahre nach
der Wende ist d i e große Erzählung oder d e r große Roman über
die alte Bundesrepublik noch nicht geschrieben worden. Manche
Leser halten den Roman von Frank Witzel „Die Erfindung der Roten
Armee Fraktion durch einen manisch-depressiven Teenager im
Sommer 1969" (2015) dafür. Darin geht es um die 1970er Jahre des
Terrorismus aus dem Blickwinkel eines Dreizehnjährigen.

<u>Vielsprachig</u>
Die deutsche Literatur wurde immer schon bereichert von Autoren,
die auf Deutsch schrieben, aber nicht in Deutschland geboren waren. In den ersten Jahrzehnten des 20. Jahrhunderts entwickelte
sich im Vielvölkerstaat Österreich-Ungarn innerhalb der mehrspra-
chigen deutschen und deutschjüdischen Minderheit eine reiche
literarische Kultur. Aus Prag stammten Max Brod, Rainer Maria
Rilke, Franz Werfel und vor allem Franz Kafka. Aus Czernowitz in der
Bukowina, das zuerst zu Österreich-Ungarn, später zu Rumänien
und dann zur Ukraine gehörte, kamen Lyriker wie Alfred Margul-
Sperber, Paul Celan und Rose Ausländer. Aus Brody stammte der
Romancier Joseph Roth. Und Ödön von Horwath wurde in Rijeka in
Kroatien geboren.
Auch heute noch hat die Literatur rumäniendeutscher Autorinnen
und Autoren wie Richard Wagner, Herta Müller oder aktuell Dana

Grigorcea Gewicht. An ihrer Seite stehen die Werke der Autoren aus der zweiten Generation türkischer Migranten nach Deutschland wie Aras Ören und Feridun Zaimoglu oder der Autorin Emine Sevgi Özdamar. Weil sich ihre Erfahrungen von denen der Mehrheitsgesellschaft unterscheiden, haben sie eine andere Perspektive auf die Welt und andere Themen. Herta Müller, die im rumänischen Banat aufwuchs und 1987 in die Bundesrepublik ausreisen konnte, erhielt 2009 den Literaturnobelpreis. Sie erzählt vom Alltag in der rumänischen Diktatur und vom Lebensgefühl der Heimatlosigkeit.

<u>Preiswürdig</u>
Unter den Preisträgern des Nobelpreises für Literatur, der seit 1901 in Stockholm vergeben wird, sind bis heute dreizehn deutsche oder deutschsprachige Autoren, darunter Gerhard Hauptmann (1912), Thomas Mann (1929), Hermann Hesse (1946), Nelly Sachs (1966), Heinrich Böll (1972), Elias Canetti (1981), Günter Grass (1999) und Elfriede Jelinek (2004) und Herta Müller (2009).

Kleine Geschichte des deutschen Films
Nach dem Ersten Weltkrieg begann die große Zeit des deutschen Stummfilms. Die UFA (*1917) mit ihren großen Stars Pola Negri oder Emil Jannings setzte internationale Maßstäbe in vielen Genres: neben dem Unterhaltungsfilm und dem phantastischen Film erlangte der expressionistische Film Weltruhm. „Das Cabinet des Dr. Caligari (1919) oder „Nosferatu, eine Symphonie des Grauens" (1922) wurden für ihre visuellen Effekte bewundert. Der Stil der „Neuen Sachlichkeit" brachte einen sozialkritischen Blick ins Kino mit Filmen wie „Die freudlose Gasse" (1925) oder „Menschen am Sonntag" (1930). Auch im Ausland berühmt wurde Fritz Lang mit „Metropolis" (1927).
Die bildende Kunst entdeckte den Film, aber auch die Werbung. Es entstanden experimentelle Filme und die ersten Animationsfilme. Bergfilme mit spektakulären Stunts waren die Actionfilme der 1920er Jahre. Der Tonfilm (ab 1929/30) konnte den Erfolg des

deutschen Films fortsetzen. „Der blaue Engel" (1931) oder „M – eine Stadt sucht einen Mörder" (1931) sind noch heute Klassiker.

Mit der Errichtung der nationalsozialistischen Diktatur (1933) und ihrer antisemitischen Politik mussten viele bekannte Filmschaffende der 1920er Jahre emigrieren. Sie gingen vor allem in die USA. Unter ihnen waren die Schauspieler Elisabeth Bergner, Marlene Dietrich und Peter Lorre und Regisseure und Drehbuchautoren wie Fritz Lang, Billy Wilder, Curt und Fred Siodmak und Fred Zinnemann. Sie gaben dem amerikanischen Film für die nächsten Jahrzehnte wichtige Impulse.

Andere blieben in Deutschland und produzierten sehr erfolgreiche, unpolitische Unterhaltungsfilme. Populäre Schauspieler der Zeit waren Zarah Leander und Heinz Rühmann. Noch auf dem Höhepunkt des Bombenkrieges wurden Komödien gedreht, z.B. „Die Feuerzangenbowle" (1944). Das Massenmedium Film wurde aber auch für die Propaganda entdeckt und intensiv genutzt. Leni Riefenstahl schuf mit ihren Propagandafilmen über die Parteitage der NSDAP und die Olympiade in Berlin (1936) keine Dokumentationen, sondern Inszenierungen, die der Diktatur nützten.

Unmittelbar nach dem Zweiten Weltkrieg beherrschten die „Trümmerfilme" wie „Die Mörder sind unter uns" (1946), „Ehe im Schatten" (1947) oder „Liebe 47" (1947) das deutsche Kino. Das Leben in den Ruinen, das Untertauchen der Täter, die antisemitische Verfolgung und die Rückkehr der Kriegsgefangen waren wichtige Themen. Die Filme der Nachkriegszeit waren stark vom italienischen Neorealismus beeinflusst. Zum großen Vorbild wurde der Spielfilm „Deutschland im Jahre Null" (1946) von Roberto Rossellini. Mit der Teilung Deutschlands in zwei Staaten entwickelte sich auch der Film in zwei Richtungen. In Westdeutschland beherrschten Heimatfilme, Kriegsfilme und Schlagerfilme die fünfziger Jahre. Mit den ersten Heimatfilmen hielt der Farbfilm Einzug ins deutsche Kino. Beliebte Heimatfilme waren „Schwarzwaldmädel" (1950) und „Grün ist die Heide" (1951). Sie spielten in schönen Landschaften und erzählten Geschichten aus einer ländlichen „heilen Welt" ohne Kriegszerstörungen, ohne Flüchtlinge und Vertriebene, aber auch ohne Städte und ohne Industrie. Die Kriegsfilme (ab 1955) zeigten die deutschen Soldaten als unpolitische Kämpfer, die von den Kriegsverbrechen nichts wussten. Der Mythos von der „sauberen Wehrmacht" war geboren. Schlagerfilme wie „Wenn die Conny mit dem Peter" (1958) sorgten für gute Laune. Die meisten Filme der 1950er Jahre, die aus der Bundesrepublik kamen, galten im Ausland als provinziell.

In der DDR wurden zwar auch Unterhaltungsfilme produziert. Aber die ostdeutsche Filmproduktion war insgesamt politischer. Am Anfang entstanden antifaschistische Filme wie „Anno Populi" (1949) oder „Der Untertan" nach dem Roman von Heinrich Mann (1951). Bald mussten sich die Regisseure den Zwängen der sozialistischen Ideologie unterwerfen mit Filmen wie „Ernst Thälmann" (1954) oder „Nackt unter Wölfen" (1963) über das Konzentrationslager Buchenwald. Andererseits blieb in der DDR der italienische Neorealismus ein ästhetischer Orientierungspunkt, z.B. in dem Film über jugendliche Halbstarke „Berlin, Ecke Schönhauser" (1957). In den 1960er Jahren orientierten sich etliche DDR-Filme an der französischen „Nouvelle Vague", z. b. die Literaturverfilmung „Der geteilte Himmel" von Konrad Wolf (1964) nach dem gleichnamigen Roman von Christa Wolf.

Die kommerzielle Filmproduktion im Westen setzte in den 1960er Jahren auf Karl May-Filme, Edgar Wallace-Kriminalfilme, Italo-Western und auf die ersten Sex-Filme. Gleichzeitig verkündete eine neuen Generation von „Autorenfilmern" (Regie, Kamera, Schnitt, Drehbuch in einer Person) im Oberhausener Manifest (1962): „Papas Kino ist tot!" Zu den Unterzeichnern gehörten unter anderen Alexander Kluge, Edgar Reitz, Werner Herzog und Wim Wenders. Erstmals seit 1919-1932 erlangte der neue deutsche Film wieder internationale Bedeutung mit Produktionen wie „Abschied von gestern" (1966), „Aguirre, der Zorn Gottes" (1972), „Die verlorene Ehre der Katharina Blum" (1977), „Paris, Texas" (1984). Filme aus Deutschland waren eher ernst und spröde. Sie waren an gesellschaftlichen Problemen und weniger an guten Geschichten interessiert. Komödien waren selten. „Zur Sache Schätzchen" (1968) bildete hier eine große Ausnahme.

Erst Mitte der 1980er Jahre begann mit „Männer" von Doris Dörrie (1985) die Zeit der Beziehungskomödien. Der Film wirkte wie ein Startschuss. Seitdem wurde das deutsche Kino vielfältiger, entspannter und weniger ideologisch. Auch eine lebendige Szene des Undergroundfilms konnte sich etablieren. Neben Komödien und Filmparodien entstanden gut erzählte, sozialkritische Spielfilme und Produktionen, die internationale Preise erhielten: „Das Leben der Anderen" (2006) hat die staatliche Überwachung der Künstler in der DDR zum Thema. „Das weiße Band" (2009) handelt von der autoritären Erziehung und der Unterdrückung der Frauen vor 1914. Deutsch-türkische Filmemacher der zweiten Einwanderergeneration trugen in den 1990 Jahren viel zur Erneuerung des deutschen Films bei. Ihre Themen, ihr Sinn für Dramatik, aber auch ihr Gespür für Komik zwischen Deutschen und Türken belebten und bereicherten das deutsche Kino. Zu den wichtigsten Filmen gehören „40m² Deutschland" (1985), „Töchter zweier Welten" (1991), „Ich Chef, Du Turnschuh" (1998), „Geboren in Absurdistan" (1999) „Kanak Attack" (2000), „Gegen die Wand" (2004) und „Auf der anderen Seite" (2007). Die drei letzten Filme stammen von Fatih Akim, dem bekanntesten türkischstämmigen Regisseuren in Deutschland. In Culture-Clash-Komödien wie „Kebab Connection" oder „Süperseks" (beide 2005) prallen gegensätzliche Kulturen aufeinander. Nicht immer beginnt alles mit einer Liebesgeschichte. Der deutschtürkische Film zeigt, welche kreativen Möglichkeiten entstehen können, wenn Menschen in unterschiedlichen Kulturen leben und diese sehr genau kennen.

Museen

Deutschland ist ein Land der Museen. Es soll etwa 6.000 davon geben. Darunter sind Museen für die bildende Kunst aus allen Epochen mit internationalen Sammlungen von Weltrang, technische Museen, naturkundliche Museen, ethnologische Sammlungen, Museen für Architektur, Film, Kulturgeschichte und für Spezialgebiete wie Militärgeschichte.

Dazu gibt es die Generalisten unter den Museen: die Landesmuseen und die Stadtmuseen mit ihren historischen, künstlerischen und kunsthandwerklichen Abteilungen. Ein Teil der Museen sind Freilichtmuseen oder Museumsdörfer. Sie geben einen anschaulichen Eindruck davon, wie die Menschen zu bestimmten Zeiten gelebt und gearbeitet haben. Man kann im Freien durch die Anlage von Gebäuden spazieren, die zum Museum erklärt wurden. Auch die Innenräume, die Einrichtung und die Werkstätten und Arbeitsräume kann man besichtigen. Mitunter werden auch Führungen angeboten, bei denen gezeigt wird, wie in früheren Zeiten gearbeitet wurde.

Oft ist schon die Museumsarchitektur selbst außergewöhnlich, entweder, weil sie ein besonderes Zeugnis der Vergangenheit ist oder weil es sich um den modernen Neubau eines berühmten Architekten handelt.

Mit der Errichtung des Fridericianums in Kassel im Jahre 1779 wurde der weltweit erste Museumsbau geschaffen. Zum ersten Mal diente ein Gebäude einzig und allein der Präsentation von Kunst- und Kulturschätzen. Heute ist das Fridericianum der zentrale Ausstellungsort der „documenta", die seit 1955 alle fünf Jahre stattfindet. Es handelt sich um die wichtigste Ausstellung für internationale zeitgenössische Kunst in Deutschland.

Anders als die großen Ausstellungshallen für temporäre Ausstellungen haben die Museen viele Aufgaben. Sie sammeln und bewahren Kunst und andere von Menschen gemachte Objekte (Artefakte). Sie erforschen die gesammelten Stücke. In Dauer- und Wechselausstellungen zeigen sie dem Publikum in der Regel nur einen kleinen Teil dessen, was sie im Museumsdepot bewahren.

Da Kunst und Kultur in Deutschland eine Angelegenheit der Städte, der Länder u n d des Bundes sind, ist die Museumslandschaft sehr vielfältig. In Berlin, in den Landeshauptstädten und in den Großstädten finden sich beeindruckende Museen. Aber auch viele kleinere Städte haben ausgezeichnete Museen.

München ist berühmt für seine beiden Gemäldesammlungen der alten Meister und der Moderne (Alte und Neue Pinakothek), für die

Antikensammlungen, aber auch für die Künstlervillen, die seit Jahrzehnten Museen sind: Die Villa Stuck und das Künstlerhaus im Lenbachhaus. Große Kunstausstellungen finden regelmäßig im Haus der Kunst statt. Technik-Fans wird es in das weltbekannte „Deutsche Museum" ziehen, das die Entwicklung der Naturwissenschaften und der Technik zeigt.

Die Staatlichen Kunstsammlungen Dresden bieten mit dem Dresdener Zwinger, der Frauenkirche, der Semperoper und dem Grünen Gewölbe Höhepunkte des deutschen Barock und im Zwinger die berühmte Gemäldesammlung alter Meister. Das Deutsche Hygiene-Museum (1912), das erstmals einen gläsernen Menschen zeigte, versteht sich seit der Gründung als Ort der Wissenschaft, Kultur und Aufklärung. Das Schloss Pillnitz, das direkt an der Elbe liegt, ist ein außergewöhnliches Ensemble aus Architektur und Gartenkunst des 18. Jahrhunderts.

Das Germanische Nationalmuseum in Nürnberg (1852) versammelt die größte Sammlung deutscher Kultur von der Vorzeit bis zur Gegenwart. Da die erste Eisenbahn 1835 zwischen Nürnberg und Fürth gebaut wurde, ist Nürnberg auch der Standort des größten Verkehrsmuseums. Außerdem hat die Stadt ein Spielzeugmuseum. Denn die Spielzeugindustrie kann in dieser Stadt auf eine starke Tradition zurückblicken.

D i e Kunststadt am Rhein ist Köln. Das „Wallraf-Richartz-Museum" zeigt mittelalterliche und neuzeitliche Gemälde. Im „Museum Ludwig" sind die Kunst der Klassischen Moderne, aber auch zeitgenössische Kunst, Fotografie und Film zu sehen.

Hamburg hat mehrere Museen und Kunsthallen von internationalem Rang: die „Hamburger Kunsthalle", das „Hamburger Museum für Kunst und Gewerbe", die „Deichtorhallen" und darin das „Haus der Photographie" sowie das „Bucerius Kunstforum".

Neben den staatlichen Museen gibt es einige Museen privater Kunstsammler, die für das Publikum geöffnet sind, z.B. das „Museum Berggruen" in Berlin, das „Museum Frieder Burda" in Baden-Baden, das „Museum Würth" in Künzelsau und Schwäbisch Hall oder das „Museum Ritter" in der gleichnamigen Schokoladenfabrik in Waldenbuch bei Stuttgart. Im Museum Ritter dreht sich alles um das Quadrat in der modernen Kunst – ganz wie bei der Schokolade, für die geworben wird mit dem Slogan: „Ritter – quadratisch, praktisch, gut".

11. Aus der deutschen Geschichte

Eine Geschichte mit Happy End: Die Demokratie

Am Ende ging die Geschichte gut aus. Zuletzt hat die Demokratie in Deutschland gesiegt. Ging es schnell? Nein im Gegenteil, es hat quälend lange gedauert - über 200 Jahre, um genau zu sein. War es einfach? Nein, es war höllisch kompliziert. War es leicht? Nein es war ein zäher Kampf mit vielen Aufbrüchen und Rückschlägen. Schafften es die Deutschen alleine? Nein, es brauchte an den entscheidenden Wendepunkten die Hilfe von außen. Aber am Ende dieser Geschichte steht die Bundesrepublik, eine starke parlamentarische Demokratie in Europa.

<u>1789</u>

Begonnen hatte es 1789. Der Sturm des französischen Volkes auf die Bastille und die beginnende Revolution inspirierten die Menschen überall, auch in Deutschland. In den Universitätsstädten gründeten Studenten oppositionelle Gruppen gegen die Fürstenherrschaft. Spontan feierten die Bürger in vielen deutschen Städten Revolutionsfeste. Die Obrigkeit verschärfte die Zensur und die polizeiliche Überwachung. Von Revolutionären, die sich die Deutschen Jakobiner nannten, wurde im März 1793 in Mainz sogar die Mainzer Republik ausgerufen. Sie wurde vier Monate später niedergeschlagen.

Auch in anderen französisch besetzten Gebieten gab es demokratische Bewegungen. In Köln und Ulm schrieb man an neuen Verfassungen. In Basel, in der nahen Schweiz, wurde 1799 die erste Verfassung für eine deutsche Republik gedruckt. Sie trug den Titel „Verfassungs-Urkunde wie sie in Deutschland taugen möchte".

Wenige Jahre später waren die Deutschen antifranzösisch und national eingestellt. Die Besatzung der Franzosen wurde abgelehnt.

Nach den Befreiungskriegen gegen die Napoleonische Herrschaft schien die Zeit für einen deutschen Nationalstaat gekommen. Doch auf dem Wiener Kongress 1814/15 entstand nur ein lockerer Zusammenschluss von Staaten, der „Deutsche Bund". Von den deutschen Fürsten war niemand bereit gewesen, einen Teil ihrer Macht an das Oberhaupt eines neuen Bundesstaates abzugeben. Die patriotischen Bewegungen und die deutschen Burschenschaften (Organisationen der Studenten), die sich zum Fest auf der Wartburg 1817 versammelt hatten, waren enttäuscht. Im neuen Polizeistaat, den man mit den „Karlsbader Beschlüssen" (1819) errichtete, wurden sie sogar verboten und als Revolutionäre verfolgt. Und die Presse wurde streng kontrolliert. Einstweilen herrschte wieder Ruhe im Land. Aber es war die Ruhe vor dem nächsten Sturm.

Nach der zweiten französischen Revolution im Juli 1830 kam es in deutschen Städten erneut zu Unruhen und Straßenkämpfen. Nun ging es um demokratische Rechte. 1832 zogen etwa 30.000 deutsche Republikaner auf das Hambacher Schloss in der Pfalz. Die eindrucksvolle Demonstration der liberalen und demokratischen Bewegung wurde als „Hambacher Fest" bekannt. Die Redner forderten bürgerliche Freiheiten und die deutsche Einheit. Und sie erklärten sich mit europäischen Nachbarvölkern solidarisch, vor allem mit den Polen, die nach der Aufteilung ihres Königreichs nur noch als Nation existierten, aber keinen Staat mehr hatten. Das Hambacher Fest war die größte politische Veranstaltung dieser Zeit in Deutschland. Daraufhin wurde die Versammlungs- und Pressefreiheit weiter eingeschränkt. Die Polizei überwachte alle, die als Demokraten bekannt waren, und verhaftete die Anführer. Bewaffnete Truppen gingen gegen demokratische Vereine vor.

1848

Auch die dritte Revolution in Frankreich (Februar 1848) zeigte ihre Wirkung in Deutschland und in ganz Europa. Überall sah sich die Monarchie mit Aufständen konfrontiert – in Italien, Frankreich, den Niederlanden und Österreich. Frankreich wurde zur Republik, der österreichische Kaiser dankte ab. Im März gingen in fast allen deutschen Staaten Bürger, Handwerker und die Unterschichten auf die

Straße. Sie demonstrierten für die nationale Einheit, für freie Wahlen zu einer Nationalversammlung und für Menschen- und Bürgerrechte: Gleichheit vor dem Gesetz, Presse-, Meinungs-, Versammlungsfreiheit, Unverletzlichkeit der Person und des Eigentums sowie Schutz vor staatlicher Willkür. In München wurde König Ludwig I von Bayern zur Abdankung gezwungen. In Berlin beendete Friedrich Wilhelm IV das militärische Vorgehen gegen die aufständische Bevölkerung und versprach eine neue Verfassung in einem neuen, geeinten deutschen Reich.

Wenig später fanden die ersten allgemeinen, freien Wahlen zu einem deutschen Parlament statt. Frauen hatten aber noch kein Wahlrecht. Und am 18. Mai 1848 traten die Abgeordneten der Deutschen Nationalversammlung in der Frankfurter Paulskirche zusammen. Nicht die Demokraten, sondern die Liberalen hatten die Mehrheit. Das Parlament nahm seine Arbeit auf, während noch in Frankfurt, Baden und Wien republikanisch eingestellte Bürger auf den Barrikaden kämpften. Im Dezember 1848 konnten die bürgerlichen Grundrechte und im März 1849 eine Reichsverfassung verabschiedet werden. Zu den drei Farben des neuen Deutschlands erklärte man Schwarz-Rot-Gold. Seit 1830 wurden sie als Symbol der Nation und des Volkes getragen. Sie waren eine Provokation gegen die Fürstenherrschaft. 1848 stand die deutsche Trikolore für die Hoffnung auf einen politischen Neubeginn. Das Lied der Deutschen (1841), das inzwischen überall öffentlich gesungen wurde, hatte die gleiche Botschaft: es ging um die Einheit, um die Verfassung und um die Freiheit. 1849 wählte die Frankfurter Nationalversammlung den preußischen König zum Kaiser. Doch der lehnte die „Schweinekrone" aus den Händen von Parlamentariern ab. Stattdessen rüstete er seine Truppen zum Kampf. Das war das Ende der demokratischen Revolution. Sie wurde militärisch niedergeschlagen. Das Parlament wurde aufgelöst. Die Abgeordneten und andere Demokraten wurden verfolgt und eingesperrt, wenn es ihnen nicht gelang rechtzeitig ins Ausland zu flüchten. Erneut herrschten die alten konservativen Kräfte der Monarchie.

Das Parlament arbeitete nur 13 Monate. Trotzdem war es für die Geschichte der Demokratie in Deutschland wichtig. Spätere Generationen von Demokraten erinnerten an die Anfänge der Demokratie in der Frankfurter Paulskirche. Die Grundrechte (1848/49) wurde zum Vorbild für die beiden demokratischen Verfassungen von 1919 und von 1949. Hundert Jahre später wurde die Paulskirche zu dem Ort, an dem die Meinungs- und Redefreiheit geehrt wird. Seit 1949 wird am Ende der Frankfurter Buchmesse jedes Jahr im Oktober der „Friedenspreis des deutschen Buchhandels" an eine Schriftstellerin oder einen Schriftsteller verliehen.

Nach der Niederschlagung der Revolution 1849 sollte es fast siebzig Jahre dauern, bis die Demokratie und die Republik in Deutschland wieder eine Chance bekamen. Bis dahin herrschten die Fürstenhäuser in den Staaten des Deutschen Bundes. Und im Deutschen Reich, das 1871 ausgerufen wurde, herrschte der Kaiser. Die Regierungsform war eine konstitutionelle Monarchie. Das bedeutet, es gab zwar Parlamente, aber sie waren gegenüber dem Monarchen schwach und hatten wenig Rechte. So konnte der Kaiser das Parlament jederzeit auflösen und wieder einberufen – ganz wie er wollte. Beim Kaiser, der zugleich preußischer König und oberster Kirchenherr der Protestanten war, lag die politische und militärische Führung des Reiches. Den Kanzler durfte das Parlament auch nicht wählen, und bei den Ausgaben für das Militär hatte es nichts zu sagen. Überhaupt durfte das Parlament nur Kritik über, aber weder den Kaiser noch die Regierung absetzen. Das allgemeine Wahlrecht war zwar für den Reichstag relativ demokratisch. Aber die Parlamente in den einzelnen Monarchien wurden nach anderen Regeln gewählt. Am ungerechtesten war das Wahlrecht in Preußen, dem größten Staat. Es war in drei Klassen eingeteilt und benachteiligte bestimmte Wählerschichten und bestimmte Kandidaten. Die Stimmen der unteren Schichten und des Bürgertums zählten weniger als die Stimmen des Adels. Frauen durften gar nicht wählen und auch nicht ins Parlament gewählt werden. Die Abgeordneten erhielten keine Diäten für ihre Arbeit im Parlament. Man wollte auf diese Weise verhindern, dass Politik zu einem Beruf wurde. Die

Abgeordneten sollten unabhängig sein - im Prinzip ein guter Gedanke. Das bedeutete aber, dass nur diejenigen in die Politik gingen, die es sich auch finanziell leisten konnten. Damit waren alle im Nachteil, die weniger wohlhabend waren. Nicht alle Organisationen und Parteien, die seit den 1860er gegründet wurden, konnten sich politisch frei entfalten. Die Sozialistische Arbeiterpartei Deutschlands (1875), die aus der Sozialdemokratischen Arbeiterpartei (1869) und der zeitweise verbotenen Gewerkschaftsbewegung (1863) heraus entstanden war, wurde mit dem „Sozialistengesetz" 1878 zwölf Jahre lang verboten. Sie war erst 1890 wieder zugelassen und führte von nun an den Namen Sozialdemokratische Partei Deutschlands (SPD).

Trotz vieler Beschränkungen schafften es einige demokratische und liberale Persönlichkeiten in die Parlamente: z.B. August Bebel (SPD) oder Hermann Schultze-Delitzsch (Deutsche Fortschrittspartei) in den Deutschen Reichstag oder Hugo Preuß (Fortschrittliche Partei) ins Berliner Abgeordnetenhaus.

1918

Der Erste Weltkrieg (1914-1918), der zehn Millionen Menschen das Leben kostete, veränderte Europa und Deutschland grundlegend. Am Ende wurde die alte Welt von revolutionären Bewegungen gestürzt und ging unter. Drei Monarchen wurden zur Abdankung gezwungen: der russische Zar 1917), der österreichische Kaiser und ungarische König (1918) und der deutsche Kaiser (1918). Nach revolutionären Aufständen von Soldaten und Arbeitern im ganzen Reich musste Kaiser Wilhelm II abdanken. Sowohl die Liberalen und die Sozialdemokraten wie auch die Kommunisten, die sich als Unabhängige von der SPD abgespalten hatten (USPD), sahen die Möglichkeit gekommen, nun endlich die Republik zu gründen, die 1849 gescheitert war. Am 9. November 1918 wurde sie in Berlin ausgerufen – und zwar gleich zweimal: als „Deutsche Republik" vom Sozialdemokraten Philipp Scheidemann und als „Freie sozialistische Republik" vom Kommunisten Karl Liebknecht. Die Versuche der Linken, die Revolution in Deutschland und in seinen Ländern weiterzuführen und eine Rätedemokratie nach dem Vorbild der Bolschewisten in Russland zu errichten, hatten aber keinen Erfolg. Sie scheiterten an den neuen demokratischen Institutionen. Die junge Demokratie musste sich auch gegen rechtskonservative, nationalistische Untergrundbewegungen wehren. Die führenden Köpfe der Kommunisten Karl Liebknecht und Rosa Luxemburg, aber auch demokratische Minister wie Matthias Erzberger oder Walther Rathenau wurden von rechten Antidemokraten ermordet.

Die neue Republik wurde Weimarer Republik genannt, weil die Gründungsversammlung des Parlaments im Nationaltheater in Weimar stattfand. Berlin kam nicht in Frage, denn dort wurde im Januar 1919 noch gekämpft. Die Wahl fiel auf Weimar, weil man dort besser für die Sicherheit der Abgeordneten sorgen konnte. Dort wurde bis zum August 1919 auch die erste demokratische Verfassung Deutschlands ausgearbeitet und verabschiedet. Der Entwurf stammte von Hugo Preuß. Als Vorbild diente ihm die Verfassung von 1848.

Die Weimarer Verfassung schrieb die Gewaltenteilung in eine Regierung (Exekutive), ein Parlament für die Gesetzgebung (Legislative) und eine unabhängige Gerichtsbarkeit (Judikative) vor. Das Volk war Träger der Staatsgewalt (Volkssouveränität). Die Verfassung vereinte viele verschiedene Elemente der Demokratie. Sie hatte etwas von einer repräsentativen Demokratie, denn das Volk wurde durch die Abgeordneten des Parlaments repräsentiert. Sie hatte etwas von einer direkten Demokratie, denn das Volk hatte über Volksentscheide auch die Möglichkeit, direkt über politische Fragen zu entscheiden. Und sie hatte etwas von einer präsidialen Demokratie, denn der Reichspräsident war Staatsoberhaupt, Regierungschef und oberster Militär und konnte auch nicht vom Parlament entlassen werden. Umgekehrt durfte der Präsident aber den Reichstag auflösen. Und im Fall eines politischen Ausnahmezustands konnte er mit Notverordnungen allein regieren und die Demokratie außer Kraft setzen. Das passierte in der wirtschaftlichen und politischen Krise ab 1930. Reichspräsident Paul von Hindenburg regierte das Land mit Notverordnungen, als keine Regierungskoalition gebildet werden konnte. Manche Deutsche sahen deshalb im Reichspräsidenten eine Art von „Ersatzkaiser".

Wirtschaftlich hatte die Republik schlechte Startbedingungen. Die sozialen Verhältnisse waren schon im Krieg extrem schwierig gewesen. Die Bevölkerung hungerte, besonders im sogenannten „Steckrüben-Winter" 1917. Es gab kaum etwas anderes zu essen als Steckrüben. In der Nachkriegszeit blieb die Situation sehr schwierig. Deutschland litt noch immer unter der englischen Blockade. Die harten Bedingungen des Versailler Friedensvertrags verpflichteten das Land zu hohen Reparationszahlungen an die Sieger. Die Inflation vernichtete das Geldvermögen. Weite Kreise des Bürgertums verarmten. Erst 1924/25 konnte sich die Wirtschaft stabilisieren. Die folgenden Jahre werden auch die „Goldenen Zwanziger Jahre" genannt. Doch nach dem amerikanischen Börsencrash von 1929 wurde das Land hart von der Weltwirtschaftskrise getroffen. Viele Unternehmen brachen zusammen. Die Arbeitslosigkeit stieg in den folgenden Jahren auf über sechs Millionen. Die staatliche Sozialpolitik war komplett überfordert. Radikale Parteien und Organisationen bekamen Zulauf.

Von Anfang an hatte die junge Demokratie sich gegen antidemokratische Kräfte von links und von rechts durchsetzen müssen. Ältere nationalistische, antisemitische und rassistische Parteien und Organisationen, die noch aus dem Kaiserreich stammten, wollten die Demokratie am liebsten sofort wieder abschaffen. Neue Antidemokraten sammelten sich seit 1920 in der „Nationalsozialistischen Deutschen Arbeiterpartei" (NSDAP) hinter einem Parteiführer, der 1933 als Diktator Karriere machen sollte: Adolf Hitler. Seine militante Schlägertruppe, die sich „Sturmabteilung" (SA) nannte, schlug sich mit den Linken und den Sozialdemokraten. Die kommunistische Partei Deutschlands (KPD) versuchte 1923 auf dem Höhepunkt der Inflation eine Revolution, scheiterte aber an der Reichswehr. Die Weimarer Republik war durchaus eine streitbare Demokratie, die entschlossen gegen ihre Gegner vorging. Sie konnte die bürgerkriegsähnlichen Zustände der ersten Jahre überwinden. Aber gegen die Weltwirtschaftskrise hatte sie keine Chance. Von der sozialen Not und der Zerstörung der Gesellschaft, die daraus folgte, profitierte die NSDAP politisch am stärksten.

<u>1933</u>

Nach der Übertragung der Macht an die NSDAP im Januar 1933 begann sofort die Zerschlagung der Demokratie und die Verfolgung politisch Andersdenkender, vor allem der Kommunisten und Sozialdemokraten. In terroristischen Aktionen wurden gleich in den ersten Monaten die Parteizentralen und Gewerkschaftshäuser besetzt. Die Funktionäre und viele Mitglieder wurden verhaftet, misshandelt und in Konzentrationslager eingesperrt. Im Untergrund versuchten die Parteien zu überleben. Wer flüchten konnte, ging ins Ausland. Von dort aus versuchte man, den politischen Widerstand in Deutschland zu organisieren – ohne durchschlagenden Erfolg.

<u>1945 und 1949</u>

Als die nationalsozialistische Diktatur nach zwölf Jahren besiegt war und die Wehrmacht am 8. Mai 1945 die Kapitulationsurkunde unterzeichnete, lag Deutschland in Trümmern. Nicht nur ein großer Teil des Landes war zerstört. Die Diktatur hatte ganz Europa mit Krieg überzogen, die Schuld des Völkermordes an den europäischen Juden auf sich geladen, die politischen Institutionen des Staates und die sozialen Fundamente einer freien Gesellschaft zerstört und die Sprache durch Propaganda vergiftet. 8,5 Millionen Deutsche waren Mitglieder der NSDAP gewesen. Die meisten waren überzeugte Nationalsozialisten. Wie sollte Deutschland auf einmal wieder demokratisch werden?

Noch während des Krieges hatten die Alliierten beschlossen, eine politische Säuberung einzuleiten: die „Entnazifizierung". Führende Nationalsozialisten sollten aus wichtigen Positionen entlassen und bestraft werden. Das politische System sollte neu aufgebaut werden und die nationalsozialistische Ideologie verschwinden. Das besetzte Land wurde von den Siegermächten USA, Sowjetunion, Großbritannien und Frankreich in vier Besatzungszonen und Berlin in vier Sektoren geteilt. In den vier Besatzungszonen wurde die „Entnazifizierung" unterschiedlich durchgeführt, obwohl alle Deutschen Auskunft darüber geben mussten, ob sie Mitglied der NSDAP und ihrer Organisationen gewesen waren, wo sie gearbeitet und was sie im Krieg gemacht haben. Die alten Eliten aus Politik, Wirtschaft und Militär wurde gleich in einen „automatischen Arrest" genommen. Die anderen mussten sich in den Westzonen in Gerichtsverfahren vor den „Spruchkammern" verantworten. Am Ende wurden sie in fünf Kategorien eingeteilt: 1. Hauptschuldige, 2. Belastete (Aktivisten, Militaristen und Nutznießer), 3. weniger Belastete, 4. Mitläufer (Opportunisten) und 5. Entlastete. Besonders streng und am schnellsten wurde die Entnazifizierung in der sowjetischen Zone durchgeführt. Hier unterschied man zwischen einfachen Parteimitgliedern, den sogenannten „kleinen PGs" (Parteigenossen) und den „wahren Schuldigen", die man unbedingt hart bestrafen wollte.

Ein allgemeines Problem war die Strategie der Deutschen, sich gegenseitig politisch zu entlasten durch Bestätigungen, dass der andere auf keinen Fall Nazi war. Man nannte diese Bezeugungen nach dem bekannten deutschen Waschmittel Persil „Persilscheine". Sie verschafften, bildlich gesprochen, vielen Deutschen eine „weiße Weste". Aber bald wurde die Entnazifizierung ohnehin weniger streng gehandhabt. Denn es fehlte es an politisch unbelasteten und qualifizierten Leuten für den Wiederaufbau.

Unter Aufsicht der Alliierten wurden Gewerkschaften und demokratische Parteien zugelassen. Alte Parteien, wie die SPD, wurden wieder gegründet. Aber es gab auch zwei Neugründungen, die für die weitere Geschichte des geteilten Deutschland von großer Bedeutung werden sollten: die „Christlich Demokratische Union" (CDU), eine überkonfessionelle Volkspartei neuen Typs, die für alle Religionen offen war und schon 1945 entstand und die Sozialistische Einheitspartei Deutschlands (SED), die es seit April 1946 gab. Bereits im Herbst 1945 wurden die Schulen und die Universitäten wieder eröffnet. Die Alliierten klärten die Deutschen über die Verbrechen, die in ihrem Namen begangen worden waren, durch öffentliche Plakate, Broschüren, Radiosendungen und Dokumentarfilme auf. Wer in der Nähe eines Konzentrationslagers wohnte, musste das Lager nach der Befreiung besuchen, um die Zustände dort mit eigenen Augen zu sehen. Niemand sollte die Lager als „alliierte Propaganda" leugnen können. Viele Deutsche mussten auf Anordnung der Besatzungsbehörden die vielen Toten aus den Konzentrationslagern ordentlich bestatten.

Die Militärverwaltungen vergaben an politisch Unbelastete oder Gegner der Diktatur Lizenzen für Zeitungen und Zeitschriften und für den Rundfunk. Aber sie veröffentlichten auch eigene Blätter in deutscher Sprache. In den Kultureinrichtungen der Alliierten, z.B. in den Amerikahäusern, lernten junge Deutsche in Vorträgen und Diskussionen Demokratie. Die Älteren lernten es wieder neu. Dort machten viele Deutsche zum ersten Mal Bekanntschaft mit moderner europäischer und amerikanischer Literatur und Musik, mit einer fremden Kultur und einem anderen Lebensstil.

Die Alliierten bauten die Verwaltungen und die politischen Strukturen neu auf. Es entstanden ganz neue Bundesländer wie z.B. Schleswig-Holstein, Nordrhein-Westfalen oder Baden-Württemberg. In den Besatzungszonen der Amerikaner, Briten und Franzosen wurde eine bundesstaatliche Demokratie auf der Grundlage eines Mehrparteiensystems und freier Wahlen vorbereitet, die an die Verfassung gebunden sein musste.

In der sowjetischen Besatzungszone verlief die Entwicklung anders. Die sowjetische Militäradministration bereitete mit der KPD und dann mit der SED den Aufbau eines diktatorischen Sozialismus vor. Er wurde zwar ebenfalls demokratisch genannt, war es aber nicht. Walter Ulbricht der Parteiführer der KPD und SED, gab schon 1945 als heimliches Motto aus: „Es muss alles demokratisch aussehen. Aber wir müssen alles in der Hand haben." Die Konzentration der politischen Macht in den Händen der SED nannte die Partei später „demokratischer Zentralismus".

Zu einer harten Schule der Demokratie wurden die Nürnberger Prozesse der Alliierten, die im Herbst 1945 gegen 24 Hauptkriegsverbrecher und sechs verbrecherische Organisationen des „Dritten Reiches" begannen. Die Anklage lautete: Verschwörung gegen den Weltfrieden, Führung eines Angriffskrieges, Verbrechen gegen das

Kriegsrecht und Verbrechen gegen die Menschheit. Über die Verhandlungen und die Zeugenaussagen wurde in den Medien intensiv berichtet. Der erste Prozess begann im November 1945 und endete erst im Oktober 1946. Zwölf Angeklagte wurden zum Tode verurteilt und hingerichtet. Zwei entzogen sich der Strafe durch Selbstmord, sieben wurden zu langen Haftstrafen verurteilt und drei wurden freigesprochen. Bis 1949 gab es in Nürnberg vor amerikanischen Militärgerichten zwölf weitere Prozesse gegen Kriegsverbrecher. Auch in den anderen Besatzungszonen wurden Strafprozesse und Militärtribunale geführt. Bei allen Unterschieden in den vier Besatzungszonen folgten die Alliierten dem einfachen Grundsatz, der in der englischen „Picture Post" im Oktober 1945 zu lesen war: Hate the system, destroy the leaders, re-educate the masses."

Auf die ersten deutschen Landtagswahlen im Herbst 1946 und Frühjahr 1947, die unter Aufsicht der Alliierten stattfanden, folgte der wirtschaftliche Zusammenschluss der amerikanischen und britischen Besatzungszone zur „Bizone" Anfang 1947 und bald darauf die Bildung der „Trizone" (mit der französischen Besatzungszone). Sie bekam im Mai 1948 eine einheitliche, neue Währung, die D-Mark. Im selben Jahr beauftragten die westlichen Alliierten die Ministerpräsidenten der Länder, eine Verfassung für Westdeutschland auszuarbeiten. Die gründeten den Parlamentarischen Rat, der aus 65 Abgeordneten der westdeutschen Länder bestand.
Eigentlich wollten die Alliierten, dass die Bevölkerung über die neue Verfassung direkt abstimmte. Dazu kam es aber nicht. Sie wurde nur von den Länderparlamenten beschlossen. Die Verfassung, die am 23. Mai 1949 verkündet wurde, hieß auch nicht „Verfassung", weil sie einstweilen nur für einen Teil von Deutschland Geltung hatte. Sie wurde Grundgesetz genannt. Man verstand sie als „grundlegendes" Gesetzeswerk zur Regierung des Staates, aber auch als Provisorium, als eine Lösung auf Zeit. Bei der Ausarbeitung des Grundgesetzes wollte der Parlamentarische Rat an die Reichsverfassung von 1848/49 und an die Weimarer Verfassung anknüpfen. Aber er wollte unbedingt alte Fehler vermeiden und aus den leidvollen Erfahrungen der Diktatur lernen. An der Wiege des

Grundgesetzes standen, bildlich gesprochen, sowohl die guten Geister der Geschichte wie auch die Gespenster der Vergangenheit. „Bonn ist nicht Weimar" wurde später immer wieder gesagt.

Besonders wichtig war den „Vätern" und „Müttern" der Verfassung: Das Grundgesetz kann nicht leicht geändert werden. Dazu braucht es eine Mehrheit von zwei Drittel der Abgeordnetenstimmen (also 66,6 Prozent) im Parlament. Die Gewaltenteilung und das Mehrparteienprinzip sind als demokratische Institutionen in der Verfassung festgeschrieben. Das soll verhindern, dass die Macht in einer Hand konzentriert wird und dass es nur eine einzige Partei gibt. Auch die Grundrechte sind in der Verfassung verankert. Sie dürfen nicht angetastet werden, weder von der Regierung, noch vom Parlament, noch von den Gerichten. Und alle drei Gewalten sind an die Einhaltung der Grundrechte gebunden. Um eine Zersplitterung der Demokratie in viele winzige Parteien, wie es in der Weimarer Republik passiert war, zu verhindern, wurde die Fünf-Prozent-Klausel eingeführt. Das bedeutet: Bei Wahlen muss eine Partei mindestens fünf Prozent der abgegebenen Stimmen erreichen, um in das Parlament einzuziehen. Eine Ausnahme für kleine Parteien gibt es nur, wenn drei Direktmandate gewonnen werden. Denn in diesem Fall haben drei Kandidaten persönlich in ihrem Wahlkreis die Mehrheit der Stimmen erhalten. Verfassungsfeindliche Parteien können verboten werden. Die Position der Regierung wurde gestärkt: Der Kanzler (oder die Kanzlerin) kann vom Parlament nur gestürzt werden, wenn sofort ein Nachfolger (eine Nachfolgerin) gewählt wird. Die Macht des Parlaments wurde gestärkt: Die direkte Demokratie, also der Volksentscheid, ist auf Bundesebene praktisch unmöglich, ebenso wie eine Auflösung des Parlaments. Die Rolle des Bundespräsidenten ist auf die Repräsentation des Staates beschränkt. Er kann nicht über Notverordnungen am Parlament vorbei regieren.

Die Verkündung des Grundgesetzes war zugleich die Geburtsstunde der Bundesrepublik Deutschland (BRD).

Am 14. August 1949 fanden die ersten freien und demokratischen Wahlen zum Ersten Deutschen Bundestag statt. Zum ersten Bundeskanzler wurde Konrad Adenauer (CDU) gewählt. Am 12. September 1949 wurde Theodor Heuss (FDP) zum ersten Bundespräsident gewählt.

In der sowjetischen Besatzungszone wurde daraufhin am 7. Oktober 1949 die Deutsche Demokratische Republik (DDR) gegründet. Sie verstand sich als sozialistischer Staat und folgte sowjetischen Traditionen, den politischen Anweisungen aus Moskau und kommunistischen Vorstellungen aus der Zeit der Weimarer Republik. Die SED behauptete, eine Herrschaft der Arbeiterklasse auszuüben. Von den Prinzipien der Demokratie war die DDR weit entfernt. Die Teilung in zwei deutsche Staaten wurde erst 41 Jahre später, im Oktober 1990 beendet. Seit dem Beitritt der DDR zur Bundesrepublik Deutschland gilt das Grundgesetz in ganz Deutschland.

Der lange Weg zur nationalen Einheit

Nationen im modernen Sinn sind erst mit der Französischen Revolution von 1789 entstanden. Die revolutionäre Forderung nach „Gleichheit, Freiheit, Brüderlichkeit" einte die Mehrheit der Franzosen gegen den König und die Aristokratie. Die Revolution zeigte in aller Deutlichkeit: Zur Bildung einer Nation reicht es nicht, dass es ein Territorium mit definierten Grenzen und eine einheitliche Herrschaft über dieses Staatsgebiet gibt. Es muss etwas dazukommen, damit die Menschen ein Bewusstsein der Zusammengehörigkeit entwickeln und sich allmählich als Nation begreifen: die gemeinsame Anstrengung einer Einigungsbewegung, ein revolutionärer Aufstand oder der Kampf für die Unabhängigkeit. Es braucht außerdem: eine gemeinsame Sprache; gemeinsame Wurzeln in der Vergangenheit; eine gemeinsame Kultur in der Gegenwart; eine Erzählung darüber, wie im Rückblick alles anfing mit der Nation, also ein politischer Gründungsmythos; heldenhafte und beglückende Erfahrungen oder leidvolle, schreckliche oder beschämende Prüfungen, die auf dem Weg zur Nation oder als Nation erlebt oder überwunden wurden und schließlich die vorsichtige Integration von immer größeren Teilen der Bevölkerung in die Gemeinschaft der Nation. Ebenfalls wichtig sind nationale Symbole wie Denkmäler, Flaggen, eine Nationalhymne und nationale Feiertage.

Wenn die Bildung eines Staates nicht von der Nationenbildung begleitet, stabilisiert und ausgeglichen wird, gibt es meistens Probleme. Und früher oder später zerfällt das politische Gebilde. Weil zerfallende Staaten oder Staatenbünde und schwach ausgebildete nationale Identitäten ein Gefahr für die Nachbarn und für den Frieden sein können, liegt es nahe, der Nationenbildung von außen einen Impuls zu geben oder sie herbeizureden. Das funktioniert aber in der Regel nicht. Außerdem haben alle Völker ein Recht auf nationale Selbstbestimmung und Selbstfindung. Auf der anderen Seite sind Staaten mit einem übersteigerten Nationalismus ebenfalls eine Bedrohung für ihre Nachbarn und für die Bewahrung des Friedens. Wenn die nationale Identität - das Wir-Gefühl" einer Nation - umschlägt in eine aggressive, nationalistische Haltung, werden andere Völker, Rassen oder Religionen meistens als minderwertig oder schlecht betrachtet. Dann hält man die eigene Nation für überlegen.

Es hängt also viel davon ab, wie der Prozess der Nationenbildung verläuft und ob Nationen wissen, wer sie sind und wer sie in den Beziehungen zu ihren Nachbarn sein wollen.

<u>1871</u>

Interessant an der deutschen Geschichte ist die Tatsache, dass Deutschland bis 1871 als Nation gar nicht existierte. Lange Zeit bestand es Deutschland aus vielen kleinen Staaten und Fürstentümern mit eigenen Gesetzen und trennenden Zollschranken. Der größte Staat war Preußen. Die einfachen Menschen fühlten sich als Protestanten oder Katholiken, als Bayern oder Hessen, aber nicht als patriotische Deutsche. Die nationale Bewegung, die Anfang des 19. Jahrhunderts als Reaktion auf die napoleonischen Kriege einsetzte, war zunächst eine Angelegenheit von Schriftstellern, Journalisten, Lehrern und Philosophen. Zu den Verfechtern der Nation gehörten der Dichter Ernst Moritz Arndt (1769-1860), der Philosoph Johann Gottlieb Fichte (1762-1814) und Friedrich Ludwig Jahn (1778-1852), der „Turnvater Jahn" genannt wurde. Er betrachtete das Turnen für junge Männer als gute Vorbereitung für den militärischen Kampf um die Freiheit von französischer Besetzung. Die neuen Patrioten wollten „das Vaterland mehr lieben als Herren und Fürsten, als Väter und Mütter, als Weiber und Kinder". Das Ideal des Nationalstaats sollte die typisch deutsche „Kleinstaaterei" beenden und den herrschenden Adel unter die Kontrolle eines Parlaments stellen. Unter den Anhängern des Nationalstaates waren Liberale, Demokraten und Linke. Nach ihrer Überzeugung musste die Einheit in einer breiten Volksbewegung erkämpft werden. Doch wie wir gesehen haben, wurde die Revolution von 1948 niedergeschlagen und die Möglichkeit eines Bundesstaates ausgeschlagen.

Am Ende war es ausgerechnet ein Mitglied des konservativen und antiliberalen preußischen Landadels, der nach drei erfolgreichen Angriffskriegen gegen Dänemark (1864), Österreich (1867) und Frankreich (1870) die deutsche „Kleinstaaterei" beendete. Unter der Führung Preußens gründete der preußische Staatsmann Otto von Bismarck 1871 das Deutsche Reich. Am 18. Januar 1871, genau 170 Jahre nach der Gründung Preußens, wurde nach der militärischen Niederlage Frankreichs im Spiegelsaal des französischen Schlosses Versailles der preußische König Wilhelm I von den Fürsten zum deutschen Kaiser proklamiert. Und Bismarck wurde sein erster Reichskanzler. Der Schlachtenmaler Anton von Werner, der Augenzeuge der Kaiserproklamation war, malte das denkwürdige Ereignis.

Die deutsche Einheit von 1871 war nicht das Ergebnis einer demokratischen Volksbewegung. Sie kam als Geschenk der Monarchie, sozusagen autoritär „von oben" über die Deutschen. Trotzdem war der Patriotismus nun in allen Schichten groß. Denn Deutschland wurde in der „Gründerzeit" nach 1871 zu einem modernen, technisch innovativen Staat mit einer großen Wirtschaftskraft.

Ähnlich wie Italien, das 1861 zum Königreich wurde, aber auch erst 1871 die Einheit vollendete, war Deutschland als Nation spät dran. Man nennt es deshalb eine „verspätete Nation". In England setzte die Herausbildung einer nationalen Identität als Verfassungsstaat sehr früh ein, nämlich mit der Glorreichen Revolution (1688) und der „Declaration of Rights" (1689). Beide sprachen dem König ein göttliches Recht zur Herrschaft ab. In Frankreich war die Revolution von 1789 zugleich die Stunde der Nation. Aber der deutsche Nationalstaat kam nicht nur später, er hatte auch einen Geburtsfehler: Die Werte der Freiheit, der Menschenrechte und der Demokratie spielten keine Rolle.

Die Deutschen selbst hatten das Gefühl, zu spät zu kommen. Sie bezogen es aber auf die Kolonialpolitik. Die politischen Eliten waren der Ansicht, das Kaiserreich sei beim „Wettlauf um einen Platz an der Sonne" benachteiligt, weil die europäischen Großmächte die übrige Welt bereits unter sich aufgeteilt hätten. Lange vor dem Ersten Weltkrieg beherrschte ein aggressiver Imperialismus die deutsche Gesellschaft. Mit der Aufrüstung seiner Kriegsschiffe provozierte der Kaiser England. Das politische Verhältnis zu Frankreich war dauerhaft angespannt. Man sprach von einer „Erbfeindschaft" zwischen Gegnern, die sich seit mehreren Generationen hassen. Um 1900 fühlten die allermeisten Deutschen, egal wo sie geboren worden waren und ganz gleich welcher Religion oder welcher politischen Partei sie angehörten, national. Vor Ausbruch des Ersten Weltkriegs im Sommer 1914 war die Stimmung besonders aggressiv. Man nannte die Kriegsbegeisterung später kritisch „Hurra-Patriotismus".

<u>1945</u>

Noch interessanter an der deutschen Geschichte ist, dass die nationale Einheit wieder verloren ging: Die verbrecherische Politik der Diktatur, ihr Rassismus, ihre Vernichtungsenergie gegen Juden, Sinti, Roma, Homosexuelle und politische Gegner, ihr Wille zur kriegerischen Aggression gegen die Nachbarländer und die Zerstörungswut gegen den eigenen Staat und seine Institutionen waren daran schuld.

Mit der militärischen Niederlage des Ersten Weltkriegs (1918) musste Deutschland nach dem Friedensvertrag von Versailles (1919) einige Gebiete im Osten und im Westen des Reiches an seine Kriegsgegner abtreten. Andere Gebiete wurden unter die Verwaltung des Internationalen Völkerbundes gestellt. Dort sollte die Bevölkerung in Volksabstimmungen über die Staatszugehörigkeit entscheiden. Deutschland wurde darüber hinaus zu hohen

Reparationsleistungen und zur Abrüstung der Reichswehr verpflichtet. Weite Kreise, nicht nur die Nationalisten, empörten sich über die Vertragsbedingungen und über die neue demokratische Regierung, die den Versailler Vertrag, unterzeichnet hatte. Manche Zeitgenossen nannten die Unterschrift eine Kapitulation vor dem „Friedensdiktat" der Sieger. Die NSDAP kritisierte nicht nur die Gebietsabtretungen. Sie forderte schon in ihrem ersten Parteiprogramm 1920, alle Deutschen sollten in einem „Großdeutschland" zusammenleben. Das umfasste das Deutsche Reich und Österreich. Dieses Ziel verwirklichten sie auch.

Nach der Regierungsübernahme im Januar 1933 betrieb die NSDAP unter dem neuen Reichskanzler Adolf Hitler eine aggressive Außenpolitik: 1938 setzte sie den „Anschluss" Österreichs und des deutschsprachigen Teils der Tschechoslowakei an das Deutsche Reich durch. Die Annexion der restlichen Tschechoslowakei als „Protektorat Böhmen und Mähren" im Frühjahr 1939, der Überfall auf Polen im September 1939 und die Eroberung, Unterwerfung und wirtschaftliche Ausbeutung West- und Osteuropas und von Teilen der Sowjetunion im Zweiten Weltkrieg hatte mit Ideen der nationalen Einheit nichts zu tun. Der Angriffskrieg wurde mit dem Ziel geführt, Europa zu beherrschen. Während des Krieges verübten zahlreiche Einheiten der gefürchteten „SS" („Schutzstaffel"), Polizeibataillone, aber auch einfache Soldaten der Wehrmacht grausame Kriegsverbrechen an der Front und in den besetzten Gebieten an Kriegsgefangenen und Zivilisten. Millionen Menschen mussten Zwangsarbeit leisten. In der Sowjetunion verwüsteten die deutschen Truppen Städte, Dörfer und ganze Landstriche. Sie hinterließen „verbrannte Erde".

Die Nationalsozialisten vertraten eine brutale Rassenideologie. Sie wollten andere Völker versklaven und die Juden Europas auszurotten. Die deutschen Juden verloren schon ab 1933 ihre Bürger- und Menschenrechte, und wurden terrorisiert. Man rief zum Boykott jüdischer Geschäfte und Unternehmen auf, Juden wurden aus dem Staatsdienst entlassen. Andere erhielten Berufsverbot. Sie wurden gezwungen, Grundstücke, Immobilien, Antiquitäten und Kunstgegenstände unter Wert zu verkaufen. Wer emigrierte, musste einen großen Teil seines Vermögens dem Staat überlassen. Man nannte diese Zahlung „Reichsfluchtsteuer". Am 9. November 1938 insze-nierten die Machthaber im ganzen Reich Gewalttaten gegen die jüdische Bevölkerung. Mindestens 8.000 jüdische Geschäfte wur-den überfallen, geplündert und zerstört. Wohnungen wurden auf-gebrochen. Juden wurden misshandelt. Man schätzt, dass hundert Juden erschlagen, zu Tode geprügelt oder erstochen wurden. In vielen Städten wurden die Synagogen verwüstet und in Brand ge-steckt. Etwa 30.000 jüdische Männer wurden in den folgenden Tagen verschleppt und in die Konzentrationslager Dachau, Bu-chenwald und Sachsenhausen gesperrt. Zynisch verpflichteten die Nationalsozialisten die jüdischen Gemeinden am Ende sogar dazu, für die Reparaturen der beschädigten Gebäude zu bezahlen.

Zur Ausrottung der europäischen Juden wurden im Krieg in Polen, Weißrussland, der Ukraine, aber auch in Deutschland jüdische Ghettos und Konzentrations- und Vernichtungslager eingerichtet. Insgesamt wurden ungefähr sechs Millionen Juden getötet. Überall im Reichsgebiet und im besetzten Europa wurden große und kleine-re Arbeitslager eingerichtet, in denen diejenigen leben mussten, die zur Zwangsarbeit deportiert worden waren. Man schätzt, dass es insgesamt etwa 42.500 Arbeitslager, Vernichtungslager und jüdi-sche Ghettos gegeben hat. Diese Tatsachen wurden den Alliierten mit ihrem Vormarsch nach Deutschland allmählich deutlich. Das Entsetzen der Welt über das System der Gewalt und Vernichtung war sehr groß.

Deshalb war am Ende des zweiten Weltkriegs alles anders als am Ende des Ersten Weltkriegs. Die Selbstanmaßung der Nationalsozia-listen und die Verbrechen, die in deutschem Namen begangen worden waren, schlossen Deutschland und die Deutschen 1945 aus der Gemeinschaft der Völker aus. Ihr Ansehen war zerstört.

Mit der bedingungslosen Kapitulation der deutschen Wehrmacht am 8. Mai 1945 war die bedingungslose militärische Niederlage besiegelt. Deutschland verlor ein Drittel seines Territoriums. Das übrige Land wurde unter den alliierten Siegermächten in vier Besatzungszonen und Berlin in vier Sektoren aufgeteilt. In allen Besatzungszonen fanden sich Deutsche, die vom Nationalismus nichts mehr wissen wollten. Sie konzentrierten sich lieber auf den Wiederaufbau der Länder und Regionen. „Nation" und „Nationalstaat" klangen viele Jahre lang vergiftet. Doch nach dem Willen der Alliierten sollte das Deutsche Reich weiterhin ein Subjekt des Völkerrechts blieben – mit allen Pflichten und Rechten. Sie nannten es „Deutschland als Ganzes". Die Bundesrepublik Deutschland, die im Mai 1949 gegründet wurde, betrachtete sich deshalb nicht als neu gegründeter Weststaat und auch nicht als Nachfolgerin, sondern als Fortsetzung des Deutschen Reiches, das jetzt nur etwas kleiner war. Damit beanspruchte die Bundesrepublik eine Art Gesamtverantwortung für das ganze Deutschland (Alleinvertretungsanspruch). Aus diesem Grund wurde die DDR, der zweite deutsche Staat, nie als „Ausland" angesehen.

Man sagte in Westdeutschland also: Das Deutsche Reich gibt es im rechtlichen Sinne noch. Es gibt außerdem eine Nation, also ein gesamtdeutsches Staatsvolk und damit eine gesamtdeutsche Staatsgewalt. Doch dem Deutschen Reich fehlt zurzeit alles, was einen Staat ausmacht: die staatlichen Organisationen und Institutionen. Deshalb kann es als Staat nicht handeln. Das war ein ziemlich komplizierter Gedankengang. "Deutschland als Ganzes" war ein Phantom. Es war die Anmeldung eines Rechtsanspruchs für einen Tag X irgendwann in der Zukunft.

Die DDR dagegen verstand sich von Anfang an als Neugründung. Sie grenzte sich vom alten Deutschen Reich ideologisch als antifaschistischer Staat ab. Die SED-Propaganda betrachtete die Bundesrepublik als Nachfolgestaat der Faschisten (also der Nationalsozialisten). Im Grunde tat sie so, als sei Hitler ein Westdeutscher gewesen und als lebten alle alten Nazis im Westen und keiner im Osten. In Übereinstimmung mit der Sowjetunion gab sie die Möglichkeit der Wiedervereinigung mit der Bundesrepublik 1955 auf. Die Regierung der DDR erfand stattdessen die Parole „zwei Staaten, aber eine Nation". In der Wirklichkeit erlebten die Menschen in der Bundesrepublik und in der DDR Deutschland überhaupt nicht als Ganzes, sondern tief gespalten: militärisch, politisch und wirtschaftlich und schließlich auch gesellschaftlich und kulturell geteilt. Und je länger die Teilung dauerte, umso weniger erschien sie veränderbar. Vor allem die Westdeutschen hielten sie bald für einen bedauerlichen, aber beinahe natürlichen Zustand.

<u>1989/90</u>

Mindestens genauso interessant aber ist die Tatsache, dass es über vierzig Jahre dauerte, bis die deutsche Teilung überwunden und die Einheit 1990 wieder hergestellt wurde und dass dies überhaupt möglich war. Die „nationale Einheit 2.0" begann in der DDR. Und sie hat eine längere Vorgeschichte. Viele Ostdeutsche hatten nämlich nie aufgehört, von der Freiheit und von der Einheit Deutschlands zu träumen, obwohl die Teilung eine Realität geworden war, die man buchstäblich in Beton gegossen hatte. Denn als die politische Führung der DDR am 13. August 1961 eine Mauer durch ganz Berlin bauen ließ, konnte niemand mehr die DDR ungehindert verlassen. Bis dahin waren etwa 2,6 Millionen Menschen geflüchtet. Auch Reisen in die DDR waren zunächst schwierig. Und sie blieben kompliziert.

Familien und Freundschaften wurden auseinandergerissen, berufliche Kontakte und Geschäftsbeziehungen in den Westen wurden unterbunden. In der Bundesrepublik sprach man zwar dauernd vom unteilbaren Deutschland und von den „Brüdern und Schwestern in der Zone". Aber die Politik war der Logik des „Kalten Krieges" unterworfen. Niemand wollte eine militärische Auseinandersetzung mit der Sowjetunion riskieren, nur um die Teilung Deutschland und die Teilung Berlins zu beenden.

Die Menschen in der DDR waren gezwungen, sich in den Verhältnissen einzurichten, um ihr Leben zu leben. Oppositionellen drohte die Ausweisung aus der DDR wie Wolf Biermann (1976), der Hausarrest wie Robert Havemann oder die Verhaftung und Abschiebung wie Roland Jahn (1983). Deshalb war es schwer, eine Opposition im Land aufzubauen. Eine winzig kleine Minderheit begann Mitte der 1970er Jahre damit, kritisch über den Sozialismus zu diskutieren: Man wollte mehr Demokratie, die Einhaltung der Menschen- und

Bürgerrechte, ein Ende des Aufrüstung in West und Ost und ein Ende der Umweltverschmutzung. Meistens traf man sich in Privatwohnungen oder in den Räumen der evangelischen Kirche. Die mutigen Oppositionellen des Prager Frühlings 1968, die Vertreter der ersten unabhängigen Gewerkschaft in Polen, „Solidarnosc" (gegründet 1980, verboten 1982) und die Dissidenten in der Sowjetunion waren die großen Vorbilder. Parallel zu den politischen Diskussionen und wenigen Aktivitäten entstand eine alternative Lebenskultur. Andere, die es in der DDR nicht mehr aushielten, versuchten auf gefährlichen Wegen über die Grenze in den Westen zu gelangen, im Schlauchboot über die Ostsee oder versteckt in den Autos von westdeutschen Fluchthelfern. Manchmal gelange es DDR-Bürgern, westliche Botschaften in Ostberlin zu besetzen, um auf diese Weise ihre Ausreise zu erzwingen. Viele kamen bei dem Versuch über die Mauer zu flüchten, ums Leben. Einige wurden von den DDR-Grenzsoldaten erschossen.

Mitte der 1980er Jahre wuchs die Unzufriedenheit mit den politischen Systemen in allen sozialistischen Ländern. Michael Gorbatschow, der neue Generalsekretär der KPdSU, begann 1985 die Sowjetunion zu reformieren. Seine Politik von „Glasnost" (Offenheit) und „Perestroika" (Umbau) und die Demokratisierung des Warschauer Paktes (Militärbündnis der sozialistischen Staaten Osteuropas) beendeten den Kalten Krieg und führten zuletzt zum Zusammenbruch der Sowjetunion. Auch in der DDR spitzte sich 1989 die Lage zu. Immer mehr Leute wollten raus und stellten einen Ausreiseantrag. Aber die meisten wurden abgelehnt. Dann genügte der berühmte „kleine Tropfen, um das Fass zum Überlaufen zu bringen", wie man sagt. Die Wahlfälschungen bei den eher unbedeutenden Kommunalwahlen im Mai wurde bekannt und lösten eine riesige Empörung gegen die SED aus. Die erfasste nicht nur die oppositionelle Minderheit, sondern zum ersten Mal auch „ganz normale" Bürger. Außerdem passierte in Ungarn etwas, was niemand für möglich gehalten hätte. Im August 1989 entschieden die Ungarn, den Grenzübergang nach Österreich bei Sopron für einige Stunden zu öffnen. Das „Paneuropäisches Picknick", das als symbolische Aktion der Völkerfreundschaft zwischen Ungarn und Österreich geplant war, ging als Öffnung des „Eisernen Vorhangs" in die Geschichte ein. Sopron wurde zum Tor der Freiheit. Es kam es zu einer Massenflucht von 700 DDR-Bürgern nach Österreich. Und die Grenzsoldaten schauten weg. Wenige Wochen später wurde der Stacheldrahtzaun endgültig abgebaut. Zehntausende gingen nach Österreich. Andere DDR-Bürger hatten sich in die westdeutschen Botschaften in Budapest, Warschau und Prag sowie in die Ständige Vertretung der Bundesrepublik in der DDR geflüchtet. Sie konnten mit Sonderzügen in die Bundesrepublik ausreisen. Vor allem jüngere Leute und junge Familien mit kleinen Kindern stimmten „mit den Füßen" ab. Gleichzeitig überschlugen sich die Ereignisse in der DDR. Die Opposition wurde schnell größer und mutiger. Alte Parteien, die in der DDR verboten waren, neue Parteien und Organisationen der Bürgerbewegung wurden gegründet. Gleichzeitig begannen in Leipzig und anderen Großstädten Anfang September 1989 die wöchentlichen „Montagsdemonstrationen". Sie hatten bis zu 100.000 Teilnehmer. Die selbstbewusste Botschaft an die Herrschenden lautete: „W i r sind das Volk". Die Menschen forderten ein Ende der Bevormundung und der staatlichen Unterdrückung, grundlegende Reformen, freie Wahlen, Reise-, Meinungs-, und Versammlungsfreiheit. Im Oktober 1989 feierte die DDR-Führung mit versteinerten Gesichtern den 40sten Geburtstag der Republik. Es sollte die letzte Geburtstagsfeier sein. Der wichtigste Gast, Michail Gorbatschow, prophezeite den reformunwilligen Politikern der DDR angeblich beim Abschied: „Wer zu spät kommt, den bestraft das Leben."

Die Massendemonstrationen gingen weiter. Auch der Austausch der Führung an der Spitze der SED und der Regierung konnte die friedliche Revolution nicht aufhalten. Ihr schlossen sich reformorientierte Kräfte der SED und viele Künstler an. Am 4. November versammelten sich mehr als 500.000 Demonstranten auf dem Berliner Alexanderplatz. Unter dem Druck der Protestbewegung beschloss die DDR-Regierung, ihren Bürgern Reisefreiheit zu gewähren. Die Verordnung, die der Pressesprecher am Abend des 9. November 1989 bekanntgab, galt „ab sofort und unverzüglich". Diese Meldung verbreitete sich blitzschnell. Die Menschen strömten zu den Grenzübergangsstellen. Der erste Übergang an der Bornholmer Straße wurde kurz nach 23 geöffnet. Bis Mitternacht waren alle Grenzübergänge in Berlin offen. In der ganzen Stadt feierten Menschen aus Ost und West spontane Freudenfeste. Am 22. Dezember 1989 wurde auch das Brandenburger Tor geöffnet. Und neun Tage später fand dort die erste Sylvester-Feier statt.

Damit war die Mauer nach 28 Jahren der Teilung gefallen. Der 9. November 1989 brachte „die Wende". Es war der Anfang vom Ende der DDR. Danach riefen die Menschen auf den Montagsdemonstrationen immer häufiger: „Wir sind e i n Volk" und „Deutschland einig Vaterland". Bis dahin hatten in sechs Monaten bereits 220.000 Ostdeutsche die DDR verlassen. Und ein Ende der Ausreisebewegung war nicht abzusehen. Die meisten Ostdeutschen wollten die schnelle Einheit. Aber es gab auch viele, die für eine Konföderation und eine langsamen Vorgang der Vereinigung waren. Sie riefen: „Wir bleiben hier". Bei seinem Besuch in Dresden betonte der westdeutsche Bundeskanzler Helmut Kohl (CDU) das Recht der DDR-Bürger auf nationale Selbstbestimmung. Andererseits wollte er verhindern, dass ein ganzes Land in den Westen ausreiste. Und er ließ keinen Zweifel daran, dass seine Regierung die Wiedervereinigung wollte: „Mein Ziel bleibt, wenn die geschichtliche Stunde es zulässt, die Einheit unserer Nation."

Inzwischen setzten zahlreiche politische und gesellschaftliche Reformen im Lande ein. Und der Wahlkampf der Parteien zur ersten freien Wahl zur Volkskammer der DDR am 18. März 1990 begann. Die „Allianz für Deutschland", das Wahlbündnis unter Führung der der ostdeutschen CDU, gewann die Wahl mit 48 Prozent. Der Auftrag der Wähler hieß: Deutsche Einheit. Bereits vor der Wahl waren neuen Losungen auf den Leipziger Montagsdemonstrationen aufgetaucht: „Kommt die DM bleiben wir, kommt sie nicht, geh'n wir zu ihr." Bereits am 1. Juli wurde die Wirtschafts- und Währungsunion beschlossen. Am 23. August beschloss die Volkskammer den Beitritt der DDR zur Bundesrepublik Deutschland mit Wirkung zum 3. Oktober 1990. Die deutschen Unterschriften unter den Beitrittsvertrag wurden am 20. und 21. September gegeben. Bis dahin blieb nur sehr wenig Zeit, um die Wiedervereinigung unter den Regierungschefs der ehemaligen Siegermächte des Zweiten Weltkriegs USA, Sowjetunion, Großbritannien und Frankreich und mit Polen durchzusetzen und die Bedingungen auszuhandeln. Es glückte. Und am 3. Oktober 1990 war die deutsche Einheit da. Zwei Monate später fanden die ersten gesamtdeutschen Wahlen zum Deutschen Bundestag statt.

Das Deutschlandlied

Die Sache mit der deutschen Nationalhymne ist so kompliziert wie die deutsche Geschichte selbst. 1841 schrieb August Heinrich Hoffmann von Fallersleben das Deutschlandlied. Damals war es ein revolutionäres Lied, erfüllt von einem romantischen Nationalgefühl. In den Befreiungskriegen (1813-15) hatte sich eine große Koalition von Staaten gegen Napoleon verbündet. Ziel war es, die von Napoleon besetzten Gebiete zu befreien. In den ersten Schlachten hatte mal Frankreich und mal die Koalition die Oberhand. 1813 erlitt Frankreich dann in der Völkerschlacht bei Leipzig die entscheidende Niederlage. An dieser größten Schlacht in der Geschichte Europas waren etwa 600.000 Soldaten beteiligt. Etwa 90.000 Menschen verloren ihr Leben. Die Erhebung gegen Napoleon und der Sieg förderte in Deutschland eine nationale Bewegung. Zum ersten Mal entstand der Wunsch nach einem einheitlichen deutschen Staat. Diese Empfindung brachte der Dichter zum Ausdruck.

Im Lied der Deutschen wurde nicht die deutsche Vorherrschaft, sondern die Einheit der unterschiedlichen deutschen Regionen gefordert. Die erste Strophe beginnt: „Deutschland, Deutschland über alles." Von heute aus kann diese Zeile nur missverstanden werden. Denn dem Lied wurde später ein ganz anderer, aggressiver Sinn gegeben. Doch der Reihe nach!

Gesungen wurde das Deutschlandlied zunächst nur von den Demokraten, und zwar nach der von Joseph Haydn komponierten Hymne für Franz II, „Gott erhalt uns Franz, den Kaiser". Es hatte lange Zeit keine Chance, die offizielle Hymne zu werden und war zeitweise sogar verboten.

Als 1871 endlich die deutsche Einheit vollendet und das Kaiserreich gegründet wurde, sang man zu besonders patriotischen Anlässen die alte preußische Hymne „Heil Dir im Siegerkranz" als Kaiserhymne. Sie erklang alljährlich zum Geburtstag des Kaisers und am „Sedantag". Da feierte man den Sieg über Frankreich in der Schlacht von Sedan am 2. September 1870. Die Melodie war identisch mit der britischen Königshymne „God save the Queen" – ein Hinweis auf die enge Verbindung des deutschen Kaisers mit dem britischen Königshaus vor 1914. Eine Nationalhymne gab es im Kaiserreich gar nicht.

Erst 1922 wurde das alte, demokratische Lied der Deutschen von Friedrich Ebert, dem sozialdemokratischen Reichspräsidenten, zur Nationalhymne der Weimarer Republik erklärt. Bis Ende 1932 wurden alle drei Strophen gesungen.

Mit Beginn der nationalsozialistischen Diktatur 1933 war wieder alles anders. Nun wurde die erste Strophe des Deutschlandliedes und das rechtsextreme Horst-Wessel-Lied „Die Fahne hoch" zur Hymne gemacht. Ab 1945 verboten die Alliierten beides.

Als die beiden deutschen Staaten 1949 gegründet wurden, entschied sich die Regierung der DDR sofort für einen neuen Text und auch für eine neue Melodie „ihrer" Hymne. Beauftragt wurden der Dichter Johannes R. Becher und der Komponist Hanns Eisler. Die DDR-Hymne lautete „Auferstanden aus Ruinen und der Zukunft zugewandt." Obwohl die Melodie ganz anders geht als beim Deutschlandlied, ist das Versmaß, also der Rhythmus der beiden Texte identisch – als ob der Dichter eine Option für die Zukunft offenhalten wollte. Man kann das Deutschlandlied wie auch die DDR-Hymne auf beide Melodien singen! Ab 1973 durfte die DDR-Hymne nur noch gespielt, aber nicht mehr gesungen werden, weil im Text von einem einigen Deutschland die Rede war. Diese Idee hatte man in der DDR aber aufgegeben.

In der Bundesrepublik konnte man sich anfangs nicht einigen, ob in Zukunft nur die dritte Strophe des Deutschlandliedes gesungen werden sollte oder eine ganz neue Nationalhymne. Bei feierlichen Anlässen kam aushilfsweise Beethovens „Ode an die Freude" zum Einsatz. 1952 entschied man sich schließlich für die dritte Strophe. 1991 wurde sie schließlich zur Nationalhymne des wiedervereinigten Deutschland erklärt. Sie lautet:

Einigkeit und Recht und Freiheit
Für das deutsche Vaterland!
Danach lasst uns alle streben
Brüderlich mit Herz und Hand!
Einigkeit und Recht und Freiheit
Sind des Glückes Unterpfand
Blüh' im Glanze dieses Glückes,
Blühe deutsches Vaterland!

Der 9. November – fünf Tage der deutschen Geschichte

Man könnte meinen, der 9. November sei so etwas wie ein „Schicksalstag" der Deutschen. Schreckliche und glückliche Ereignisse der deutschen Geschichte fanden an einem 9. November statt.

Am 9. November 1848 wurde der Abgeordnete der Frankfurter Paulskirche Robert Blum, einer der führenden Demokraten und Kämpfer der Märzrevolution in Wien von den Truppen der Gegenrevolution erschossen. Er soll gerufen haben: „Ich sterbe für die Freiheit."

Am 9. November 1918 wurde mit dem Ende des Ersten Weltkriegs die erste deutsche Republik ausgerufen. Kaiser Wilhelm II musste abdanken und ging ins Exil nach Holland.

Am 9. November 1923 unternahmen die Nationalsozialisten in München einen Putsch gegen die demokratische Regierung in Berlin. Der Marsch auf die Feldherrnhalle wurde von der Bayerischen Polizei gestoppt, die Anführer Adolf Hitler und Erich Ludendorff wurden verhaftet und kamen ins Gefängnis. In der Haft verfasste Hitler, der Parteiführer der NSDAP, seine Propagandaschrift „Mein Kampf". Darin findet sich bereits die Ideologie des Rassismus und Antisemitismus.

Am Abend des 9. November 1938 veranstalteten die Nationalsozialisten ein Pogrom gegen die Juden in Deutschland. Die Nazis nannten es „Reichskristallnacht" und behaupteten, es handelte sich um eine spontane Aktion des deutschen Volkes. Bei diesem Wort denkt mancher an klirrendes Glas und zerborstene Fensterscheiben. Seit den 1980er Jahren bezeichnet man die Nacht der Gewalt als „Pogromnacht". Für viele ist der 9. November ein Gedenktag an die Opfer.

Am 9. November 1989 fiel die Berliner Mauer. Sie war das schreckliche Symbol der deutschen Teilung, aber auch ein Sinnbild für die Teilung der Welt im Kalten Krieg. 1989 wurde der 9. November 1989 zu einem Freudentag.

Trotzdem wollte man den 9. November nicht zum offiziellen Nationalfeiertag der deutschen Einheit erklären. Es schien unpassend, am Gedenktag an die „Pogromnacht" gleichzeitig die Einheit zu feiern. Die Entscheidung für einen Feiertag Anfang Oktober hatte aber auch einen politischen und einen praktischen Grund: Man wählte ein Datum, das vor dem 7. Oktober, dem Gründungstag der DDR lag. Und außerdem suchte man einen Tag im Herbst aus, an dem die Chance auf schönes Wetter gut ist, um einen heiteren Tag im Freien zu genießen.

Gedenkstätten in Deutschland

Das Kaiserreich war ein Land der monumentalen Denkmäler für Wilhelm I und Wilhelm II, für Bismarck und für Hindenburg. Heute ist Deutschland ein Land der Gedenkstätten, Dokumentationszentren und Erinnerungsorte. Dort wird an historische Ereignisse, weniger an berühmte Personen erinnert. Meistens geht es dabei nicht um eine ruhmreiche, heldenhafte Geschichte, sondern um eine besonders schwierige oder sogar beschämende Vergangenheit. Anders als Museen befinden sich Gedenkstätten oder Dokumentationszentren fast immer am tatsächlichen Ort des Geschehens, auf das Bezug genommen wird. Die meisten Einrichtungen haben die Aufgabe, das Wissen über die Verbrechen der nationalsozialistische Diktatur (1933-1945) und der DDR wachzuhalten. In den ehemaligen nationalsozialistischen Konzentrationslagern Bergen Belsen,

Buchenwald, Dachau, Flossenbürg, Moringen, Neuengamme, Ravensbrück und Sachsenhausen wird der Opfer des NS-Terrors gedacht. Gedenkstätten gibt es aber auch an vielen anderen Orten, wo kleinere Lager eingerichtet waren. Manche Unternehmen, die ausländische Zwangsarbeiter oder Kriegsgefangene ausbeuteten, erinnern an diese Tatsache auf dem Werksgelände. Dazu gehört Volkswagen in Wolfsburg. Auch in Salzgitter gibt eine Dokumentationsstätte für das Lager der Zwangsarbeiter, die in den ehemaligen Hermann Göring-Werken arbeiten mussten. Topf & Söhne aus Erfurt, ein Unternehmen, das die Öfen für das Vernichtungslager Auschwitz konstruierte, ist heute ein Dokumentationszentrum. Gedenkstätten in Kliniken, in denen Behinderte und psychisch Kranke ermordet wurden, informieren über die „Euthanasie"-Politik der Nationalsozialisten und erinnern an ihre Opfer, z.B. die Gedenkstätten in Hadamar, Bernburg und Lüneburg. Im Jahr 2015 wurde in München das Dokumentationszentrum zur Geschichte des Nationalsozialismus eröffnet.

In den fünf neuen Bundesländern wurden nach der Wende (1990) viele Gedenkstätten, Dokumentationszentren und Einrichtungen der politischen Bildungsarbeit eingerichtet. Oft entstanden sie ebenfalls am Ort des Geschehens: entlang der deutsch-deutschen Grenze und der Berliner Mauer, in den Verwaltungen und Gefängnissen der früheren Staatssicherheit, in berüchtigten Gefängnissen der DDR wie in Bautzen oder in den Jugendgefängnissen, in den insgesamt zwölf sowjetischen „Speziallagern" und in den Internierungslagern in Ostdeutschland. Die Dokumentationszentren klären auf über die kommunistische Herrschaft und über die Unterdrückung in der DDR (1949-1989/90). Sie erinnern aber auch an den Volksaufstand des 17. Juni 1953 und seine Niederschlagung und überhaupt an die Versuche, in der DDR eine Opposition aufzubauen und Widerstand zu leisten. Und sie machen die Massenflucht und die friedliche Revolution 1989 zum Thema, die zum Zusammenbruch der DDR führten.

Besonders viele Gedenkstätten befinden sich in Berlin. Denn Berlin ist ein Brennpunkt der deutschen Geschichte. Die Stiftung „Topografie des Terrors" dokumentiert den Terror der geheimen Staatspolizei im Dritten Reich gegen politische Gegner, Juden, Sinti und Roma und Homosexuelle. Die „Gedenkstätte Deutscher Widerstand" ehrt den militärischen Widerstand des 20. Juli 1944 gegen Adolf Hitler und die Diktatur. Das Denkmal für die ermordeten Juden Europas ist das zentrale Mahnmal gegen den Holocaust. Die Gedenk- und Bildungsstätte „Haus der Wannsee-Konferenz" informiert über die Behörden und Personen, die an der Vernichtung der Juden beteiligt waren.

Das „Dokumentationszentrum Berliner Mauer" informiert über die Teilung der Stadt nach 1945, über den Bau der Mauern im August 1961, über das Grenzregime und die Toten an der Mauer. Das Museum „Haus am Checkpoint Charlie", zeigt den Kalten Krieg in der geteilten Stadt und dokumentiert zahlreiche Fluchtversuche in den Westen. Die Erinnerungsstätte „Notaufnahmelager Marienfelde" in Westberlin erinnert an die Fluchtbewegung aus der DDR. Die Unterdrückung der Bevölkerung durch die Staatssicherheit, die „Stasi", behandeln mehrere Einrichtungen: die „Forschungs- und Gedenkstätte Normannenstraße", die „Gedenkstätte Berlin Hohenschönhausen" im ehemaligen Stasi-Untersuchungsgefängnis und das „Informations- und Dokumentationszentrum der Bundesbeauftragten für die Unterlagen des Staatssicherheitsdienstes".

Die Deutschen und ihre Geschichte

Zu Deutschland gehört die Bereitschaft, sich mit der eigenen Geschichte kritisch auseinander zu setzen und ihre dunklen Seiten nicht zu verschweigen. Viele Nationen betonen eher die positiven Seiten ihrer Geschichte und vergessen die weniger schönen Aspekte. Sie „sonnen sich im Ruhm vergangener Zeiten", wie man sagt.

Die Deutschen haben mehrmals im Zwanzigsten Jahrhundert die Erfahrung gemacht, dass es sehr schwer ist, sich den Fehlern und Irrtümern, den falschen Ideologien, den Untaten und den Verbrechen der eigenen Nation zu stellen: nach dem Ersten Weltkrieg (1918), nach dem Zweiten Weltkrieg (1945) und nach dem Ende der

DDR (1989/90). Das erste Mal, in der Niederlage 1918 misslang es. Und es brachte Deutschland an den Rand eines Bürgerkriegs zwischen Linken und Rechten. Beim zweiten Mal nach der bedingungslosen Kapitulation, die für manche Menschen eine Befreiung war (1945), kam das selbstkritische Nachdenken nicht aus eigener Kraft in Gang, sondern auf Befehl der Alliierten. Bis die deutsche Gesellschaft dazu bereit war, die Opfer anzuerkennen, die Täter vor Gericht zu stellen und über die nationalsozialistische Diktatur selbstkritisch zu sprechen, dauerte es mehr als zehn Jahre. Beim dritten Mal ging es schneller. Nach dem Zusammenbruch der DDR (1990) wurden viele politische Verantwortliche, aber auch zahlreiche Helfer der Geheimpolizei und einige Todesschützen an der Mauer vor Gericht gestellt.

Die Deutschen gelten inzwischen als Spezialisten für ein ausgeprägtes Geschichtsbewusstsein, wenn es um die Erforschung der beiden Diktaturen geht. Man spricht von „Aufarbeitung" der Vergangenheit oder „Vergangenheitsbewältigung". In Deutschland ist man zu der Einsicht gekommen, dass es nur den früheren Tätern, nicht aber den Opfern und auch nicht der Gesellschaft im Ganzen nützt, wenn nach dem Ende einer schrecklichen Epoche die Vergangenheit verdrängt wird. Es ist zwar bei jedem politischen Neuanfang wichtig, nach vorn zu schauen. Aber um eine offene, demokratische Gesellschaft zu schaffen und sie zu erhalten, ist der Blick in die Vergangenheit genauso wichtig. Der Blick zurück fällt auf das Gute, das bestehen bleiben oder erneut wichtig werden soll. Er fällt aber eben auch auf das, was schlecht war und was auf keinen Fall wiederkehren darf. Eine lebendige Erinnerung ist keine Einbahnstraße. Und sie ist nicht auf Gedenktage und starre Rituale reduziert. Sie hat vielmehr eine doppelte Richtung. Sie zielt von der Gegenwart aus in die Vergangenheit und in die Zukunft.

Eigene Notizen: